이상한 나라의 언어 씨 이야기

젤로우 Mr. 렝구지
이상한 나라의 언어 씨 이야기

초판 1쇄 발행 2010년 6월 7일

지은이 에리카 오크런트
옮긴이 박인용
펴낸이 양소연

기획편집 함소연 진숙현 **디자인** 하주연 강미영
마케팅 이광택 **관리** 유승호 김성은 **웹서비스** 이지은 양지현

펴낸곳 함께읽는책 등록번호 제25100-2001-000043호 **등록일자** 2001년 11월 14일

주소 서울시 구로구 구로3동 코오롱디지털타워빌란트 1차 703호
대표전화 02-2103-2480 **팩스** 02-2103-2488 **홈페이지** www.cobook.co.kr
ISBN 978-89-90369-83-3 (04700)
      978-89-90369-74-1 (set)

▪ 잘못된 책은 구입하신 서점에서 교환해 드립니다.
▪ 이 책에 실린 모든 내용, 디자인, 편집 구성의 저작권은 함께읽는책에 있습니다.
▪ 허락 없이 복제하거나, 다른 매체에 옮겨 실을 수 없습니다.

함께읽는책은 도서출판 **나눔의집** 의 임프린트입니다.

헬로우 Mr. 랭귀지

이상한
나라의
언어 씨
이야기

900개의 발명된 언어, 그 탄생에서 죽음까지

에리카 오크런트 지음 · 박인용 옮김

함께읽는책

차 례

담석증 환자 존 윌킨스, 진리의 언어를 발견하다

평화주의자 루드비크 자멘호프, 평화의 언어를 꿈꾸다

괴짜 본좌 찰스 블리스, 언어에 그림을 그리다

카리스마 제임스 쿡 브라운, 언어 안에 논리를 세우다

신세대 클링온 사용자와 콘랭 발명가들, 언어에 예술을 심다

To Derrick

인간의 언어는 거위들이 꽥꽥거리는 소리나 짐승들이 내는 다른 소리보다
나을 것이 없으며, 때때로 그다지 적절하지 못하다.

— 너대니얼 호손(소설가) —

언어, 인류의 가장 값진 소유물

— 찰스 호킷(언어학자) —

괴짜들, 클링온을 쓰다

괴짜여도 괜찮아, 재밌잖아

공상 과학 영화 중 최고를 꼽는다면 당신의 선택은? 여러 영화가 있었지만 많은 사람이 〈스타트렉〉을 떠올릴 것이다. 전 세계적인 공상 과학 열풍을 일으켰던 〈스타트렉〉에는 클링온^{Klingon}이라는 언어를 사용하는 종족이 등장한다. 그리고 현실에서도 그 언어를 사용하는 '종족들'이 있다.

클링온 연구에 몰두하는 이들은 괴짜들 사이에서도 하수 취급을 받는다. 가상 세계에 사는 '던전 드래곤' 게이머들, 보이지 않는 세계를 집요하게 추적하는 아마추어 무선사들, 기계를 인간처럼 만들려는 로봇 공학자들, 가상의 세계를 설계하고 구축하는 컴퓨터 프로그래머들은 클링온 사용자를 무시한다.

심지어 매일 영화 속 의상을 입고 시리즈 각 편의 대사를 모조리 외우며 영화와 관련된 기념품을 광적으로 수집하는 '트레키'들조차 클링온 사용자를 한 수 아래로 친다. '얼간이들을 위한 뉴스'로 불리는 웹사이트 슬래시닷컴에서는 클링온에 대한 이야기가 시작되자 "미안한 말이지만 이런 사람들 때문에 공상 과학 소설이 오명을 얻고 있다"는 반응이 지배적이었다. 심지어 "클링온 사용자들을 보면 우리 사회에 강제 불임 수술이 왜 필요한지 알 것 같다. 그러나 다시 생각해 보면 클링온을 말한다는 것 자체가 이미 수술 없이도 충분히 스스로를 얼간이라고 광고하는 것과 같다"고 말하는 사람도 있었다.

아내와 두 자녀가 있는 마크 숄슨은 그런 말을 듣는 것이 기분 좋을 리 없다.

"우스우니까 웃는 것은 이해해요. 클링온이라는 언어 자체가 일반적이진 않으니까. 하지만 가끔 지나치다 싶을 땐 정말 짜증이 나요."

마크는 나를 클링온의 세계로 이끌어 준 비공식 안내원이었다. 처음 만났을 때 우리는 뉴저지의 같은 동네에 살고 있었다. 나는 인터넷을 둘러보다가, 마크가 '클링온 언어 연구소'의 간부이자 《햄릿》을 클링온으로 번역하는 프로젝트의 편집자라는 사실을 알게 되었다. 나는 그에게 이메일을 보냈고 그날 바로 마크에게서 답장이 왔다. 그는 이렇게 가까운 곳에 클링온 사용자가 생길지도 모른다고 생각하니 너무 신이 나서 내 편지를 읽기도 전에 답장을 보내는 것이라고 했다.

하지만 나는 클링온 사용자가 아니었고 앞으로도 그럴 생각이 없었다. 다만 언어학자로서 인공 언어에 관심이 조금 있었고 조사 목적으로 마크와 이야기를 나누고 싶을 뿐이었다. 클링온 언어 연구소의 홍보 자료에는 클링온을 사용하는 사람들이 있다고 했지만 믿기 어려웠다. 사람들이 클링온을 '사용한다'는 것은 어떤 식일까? 드라마에서 연기를 하는 것? 영화에서 한두 마디 대사를 하는 것? 만약 그 말을 알아듣는 사람이 있다면, 클링온을 말하는 사람들이 너무 빤한 동작을 대사와 함께 보여 주기 때문이 아닐까? 아니면, 정말로 그 언어가 사용된다는 것일까?

만약 클링온이 실제로 사용되는 거라면 직접 확인할 필요가 있었다. 왜냐하면 그것은 의식적으로 발명된 언어가 생명을 얻은, 들어 본 적이 없는 놀라운 일이기 때문이다.

언어의 발달 과정은 자연을 지배하려는 인간의 충동을 입증하는 과정

흔히 언어를 인류의 가장 위대한 발명이라고 하지만, 언어는 발명되지 않았다. 프랑스어를 누가 발명했는가? 포르투갈어를 누가 발명했는가? 발명한 사람은 없다. 그저 생겼을 뿐이다. 누군가 무슨 말을 했고, 다른 사람이 그 말을 이해하고, 또 다른 누군가가 아름답게 꾸몄을 것이다.

하나의 경향이 습관이 되고, 그 어딘가에서 하나의 체계가 자리 잡게 된다. 바로 이것이 혼합 언어, 속어, 방언 등이 생기는 과정이다. 영어·러시아어·일본어 등이 태어난 방식이기도 하다. 자연 발생적인 모든 언어는 이렇게 유기적·무의식적으로 만들어진다.

전 세계의 언어들에서 발견되는 형태·양식·색채의 다양성은 인간 능력의 경이로움을 보여 준다. 이러한 다양성은 인간이 가진 풍부한 창조성, 지성과 사회적 능력 등 여러 놀라운 가능성에 대한 증거이다. 비록 일부이지만 말이다. 언어의 이러한 발달 과정은 자연의 경이에 대한 것이 아니라, 자연을 지배하려는 인간의 충동을 입증하는 것이었다.

생물학자나 식물학자들은 자연이 어떻게 작용하는지, 자연이 창조한 것들이 어떤 모습을 지니는지를 이야기한다. 하지만 언어학자는 인간들의 모습을 묘사하고 인생과 세계에 대해, 인간 정신의 작용에 대해 이야기한다.

 미국 도서관에서 언어학과 문학 분야의 책을 볼 수 있는 곳은 P로 시작되는 서가이다. 보통 언어학자들은 언어학 일반에 관한 책들이 있는 P에서부터 문학이 시작되는 PN 사이 어딘가에서 발견된다.

대학원 시절에 나는 이 서가들을 찬찬히 살펴보다가 PA(그리스어와 라틴어)로부터 멀어질수록 언어들이 점점 더 '이국적'으로 바뀐다는 사실을 알게 되었다. 먼저 여러 로맨스어들에서 시작해 게르만어 · 스칸디나비아어 · 영어 · 슬라브어 등의 통로를 지나가게 된다. 슬라브어가 끝나면 알바니아어가 기다리고 있다. 이어 PH가 되면서 핀 · 우그리아 어족(벱시아어 · 에스토니아어 · 보티아크어 · 헝가리어)과 신비로운 바스크어가 나타난다. PL에 이르면《솔로몬 제도 서부의 호아바어 문법》이나《차드어의 남부 바우치어파: 조사 보고서》를 만지작거리면서 유럽에서부터 멀어져 아시아와 아프리카를 서성였다.

마지막 하위분류 PM은 신세계를 순회하는 것으로, 그린란드와 알

래스카의 에스키모어로 시작해, 틀링깃어 · 키카푸어 · 나바호어 등을 서서히 지나다가, 멕시코와 중앙아메리카의 아즈텍어와 마야어에 이르고, 안데스 산맥과 브라질 평원을 지나 아마존 강을 가로지른다. 그리고 마침내 《야마나어 · 영어 사전: 티에라델푸에고의 회화 사전》을 만나 남아메리카 남쪽 끝 섬들에까지 다다른다.

거기서부터는 더 이상 갈 곳이 없으며 이제 접촉 언어 또는 '혼합' 언어(《에스파냐어와 접촉한 필리핀 제도의 토속어》, 《루이지애나 브로브리지의 크레올어: 형태적 통사론, 글, 어휘 연구》)만 남아 있다.

언어들로 이루어진 이 풍성한 과수원의 맨 끄트머리에는 언어학자들이 잘 찾지 않는 구역이 하나 더 있다. 색 바랜 플라스틱 꽃들, 바로 인공 언어를 다룬 책들이 꽂혀 있는 외로운 서가이다. 《클링온 사전》은 바로 여기에 있으며, 그 옆에는 한 번도 들어 본 적이 없는 보아보무Babm, 아우이aUI, 날 비노Nal Bino, 레노기나수Leno-Gi-Nasu, 튜터니시Tutonish, 에마이 기 차Ehmay Ghee Chah와 같은 언어에 관한 책들이 있었다.

이 언어들은 영어의 변형 형태인 피그라틴처럼 가벼운 언어유희나, 런던 토박이 말인 코크니같이 자연스럽게 형성된 것이 아니었다. 그 인공 언어는 한 사람이 의도적으로 처음부터 끝까지 만든 것이었다. 그들에게는 체계적인 문법과 광범위한 사전도 있다. 이 언어들은 더욱 질서정연하고 합리적인 언어를 만들어, 일관성 없는 것과 불규칙한 것을 줄이려고 했던 의도적이며 정교한 시도의 결과물이다. 사실 그런 것이 수백 개나 있었다. 하지만 그 모두가 지금은 아무도 사용하지 않는 실패작들이었다.

그것은 두말할 나위도 없이 당연한 결과였다. 플라스틱으로 만든 꽃을 심는다고 해서 열매를 맺겠는가? 그래서 나는 클링온이 뿌리를 내렸다는 주장에 회의적이었다. 나는 좀 더 알아볼 생각으로 여름이 끝날 무렵 피닉스에서 개최되는 클링온의 연례대회에 참가하기 위해 등록 신청을 했다. 그리고 사전 준비를 위해 마크와 만나기로 했던 것이다.

처음 만났을 때 마크는 국제 음성 기호가 적힌 티셔츠를 입고 있었다. 나는 이 티셔츠가 자기표현의 방식이라는 것을 알게 됐다. 사실 티셔츠뿐 아니라 마크의 모든 것이 그의 관심사를 보여 주었다. 미니밴에는 클링온 언어 연구소의 번호판 부착대, LNX 스티커("나는 윈도우가 아닌 리눅스 운용체제를 사용해요")가 있다. 평상시 즐겨 입는 조끼에는 클링온 증명 핀 3개, 십이진법 협회("수를 셀 때 사용하는 십진법을 십이진법으로 바꾸자고 주장해요"), 멘사("불안을 느끼는 사람들이 자신에 대해 편안하게 느끼는 방법이지요"), 트리플 나인 협회("멘사의 더욱 극단적인 형태예요") 등의 회원임을 나타내는 핀과 점자點字로 "당신이 이 글을 읽을 수 있으면 내게 너무 가까이 다가와 있는 셈"이라고 적힌 배지 등이 달려 있었다.

마크와 만난 곳은 깔끔한 피자집이었다. 마크는 호리호리한 편이고 모든 율법을 따르는 정통파 유대인이었다. 그는 자신을 소개하면서 '내가 겁쟁이가 아니라면' 무신론자가 되었을 것이라며 농담을 던졌다. (이야기를 나누는 동안 마크는 말을 빨리 하면서 한쪽 다리를 떨기도 했는데 마치 신경과민처럼 보였다)

마크는 상대방이 자신을 좋아하기를 바라지만 그 상대가 갑자기 자신을 쥐어박더라도 놀라지 않을 것 같은 다정함과 슬픔이 함께 깃든 눈빛으로 사람들을 바라보았다.

그는 컴퓨터 공학을 전공했지만 박사 학위는 따지 못했고, 한 가지 일을 오래 하지 못한다고 했다. 그 이유는 집중력 부족 때문이라면서 이 말을 덧붙였다.

"이것은 변명이 아니오. 설명이지."

마크는 의사인 아내가 일하는 동안 자녀를 보살피고, 뉴어크^{Newark}에 있는 유대인 학교에서 파트타임으로 컴퓨터 프로그래밍을 가르친다. 그처럼 똑똑한 사람들 중에는 자신의 능력을 제대로 인정받지 못하는 것이 시대를 잘못 만난 탓이라고 원망하는 경우가 많은데 마크는 그렇지 않았다.

이야기를 나누어 보니 마크는 여러 분야에 해박한 지식을 갖고 있었지만 대부분 다른 사람들이 대수롭지 않게 생각하는 분야였다. 그는 웨일스어와 고대 사마리아어를 공부한 적도 있고, 또한 저명한 인공 언어 로지반^{Lojban} 연구자이기도 했다. 그 밖에도 매듭 만들기, 타이포그래피, 수학적 뜨개질, 역법 등에 흥미를 갖고 있었다.

우리는 비행기를 타고 피닉스로 향했다. 비행기가 이륙하자 마크는 《비행기 창문으로부터 내다보는 과학》이라는 책을 꺼내 읽기 시작했다.

마크는 자신이 컴퓨터 전공자이면서 여러 언어들에 관심을 갖는다는 사실에 신경 쓰는 것 같았다. 그러니까 마크는 클링온을 쓰는 사람들 가운데 극단적인 경우에 속하는 사람이다. 클링온이 너무 흥미롭기 때문에 가장 괴짜 같은 사람에게 괴짜라는 소리를 듣는 것도 개의치 않는다.

"정상적인 사회일수록 더 멋지고 새로운 방법으로 우리 몸을 가리려고 온갖 자원을 낭비하잖아요. 그런데 이 사소한 언어를 즐기는 게 그렇게 이상한가요?"

마크의 인생은 '소위' 정상적인 사회에 대한 저항으로 점철되어 있었고, 그 사회에 적응하려는 생각은 없어 보였다.

마크가 간절히 고대하던 연례 대회 식전행사가 어느 레스토랑에서 열리고 있었다. 그곳에는 클링온을 사용하면서 '범상한 사람들을 겁주고 있는' 참가자들(일부는 의상까지 차려 입었다)이 득실거렸다.

나는 이 행사에 큰 기대가 없었다. 마크처럼 용감하지도 않고 어쩌면 내가 겁을 집어먹을 그 범상한 사람이어서인지도 몰랐다. 어쨌거나 나는 대회가 열릴 호텔에 전화해 참가자를 위한 특별 할인 혜택을 받을까 말까 망설였다. 그렇게 하려면 호텔 쪽에 내가 대회 참가자임을 밝혀야 했다.

"안녕하세요. 나는 클링온 대회에 참가차……."

연습을 하고 나서 숨을 크게 들이마신 뒤 전화기 쪽으로 손을 뻗었지만 결국 신분을 밝히지 않고 방을 예약했다.

나는 1차 언어 검증 시험에 합격하기 위해 클링온어의 동사표와 접사 목록을 공부했다. 클링온의 학원이라고도 할 수 있는 클링온 언어연구소에서는 연례 대회도 개최하고 클링온 검증 프로그램도 진행한다. 1차 검증 시험에 합격하면 브론즈 핀과 taghwI'(초보자)의 칭호를 받는다. 2차 시험에 합격하면 실버 핀과 ghojwI'(중급자)의 칭호, 3차 시험에 합격하면 골드 핀과 po'wI'(상급자)라는 칭호를 얻게 된다.

나는 마크와 이야기할 때까지만 해도 그 시험에 대해서는 전혀 몰랐기 때문에 예의상 문법을 눈에 익혀두는 정도로 간단하게 클링온을 공부했다. 하지만 시험을 봐야 한다는 것을 알게 되자 어떤 오기가 발동했다. 아마 교과서에서 틀린 글자 찾는 쾌감을 느끼면서 학교를 다녔던 학생들은 이 느낌을 잘 알고 있을 것이다.

나는 그 시험에 합격하기로 마음먹고 클링온 언어 연구소의 온라인 강의를 들었다. 제1과를 끝내고 답을 적어 이메일을 보냈더니 답장이 왔다.

"완벽합니다. 모든 문제를 맞힌 사람은 처음입니다. 계속 열심히 공부하세요!"

이 문구를 보는 순간 뜨거운 욕망이 내 핏줄을 타고 흐르는 것을 느꼈다. 이제 더 이상 그 시험에 합격하고 싶지 않았다. 어느 누구보다 높은 점수를 얻고 싶었다.

그리고 나는 그 시험에서 (자랑스럽게 말하지만) 최고 점수를 얻었다. 하지만 이 책에서 말하고 싶은 것은 내가 높은 점수를 받았다는 것이 아니라 내가 대회에 참가했던 진짜 이유, 클링온을 통해 우리가 생각해 봐야 할 점들이다.

발명된 언어의 역사는 인간 야망의 역사

클링온 열풍이 시사하는 바를 알기 위해서는(이 점에 대해서는 나를 믿어도 좋다) 우선 발명 언어의 유구하고 기이한 역사를 알아야 한다. 발명된 언어의 역사는 12세기까지 거슬러 올라간다. 그 후 900개 이상의 언어가 만들어졌고, 클링온으로 절정에 이른 인간의 야망, 창의력, 투쟁의 역사를 이해해야 클링온이 하는 말을 알아들을 수 있을 것이다.

이 발명된 900개의 언어 가운데 500개를 부록 1에 정리했다. 관심 있는 분은 책장을 넘겨보시길.

문헌으로 남아 있는 것 가운데 최초의 발명 언어는 12세기 독일의 수녀 힐데가르트 폰 빙겐Hildegard von Bingen이 만든 링구아 이그노타 Lingua Ignota이다. 링구아 이그노타가 기록된 자료에는 약 1000개 가량의 단어가 라틴어 및 독일어로 번역되어 있지만 이것을 만든 이유는 분명하지 않다. 다만 힐데가르트 수녀가 환영을 보고 그것을 신학적 문헌으로 기록했다고 알려져 있다.

링구아 이그노타가 환영을 보고 만든 언어인 만큼 체계도 없고 알아들을 수도 없는 말이라고 생각하기 쉽다. 그러나 기록에 남아 있는 단어들을 보면 의미 단위로 세심하게 나누어져 있고 같은 의미 단위 안에서 단어들이 다른 형태를 나타낼 때는 각각 어미를 달리 사용하고 있다. 이런 점들로 보아 링구아 이그노타가 신학적 문헌으로 기록되어 있다고는 하지만 발명된 언어 역사의 첫 페이지에 등장하는 것이 옳다.

힐데가르트가 언어를 만든 목적은 역사 속으로 사라졌지만, 다행히도 문헌이 보존되어 언어는 살아남았다. 하지만 그런 행운을 잡지 못하고 사라진 언어들은 또 얼마나 많을까?

새로운 언어를 만들고자 하는 생각은 자연 언어를 불평했던 것만큼이나 오래전부터 있어 왔다. 자연 언어는 의식적인 계획이나 방향

없이 발전되어 왔고, 이 과정에서 생긴 결점을 개선해야겠다는 생각이 새로운 언어를 만들게 되는 출발점이다.

사실 공학적인 관점에서 볼 때 언어는 형편없다. 두 개 이상의 뜻을 가진 단어가 있는가 하면, 뜻이 같은 단어도 여러 개가 있다. 하고 싶은 말을 아무리 열심히 해도 그 뜻이 제대로 전해지지 않는 경우도 있다. 그리고 불규칙 동사, 관용구, 문법의 각종 예외 규정들은 언어를 제대로 배우기 어렵게 하는 요소들이다. 그래서 명쾌하게 말하려고 노력하지만 항상 오해가 생기고 늘 모호하다.

대부분의 사람들은 이런 문제를 어느 정도 감수하고 불편하다고 느끼지 않지만, 많은 시간이 흐르면서 이런 문제를 해결할 수 있다고 생각하는 사람들이 등장하고 이들 머릿속에서는 거듭 놀라운 생각이 싹튼다.

'더 나은 언어를 만들 수 없을까?'

결론부터 말하자면, 발명된 언어의 역사는 대체로 실패의 역사이다. 그들 언어의 다수는 여러 해에 걸친 노력과 희생의 소산이었다. 그들은 명성을 얻고 인정을 받고 싶다는 허망한 꿈, 또는 언어를 통해 더 나은 세상이 될 수 있으리라는 소박한 희망으로 언어를 발명했다. 물론 이 두 가지가 합쳐져 언어 발명의 계기가 된 것이 더 많았다.

예상했다시피 언어 발명가들이 평범한 사람은 아니었지만 좀 더 나은 언어를 만들려는 것이 그들만의 특이한 발상도 아니었다.

1858년 모노팡글로스Monopanglosse라는 인공 언어를 만든 프랑스 시인 폴랭 가뉴Paulin Gagne는 기아에 허덕이는 알제리인을 돕기 위해 프랑스인들의 몸(또는 죽고 싶지 않은 사람은 사지 가운데 하나만)을 식량으로 기부하자고 제안해 유명세를 탔다.

1839년 80세에 가까운 나이로 인공 언어 코무니카치온스슈프라헤 Communicationssprache를 발명한 요제프 시퍼 Joseph Schipfer는 독일 니더발루프의 비교적 부유한 지주였으며 한때는 지방 자치 단체에서 일한 공직자였다. 귀족들과도 잘 어울렸고 잘름잘름 Salm salm 대공의 보좌관으로도 활동했지만, 1830년 그의 가산이 바닥을 드러냈다. 그는 스스로 말했듯 "인류의 총체적인 복리를 위해" 노력했다. 살아 있는 사람을 매장해 버리는 사고(19세기에는 흔히 일어난 일 가운데 하나)를 예방하는 일, 작은 부락에까지 시체 안치소를 설치하는 일, 소방대를 개선하는 일 등을 정부 관리들에게 요청했다. 그러면서 그가 만들어 낸 코무니카치온스슈프라헤를 널리 알릴 수 있도록 노력해 달라는 부탁과 함께 코무니카치온스슈프라헤의 문법책을 인쇄할 비용을 지원해 달라고 정부에 청원했다. 그리고 그 책자의 판매 수익금이 생기면 당시 론 강의 홍수로 고통을 겪고 있는 프랑스인들을 돕는 데 보태 달라고 덧붙였다. 그러나 이 요청이 받아들여지지 않자, 그는 이미 인쇄한 비용을 지불할 수 있도록 대출이라도 해 달라고 한 발짝 물러섰다. 그리고 자신은 프라하에서 받을 연금이 있으며 이를 받게 되면 바로 대출 금액을 갚겠다고 약속했다. 만약 이 요청도 거부된다면, 가치 있는 유화 두 점이 있으니 관심이 있는 사람은 구입해 달라고 덧붙였다.

이런 형편없는 언어들! 더 나은 언어를 만들 수는 없을까?

언어 발명가들은 대부분 부지런하고 자신감이 넘치는 사람이었다. 하지만 대단한 자신감을 갖고 시작한 일의 끝은 언제나 쓰디쓴 좌절감이었다. 1995년 인공 언어 벨라Vela를 만든 오스트레일리아인 벤 프리스트Ben Prist는 자신이 만든 언어가 무시되는 까닭을 이해할 수 없었다. 결국 국가가 자신에게 적대적인 음모를 품고 있다고 결론 내렸다.

"왜 가장 쉬운 언어를 배우지 않는 것일까? 왜 가장 쉬운 언어인 벨라에 관심을 갖지 않는 것일까? 이것이 민주주의인가? 이것이 인간적인가? 우리의 인권은 어디에 있는가? 다음에 금지될 것은 무엇일까? 가장 좋은 수프, 가장 좋은 케이크, 가장 멋진 옷, 가장 훌륭한 자동차?"

벤이 생각하기에 그의 작품 벨라는 인정받지 못한 걸작이며, 자신은 그 때문에 처형된 순교자였다.

내가 처음 도서관의 인공 언어 쪽에 관심을 갖게 된 것도 바로 다음과 같은 터무니없는 문구 때문이었다.

"몬데아Mondea! 새로운 세계어! 비교 불가능! 최고! 1분 만에 배울 수 있을 정도로 쉬운 새로운 체계!"

"몇 년 만 더 있으면 우리 모두가 사용할 언어, 21세기의 가장 위대한 선물, 에마이 기 차Ehmay Ghee Chah."

그러나 내가 인공 언어 서가에 눈길을 주었던 것은 새로운 언어를 발명했던 사람에 대한 호기심 때문이었다.

언어 발명가는 어떤 사람이었을까? 왜 그 많은 사람들이 이 일에 열정을 바쳤을까? 자신의 성공을 확신한 이유가 무엇일까?

보통 언어 발명가들은 본인이 쓴 책에 자신을 소개하지 않았지만, 그들이 만든 언어를 통해 가능한 많은 정보를 수집했다. 나는 도서관의 인공 언어 서가에서 어슬렁거리던 초반, 어떤 이야기에 푹 빠져 있었다. 그 이야기는 바로 1962년 당시 77세의 나이로 보아보무^{Babm}의 설명서를 출판한 오카모토 후이시키^{岡本普意識}에 관한 것이었다. 그 책에는 다음과 같은 수식어가 붙어 있다.

"미래의 세계화 사회"를 위한 "인간이 만든 언어"이며 "(아직 영어로 번역되지 않은) 그의 철학 지식으로 미루어 최상의 이론 체계."

그는 이어 "히말라야 산맥의 토박이"부터 "아프리카 협곡의 내륙인"에 이르기까지 모든 사람이 쉽게 사용하도록 만든 것이며, "매우 단순하지만 완벽하게 계획된" 것이라고 했다.

정말 그럴까? 여기에 예를 들어 보자.

> V pajio ci htaj, lrid cga coig pegayx pe bamb ak cop
> pbagt.

이 문장의 뜻은 다음과 같다.

> '나는 훌륭한 학자가 아주 흥미롭게 보아보무로 쓴 이 책을 읽고 있다.'

문장 자체보다 번역문에서 더 많은 것을 알 수 있다. 우선 그의 인간적 면모가 엿보인다. 그는 이 책이 흥미롭게 여겨지기를 바라고,

자신이 훌륭한 학자로 인식되기를 바라며, 그리고 다른 뛰어난 학자들이 언젠가 그가 만든 언어를 사용하기를 바라고 있다. 그는 '많은 보아보무 전문가들이 차례로 나타나 풍부하고 뛰어난 문학 작품을 완성할 것'으로 확신했던 것 같다.

물론 아주 틀린 생각이다.

왜? 그 생각은 왜 틀린 것일까?

사람들은 쓰던 도구에 문제가 있다고 생각되면 더 나은 것을 찾으려고 노력한다. 수백 년 전 몽상가들은 물속을 여행하거나 달에 갈 수 있는 기구의 도면을 그렸다가 주위의 조롱을 받았다. 하지만 시간이 흐르고 그들에 대한 평가는 다시 이루어졌다.

이들보다 조금은 더 현실적이고, 간혹 상당한 존경을 받기도 하는 사람이 언어를 만들고자 계획을 세운 것도 수백 년 전의 일이다. 그러나 그 계획을 세운 이들과 그 후계자들의 이름이 알려진다면 그들은 여전히 조롱거리가 될 것이다.

어쩌면 그런 비웃음은 당연할지도 모른다. 언어 발명의 역사는 오만과 어리석음의 역사라고 해도 무방하다. 하지만 나는 오카모토 씨와 그가 애지중지하는 보아보무의 이야기를 읽고 나서 이것이 무시하고 넘길 일만은 아니라는 생각이 들었다. 그는 자신에 대해 '아주 어려운 상황에서 매우 허약한 아이로 태어났다'는 말밖에 하지 않았지만, 언어의 규칙을 설명하기 위해 예를 든 문장들을 통해 그에 관한 많은 것을 짐작할 수 있었다.

V kog cald mtk, lrek deg cjobco ca mnom.

'나는 전 인류에게 도움이 되는 중요한 일을 할 수 있기를 바란다.'

V kij kdopakd aj modk.

'나는 맛있는 음식보다 건강에 좋은 것을 택한다.'

Sasn muq in ve hejp.

'내 호주머니에는 돈이 한푼도 없다.'

Vli cqeo.

'내게는 내 것이 하나도 없다.'

Ox udek pbot.

'그는 원래의 임무를 수행하지 않는다.'

Y uhqck V.

'네가 나를 비난하지 말기 바란다.'

Dedh cjis beg kobp.

'세월이 흐르면 젊은이도 늙는다.'

그는 많은 고통을 겪었지만 열심히 노력했던 것 같다. "내 몸이 아주 허약해져 걷기조차 힘들지만 나는 하루도 쉬지 않고 이른 새벽부터 날이 어두워질 때까지 보아보무의 이론이나 그것을 사용한 작문에 몰두한다"고 적기도 했다.

이 글을 읽으면서 조금 부끄러웠다. 나는 좋은 환경에서 건강하게 태어나 게으르게 지내는데, 이 오카모토라는 사람은 아픈 몸으로 맛없는 식사를 하면서 날마다 온종일 보아보무 책을 쓰기 위해 애썼던 것이다. 그래서 적어도 약간은 존경 받을 만하다는 것이 내 생각이었다.

언어를 발명한 모두가 그렇지 않았을까? 그들의 노력을 적어도 한 번쯤은 돌아봐 주어야 하지 않을까? 나는 발명된 언어의 역사를 정리하기 시작하면서, 본받고 싶을 만큼 근면한 사람이 많다는 것을 알게 됐다. 물론 내 존경심은 이들 언어에 관한 엉뚱한 주장 때문에 시련을 겪었다.

"20분 만에 완벽하게 습득할 수 있습니다! 단어 50개만 알면 무엇이든 표현할 수 있습니다! 논리적으로 완벽한 언어! 명쾌한 사고가 가능해집니다!"

이들 주제에는 쉽다거나 완벽하다거나 하는 등의 다양한 변형이 있었다. 나는 이 말을 다 믿지 않았지만, 적어도 직접 시험해 보아야 공평하다고 생각했다. 그래서 나는 발명된 언어들의 세계로 들어섰고 책을 보며 그 언어들을 진지하게 배웠다. 예문을 한줄한줄 검토하면서 규칙이 어떻게 적용되는지 살피고 부지런히 어휘 목록을 찾으면서 번역을 하기도 했다.

언어를 발명한 사람들의 생애에 관한 자료를 모으면서 그들이 겪은 힘든 투쟁과 그럼에도 불구하고 품었던 희망에 마음이 움직인 적이 한두 번이 아니었다. 언어를 배우는 데만 그치지 않고 에스페란토, 로지반, 클링온 등 사용자들의 집회에까지 참가했고, 그곳에서 나는 발명된 언어가 활기를 띠는 예기치 못한 현상을 목격(그리고 참여하기도)했다.

이제부터 할 이야기는 언어에 관한 이야기들을 엮은 것만은 아니다. 사람들의 언어에 대한 생각은 그들이 살아가는 시대의 영향을 받는다. 그러니까 시대가 바뀌고 나서 만들어진 언어를 그 이전 시대에 만들어진 언어와 비교해 보면 그 당시에 어떤 변화가 일어나는지 알 수 있는 것이다. 언어의 발명에도 당대의 문화가 지닌 편견이랄까, 시대 구분 같은 것이 반영된다. 그러므로 발명된 언어들의 역사는 어떻게 보면 언어에 대해 우리가 지니고 있는 사고방식에 대한 이야기이기도 하다.

또한 그것은 자연 언어에 대한 이야기이기도 하다. 발명된 언어들이 왜 실패하는지(그리고 때때로 왜 성공하는지)에 대한 질문에 대답하면서 우리는 말과 개념의 관계, 히브리어의 부활, 중국어의 표기, 수화의 표현 방식, 언어에서 논리의 역할, 생각에 대한 언어의 효과 등에 대한 이야기도 다루게 될 것이다. 우리가 언어로부터 결점을 끄집어내려고 할 때 무슨 일이 일어나는지도 보게 될 것이며, 그들 '결점'은 우리가 생각하는 것보다 훨씬 중요하다는 사실도 알게 될 것이다.

이제부터 언어의 발명에 대한 이야기가 시작된다. 언어에 대한 이야기, 그 언어를 만든 사람에 대한 이야기, 그 주변 사람에 대한 이야기를 듣다 보면 또 다른 매혹적인 세계에 빠져 있는 당신을 보게 될 것이다.

Haι coba 88 ιa ril dad,

ha bαbι ιo sδymtα,

ha salba ιo velcα,

ha tαlbι ιo vemgδ,

mδ ril dady me ril dad,

ιo velpι lαl αι ril ι poto haι sαba vαty,

na ιo sδeldyδs lαl αι haι bαlgas

me αι ιa sδeldyδs lαl eι 88 ιa vαlgas r αι

na mι ιo velco αι, rαl bedodlδ

nil ιo cδαlbo αι lαl vαgasιe

nor αl salba, na αl tado, na αl tadalα ιa ha

pι8byδ

mδ ιo

__존 윌킨스의 철학 언어로 적은 주기도문

담석증 환자
존 윌킨스,
진리의 언어를
발명하다

01

드디어 완성했다, 600쪽의 원고

밤새 켜져 있던 오븐 때문에 런던과 함께 불타버린 원고
만성 담석증의 고통을 감수하며 완성한 건데…….

존윌킨스John Wilkins에게 1666년은 힘든 한 해였다. 사실 그 해
는 런던의 모든 사람에게 힘들었다. 그 전해에 흑사병이 런
던을 휩쓸며 수천 명의 목숨을 빼앗았던 것이다.

여유가 좀 있는 대부분의 사람들과 마찬가지로 윌킨스도 시골로
거처를 옮겼다. 런던에서 사람들이 빠져나가자 왕립 협회 과학원의
활동도 중단되었다. 물론 이것은 흑사병에 비하면 비교할 바가 아니
었지만 그래도 불편은 불편이었다. 이 과학원 설립에 기여한 윌킨스
는 시골에 내려가서도 과학을 발전시키려는 노력을 게을리하지 않았
다. 왕립 협회 동료 두 명과 함께 실험을 계속 수행했던 것이다.

1666년 여름이 되자 차츰 흑사병이 물러났고, 런던은 다시 사람들
로 붐비기 시작했다. 그러던 중 어느 제빵 업자가 오븐을 끄지 않고

퇴근하는 바람에 런던은 불길에 휩싸였다.

런던 대화재는 나흘 동안 계속됐고 도시의 대부분을 불태웠다. 이화재 속에 윌킨스는 집을 잃었고 그가 목사로 있던 교회도 불탔기 때문에 일자리마저 잃고 말았다. 몇 년 전, 정치적 이유로 트리니티 대학의 기숙사 사감 자리에서 쫓겨날 때만 하더라도 영향력 있는 친구들의 도움으로 비교적 빨리 그 충격에서 벗어날 수 있었다. 하지만 이번에는 달랐다. 생활고도 심했지만 무엇보다 친구들은 그의 사기 저하를 염려했다.

런던 대화재가 생활의 터전이나 소득보다 훨씬 더 중요한 것을 앗아 갔기 때문이다. 바로 그의 '연인'이라 할 수 있는 세계어가 불타 버린 것이다. 그는 10년 동안 나라의 정치적 사변이나 만성 담석증의 고통에도 불구하고 세계어 연구에 매달렸다. 그리고 마침내 완성되어 인쇄를 기다리고 있던 수백 페이지에 이르는 원고가 모두 잿더미로 바뀌어 버렸다.

윌킨스는 왕립 협회 과학원의 설립에도 기여할 정도로 과학과 깊은 관련을 맺고 사는 사람이었지만 역사에 기록될 만큼의 특별한 능력은 없었다. 그렇지만 그는 뛰어나고 혁신적인 사람들과 사귀며 그들을 격려했다. 그는 스승이자 조직가, 후원자였던 것이다.

탄성에 관한 법칙을 만든 로버트 훅이 윌킨스에 대해 이야기한 것은 이러한 그의 능력을 잘 보여준다.

"이 시대에 이 나라에서 이루어진 발명 가운데 어떤 식으로든 그의 도움을 받지 않은 것은 거의 없다."

윌킨스는 압력과 부피에 관한 보일의 법칙을 발견한 로버트 보일,

영국에서 자연사의 아버지라고 불리는 박물학자 존 레이와 함께 일하기도 했다. 그리고 훗날 수학자이자 천문학자 그리고 세인트 폴 성당을 건축한 크리스토퍼 렌의 특출한 재능을 알아보고 그가 능력을 발휘하는 데 큰 도움을 주었다.

윌킨스 자신의 작업은 지구를 뒤흔들 만큼 그리 대단한 것은 아니었지만(사실 그가 모든 사람과 원만하게 지낼 수 있었던 것은 그의 능력이 시기할 만한 것이 아니었기 때문이라는 이야기도 있다) 자신만의 독특한 창의력을 보여 주었다.

윌킨스는 땅과 물 위를 다니는 탈것, 하늘을 나는 기계의 도면을 그렸고, 무지개를 만드는 분수를 디자인하기도 했다. 사람들을 놀려주려는 심산으로 조각상 속을 파내고는 조각상 입 쪽에 얇고 긴 튜브의 한쪽 끝을 연결하고 자신은 조금 떨어진 곳에서 지켜보다가 사람이 지나가면 튜브의 다른 끝에 대고 꽥 소리를 질렀다. 그러면 그 조각상이 말하는 것으로 생각한 사람들이 깜짝 놀라는 모습을 보며 즐거워했다. 또 작고 정교한 장식용 유리 벌집을 만들기도 했다. 이 유리 벌집은 엉뚱하지만 이것을 통해 벌의 형태를 과학적으로 관찰할 수 있다는 점에서 실용적이었다. 이를 토대로 윌킨스는 왕립 협회에 여왕벌과 수펄의 차이에 대해 보고하기도 했다.

윌킨스의 제안에 따라 피부 이식과 수혈에 대한 선구적인 연구가 이루어졌다. 윌킨스는 과학적 성과와 발명 등에 영감을 제공하거나 홍보를 담당하는 등 부차적인 역할을 해냈다. 그리고 최초의 대중적인 과학 저술가라는 타이틀도 그의 몫이었다.

윌킨스는 난해한 이론 중심의 글을 보면 화를 냈다. 그는 쉽고 읽기 편한 글을 쓰는 것을 일생의 과업으로 삼았다. 코페르니쿠스의 천문학이나 기계 기하학을 쉽게 설명해서 대중들이 편하게 읽을 수 있는 책을 썼다. 윌킨스에게 있어 과학적 이론을 실생활에 응용하는 것은 흥미로운 일이었다. 능률적으로 자수를 놓는 법이나 쇠고기를 빨리 굽는 방법 등 집안일에 도움이 되는 일들을 연구했던 그의 실험은 이러한 그의 과학관을 보여주는 예이다.

기압의 원리를 발견한 보일이 획기적인 발명가일지는 모르지만, 윌킨스는 즐겁게 과학을 연구하는 사람이었다. 그는 사람들이 과학을 쉽고 재미있는 것이라고 생각하고 다가오게 하는 방법을 알고 있었다.

윌킨스는 보일이 발견한 법칙의 원리를 보여 주려고 실험 하나를 계획했다. 우선, 파이프를 여러 개 연결해서 공기를 주입하고 이 공기를 좁은 구멍을 통해 한 번에 나오게 하는 것이다. 그런 다음 그 구멍 위에 '열 예닐곱 살 되는 뚱뚱한 소년'을 앉게 한 뒤, 한 번에 공기를 내보내면 소년을 분명히 2인치 정도 공중으로 들어 올릴 수 있다는 것이었다. 왕립 협회 회원들이 이 말을 듣고 어찌나 재미있어 했는지 예정되어 있던 국왕의 방문 때 그 실험을 하자고 조르기도 했다.

윌킨스는 명성을 쫓는 사람은 아니었지만 관대하고 요령이 좋은 편이었던 만큼(그의 동료 가운데 "언론의 자유를 그처럼 무해하게 행사할 줄 아는" 사람을 본 적이 없노라고 말한 사람도 있었다) 후세에 자신이 어떻게 기록될지 신경 쓰였을 것이다.

그는 흥미롭고 중요하며 그 자신에게만 해당하는 중요한 일을 계획 중이었는데 그것은 바로 자연 언어의 모호성과 부정확성으로부터 자유로운 인공 언어였다. 그 인공 언어는 개념을 직접 표현하고 진리를 드러낼 언어였다.

사실 다른 사람들이 먼저 인공 언어를 만드는 것에 대해 이야기하거나 시도했고, 윌킨스는 언제나 그랬듯이 그런 노력에 격려를 아끼지 않았다. 하지만 최선을 다해 노력을 기울이는 사람은 아무도 없었다. 그런 언어를 만들기 위해서는 우주에 있는 모든 개념을 완벽하게 체계적으로 정리하는 엄청난 일을 해야 했고, 이 일을 할 만큼 용감하고 근면한 사람은 윌킨스뿐이었다. 그런 그가 우주를 파악해 적어 놓은 원고들이 한 줌의 재로 사라진 것이다. 훗날 윌킨스가 누리게 될 불멸의 명성과 함께 말이다.

그는 어느 때보다 더 침울했다. 하지만 계속 괴로워 할 수만은 없었다. 그는 작업에 몰두해 2년 만에 모든 것을 다시 작성했다. 그것은 600쪽이 넘는 엄청난 분량이었다. 윌킨스는 1668년 그것을 왕립 협회에 제출하면서 자신의 심경을 밝혔다.

"나는 이 방대한 과업을 끝냈다고 생각할 만큼의 허영심은 없다."

윌킨스는 왕립 협회에서 위원회를 구성해 "고쳐야 할 점을 지적해 주면" 꾸준히 개선해 나가겠다고 다짐했다.

위원회가 구성되었다. 흥분과 찬사가 뒤따랐고 이 원고를 라틴어로 번역할 계획이 세워졌다. 국왕도 그 언어를 배우겠다며 관심을 드러냈다. 로버트 훅은 윌킨스의 언어가 모든 과학적 발견의 언어가 되어야 한다면서 회중시계의 역학을 설명하는 글을 그 언어로 써서 출판했다. 수학자 존 월리스는 그 언어로 윌킨스에게 편지를 썼으며, 그들은 편지로 나눈 이야기가 "영어로 적은 것처럼 완벽하게 이해된다"고 주장했다. 물리학자 아이작 뉴턴, 철학자 존 로크와 고트프리트 라이프니츠 등도 관심을 가지고 윌킨스의 책을 읽었다.

윌킨스는 더욱 자주 담석의 발작으로 고통을 느끼면서도 그의 걸작을 완벽하게 만드는 노력을 계속했다. 1672년 여름, 그는 스카버러 온천에서 지병을 치료하려고 했지만 아무 소용이 없었다. 그해 11월에 그는 '오줌의 억압'으로 죽어 가면서, 임종을 지키기 위해 자신을 찾아온 친구들과 숭배자들에게 "위대한 실험"을 할 준비가 되어 있지만 살아 있는 동안 그가 만든 언어의 완성을 보지 못하는 것이 아쉬울 뿐이라고 말했다.

하지만 윌킨스는 자신이 만든 언어의 절정을 본 셈이었다. 국왕은 그 언어를 배우기엔 너무 바빴고 위원회도 언어에 관한 보고서를 발표하지 않았다. 윌킨스의 가까운 친구나 협조자들조차 윌킨스의 언어에 대해 점점 이야기하지 않게 되었다. 과학 보고서도 로버트 훅이 쓴 것 말고는 더 이상 없었고, 편지도 없었다. 그 후 윌킨스의 언어를 다시 사용한 증거는 전혀 없다.

어떻게 된 것일까? 역사가 재편성되면서 사라져 버린 걸까? 그 언어가 잘못된 시간과 장소에 나타난 걸까? 아니면 그 언어 자체에 문제가 있었을까? 그것을 알아내는 데는 한 가지 방법밖에 없었다. 나는 어느 주말, 윌킨스가 쓴 《실자와 철학적 언어를 지향하는 소고》와 씨름했다. 그리고 어느 언어의 어떤 말에 과연 무슨 의미가 있는 것인지 확신하지 못한 채 눈을 깜박거리고 몸을 비틀었다.

02

말을 폐지하려는 계획

내 주머니 안에 내가 하려는 말이 있다.

윌킨스의 연구는 당시 이루어졌던 여러 언어 발명 계획 가운데 가장 많은 진전을 이룬 작업으로, 사실 17세기에는 유행이라 할 만큼 언어 발명이 널리 이루어졌다. 이는 라틴어가 국제어로서의 위상을 잃고 있었기 때문이었다. 여기에 철학·과학·수학이 점점 발달하면서 학자들이 자신의 업적을 전할 수 있는 가장 훌륭한 방법을 찾아 고심한 것도 언어 발명의 한 이유가 되었다.

세계어에 대한 관심이 높아지고 여기저기에서 세계어에 대해 이야기 꽃을 피웠다. 그러나 세계어 이야기는 바벨탑 이야기만큼이나 오래된 것이다. 다른 점이라면 이전에 논의된 세계어의 발명이 하느님이 만들어 준, 아담이 사용한 최초의 언어를 찾는 것이었다면, 과학 혁명 이후에는 이것을 인간이 할 수 있을지도 모른다고 생각했다는 점이다.

　당시의 자존심 있는 신사라면 누구나 일종의 세계어를 갖고 있어야 한다고 생각했던 것 같다. 이 시기에 그 같은 분위기를 엿볼 수 있는 저작 가운데 내가 좋아하는 것은 제2대 우스터 후작 에드워드 서머싯이 쓴 것이다. 그 책의 제목은 바로 《이전의 메모를 분실했는데도 불구하고 1655년 어느 친구의 권유로 어디에도 실제로 사용하기에 충분할 만큼 노력을 기울여 기록한, 그동안 시

도해 보고 다듬기도 했던 것 가운데 현재 내가 기억할 수 있는 100여 개 발명의 이름들》이다.

　정교하고(증기 기관의 원리), 지나치게 낙천적이며(가라앉지 않는 배), 환상적인(나무, 꽃, 연회장, 분수, 온갖 물고기로 만든 스튜, 술을 보관하기 위해 눈을 저장해 두는 곳, 섬세한 욕탕 등이 갖추어진 떠다니는 쾌락의 정원) 그의 여러 발명들 가운데는 "체계적이며 적기 쉬우면서도 어느 언어로든 알아차릴 수 있는 보편적인 문자" 라는 언급도 있다. 하지만 그것에 대한 별다른 자료는 없다.

　또 다른 발명가는 토머스 어쿼트Thomas Urpuhart 경이라는 괴짜 스코틀랜드인이었다. 그는 르네상스 문학의 대표 작가인 프랑수아 라블레의 영어 번역자로 이름을 남겼지만, 그 자신이 바랐던 "지금까지 알려진 그 어느 것보다 훨씬 완벽한 새로운 어구들" 의 발명가로서 이름을 남기는 데는 실패했다. 겸손할 줄 몰랐던 그는 특유의 표현으로 그가 만든 세계어가 "어느 시대에도 결코 본 적이 없던 다이아몬드보다 더욱 값진 매우 진귀한 보석" 과 같다고 말했다.

　어쿼트는 그의 언어를 문자로 이루어지는 산술로 묘사했다. 이를

통해 우주에 있는 모든 사물이 독특한 이름을 가질 수 있으며, 그 이름은 단순한 계산을 통해 정확하고 참된 뜻을 드러낸다고 했다. 게다가 모든 말은 글자의 앞뒤 어느 쪽으로부터, 또는 어느 순서로 읽더라도 모두 뜻이 있는 말이 되었다. 그는 이 언어에 대한 책《엑스쿠발라우론(똥에서 나온 금)》(1651)과, 《로고판덱테이션(세계어에 대한 서문)》(1652)을 출판했다.

이 두 권은 그는 공통적으로 자연 언어의 총체적 불완전성을 지적하고 이에 대해 그가 제시한 해결책을 찬양하고 있다. 하지만 세부적인 내용은 다루지 않았다. 첫 번째 책의 그외 나머지 부분은 탐욕적인 장로교 신자들에 대한 비난과 스코틀랜드 역사에 관한 이야기로 채워져 있다. 두 번째 책은 '빚쟁이들의 사악한 거래', '욕심 많은 성직자들', 그의 금전 문제를 악화시켰던 '비정한 판사들' 등에 대한 비난으로 가득하다.

어쿼트는 자신이 만든 언어의 집대성을 마쳤지만, 우스터 전투에서 포로가 된 뒤 적군들이 자신의 원고를 "용변 보는 데 사용함으로써" 원고들이 파손되어 버렸다고 주장했다. 불행 중 다행으로 서문 가운데 7쪽이 거리의 진흙탕 속에 쓰러진 시체들 틈에서 발견되었다는 것이다(그래서 '똥에서 나온 금'이라고 했다).

어쿼트가 말을 부풀리는 허풍쟁이였기 때문에 일부 학자들은 이 말도 농담일 거라고 결론지었다. 그도 그럴 것이 이전에 그는 자기가 아담의 153대 후손이라고 주장하며 족보를 발간하기도 했고, 아무리 어려운 삼각함수 문제도 풀 수 있게 해 준다는 수학책을 출판하기도 했다. 어쿼트의 숭배자는 이 수학책은 "마치 하늘의 천사가 영감으로 계시해 주는 지식이라도 되는 것처럼" 명쾌하고 시적이라고 말했다.

문제의 책은 다음과 같이 시작된다.

> 모든 원은 도度라는 360개 부분으로 나누어지며, 각 도는 60등분, 다시 60등
> 분, 또다시 60등분, 그리고 또다시 60등분된다.

아, 천사의 목소리……

어쿼트가 아무리 유머 감각이 있었다 하더라도(사실 그는 찰스 2세가 복위했다는 소식을 듣고 웃다가 죽었다) 풍자 작가는 아니었다. 너도나도 새로운 언어를 제시하던 시기였기 때문에 풍자로 오해하기 쉽지만 여백 없이 빽빽한 그의 산문을 꼼꼼히 본다면 새로운 언어에 대한 그의 제안이 아주 진지하다는 것을 알게 될 것이다.

17세기 철학자나 과학자들은 언어가 생각을 모호하게 만들고, 말이 사물의 이해를 가로막는다고 불평했다. 그들은 개념이 명쾌하고 보편적인 반면, 언어는 모호하고 체계적이지 못하다고 생각했다.

이런 분위기가 확산되면서 새롭고 합리적인 언어, 말이 완벽하게 개념을 표현할 수 있는 언어에 대한 욕구가 높아졌다. 그리고 이러한 생각은 조너선 스위프트가 쓴 《걸리버 여행기》에서 위트있게 풍자되었다.

걸리버는 라가도의 한림원에 갔다가 '말을 폐지하려는 계획'을 알게 된다. '말은 오로지 사물의 이름'일 뿐이므로, 사람들은 자신이 이야기할 사물을 모두 가지고 다니다가 필요할 때 호주머니에서 꺼내면 된다는 것이다. 이 계획이 실행되자 학자입네 하는 자들이 보따리

장사치처럼 무거운 짐을 지고 낑낑거리며 다니게 된다. 간혹 그들은 길에서 아는 사람을 만나면 짐을 내려놓고 보따리를 풀어 이야기를 나누고 대화가 끝나면 다시 짐을 싸고 서로 짐을 지는 것을 도운 뒤 헤어진다.

이 광경은 합리적 언어 관념의 커다란 문제점을 보여 준다. 이렇게 의사소통을 하려면 얼마나 많은 '사물'이 필요할까? 개념의 개수는 무한대라고는 할 수 없겠지만 어쨌거나 엄청나게 많다. 만약 하나의 개념을 완벽하게 표현할 말을 원한다면, 너무나 많은 말이 필요할 것이고, 어느 누구도 모두 배우기란 불가능할지도 모른다.

그러나 어쩌면 이 문제를 해결할 방법이 하나 있었을지도 모르겠다. 몇 개의 기본적인 숫자를 가지고 배열하면 무한에 이를 수 있지 않은가?

언어에서도 그럴 수는 없을까? 이 같은 숫자의 성질을 이용해 개념을 설명할 수는 없을까?

이것은 당시 획기적인 아이디어였다. 17세기에 수학의 표기법이 달라지면서 패러다임이 바뀌었다. 수학은 수천 년 동안 발전해 왔지만 아주 옛날에는 덧셈, 곱셈, 제곱근 기호, 변수, 방정식 등 그 어느 것도 없었다. 사람들은 이들 기호 없이 개념을 이해하고 사용했고, 기호가 생기기 이전에는 모두 글의 형식으로 설명이 이루어졌다.

예컨대 다음은 피타고라스보다 약 1500년 앞선 바빌로니아의 점토판에서 나온 피타고라스 정리의 표현이다.

가로는 4, 빗변은 5이다. 그럼 세로는 얼마일까? 그것의 크기는 알려져 있

지 않다. 4 곱하기 4는 16이다. 5 곱하기 5는 25이다. 25에서 16을 빼면 9
가 남는다. 9가 되려면 무엇에 무엇을 곱하면 될까? 3 곱하기 3은 9이다. 따
라서 세로는 3이다.

이 내용을 2000년 뒤 유클리드가 좀 더 추상적으로 표현했다.

직각삼각형에서 직각의 맞은편에 있는 변의 제곱은 직각을 끼고 있는 다른
두 변의 제곱을 합한 것과 같다.

그리고 그 후 1500년이 지나 코페르니쿠스는 다음과 같이 그 정리
를 이용해 화성의 위치를 알아냈다.

이미 보았다시피 DG가 303, 빗변 AD가 6947, DF가 4997이며, 그리고
또 AD의 제곱과 FD의 제곱으로부터 DG의 제곱을 빼면 AG의 제곱과 GF
의 제곱이 남을 것이다.

이것이 바로 17세기 이전에 수학이 이루어진 방식이었다. 설명의
명쾌성은 선택하는 어휘, 어절의 순서, 개인의 문체 등에 달려 있었
고 그 모든 것이 문제를 일으킬 소지가 있었다. 예컨대 어쿼트는 '천
사의 목소리'라는 삼각함수 책에 피타고라스 정리와 연관 있는 부분
을 다루고 있지만, 이것이 피타고라스 정리라는 것을 알아차리기 어
렵다.

(……) 중간 항들의 곱셈(그것은 바로 첫째 직사각형에 포함되는 변의 제곱이다)
에 의해 긴 변과 짧은 변으로 이루어지는 직사각형과 같은 두 개의 값이 나오
며, 그 합은 방정식에 의해 빗변의 제곱과 같고 (……)

물론 이렇게 수학을 할 수는 있다. 그러나 정말로 글이 앞을 가로
막는다는 걸 느낄 것이다.

"아니, 어느 변을 제곱한다는 거야? 어디에서 뭘 빼라는 거야? 세
어절 앞에 나왔던, 내가 지금 더해야 하는 이건 뭐지?"

16세기 후반, 우주를 연구하며 계산에 몰두하던 과학자들은 중요
한 관념과 진리들이 언어 속에 갇혀 투쟁하고 있다고 느꼈다. 천문학
자 요하네스 케플러는 행성들의 움직임을 발견하고 이를 더욱 훌륭
하게 표현하기 위해 악보의 기보법(당시에 이미 **훌륭**하게 개발되어 있었
다)을 이용해 '구체球體들의 화음'을 들려주었다. 그러나 악보의 기보
법으로는 한계가 있었다. 이런 맥락에서 수학의 표기법 개발은 그야
말로 혁명적이었다.

17세기에 이루어진 말 대신 기호와 변수, 문장 대신 등식을 사용하
는 표기법의 혁신은 특정 계산식을 훨씬 알기 쉽게 해 주었다. 뿐만
아니라 이를 통해 여러 계산식 사이에서 근본적인 유사점과 차이점
을 파악하거나 이전에는 알아차리지 못했던 일반화를 이끌어 내는
것까지도 훨씬 수월해졌다. 더욱이 그 표기법은 사용하는 언어가 달
라도 이해할 수 있을 정도로 보편적이었다.

과학 발전에 점점 가속도가 붙더니 급기야 근대적인 물리학과 미
적분학이 탄생했다. 과학에서 탄생한 이 새로운 형태의 언어를 통해

마침내 진리가 밝혀질 것 같았다. 그리고 하나의 관념이 고개를 들기 시작했다.

"우리의 생각을 모두 이런 식으로 표현할 수 있다면 어떻게 될까?"

그러나 담론의 세계를 어떻게 수학으로 바꿀 것인가? 이런 문제에 직면하자 이를 해결할 전략이 경쟁적으로 쏟아져 나왔다. 전략은 크게 세 가지로 나눌 수 있는데 그 가운데 두 가지는 너무 피상적이었다(그것을 만든 사람이 자존심 상하지 않게 내버려 둔다). 나머지 하나는 실행하려는 사람들이 압도될 만큼 해야 할 일이 엄청나게 많아 엄두도 내지 못할 방법이었다.

첫 번째 전략은 간단히 말해, 글자를 수처럼 사용하는 것이다. 글자를 결합시키거나 글자를 가지고 계산하면(그러나 그 계산에 대해서는 아주 모호하게 이야기한다) 하나의 말, 그러니까 바로 언어가 나온다는 것이다. 이것이 바로 어쿼트의 방법이었다. 그는 삼각함수책에서 이 방법을 도입한다. '변'을 E, '시컨트'를 L이라 정의하는 방식으로 개념마다 글자를 배당하는 것이다. 예를 들어 'Eradetul(에라데툴)'이라고 하면, '한 변이 반지름일 때 다른 하나는 탄젠트, 나머지 하나는 시컨트'라는 뜻이 된다.

어쿼트는 우주에 있는 모든 것을 정확히 정의할 수 있는 언어가 있다면 자신이 만든 것과 비슷한 방식일 거라고 생각했다. 이때 정확한 알파벳만 있으면 세상에 존재하는 모든 의미들에 대해 뚜렷이 구분되는 말을 만들어 낼 수 있다고 했다. 뿐만 아니라 하늘에 있는 별은 도度와 분分을 이용해 정확한 위치를 가리킬 수 있고, 색깔을 가리키는 말은 빛, 그림자, 어둠 등의 정확한 혼합으로 표현할 수 있으며,

각 병사의 이름은 그들의 계급과 임무를 모두 지칭할 수 있을 정도로 완벽한 알파벳을 만들었노라고 주장했다. 게다가 다른 어떤 언어보다도 가장 훌륭한 기도, 가장 우아한 찬사, 가장 깊은 의미의 속담을 나타낼 수 있으며 자신의 감정을 잘 드러낼 수 있는 감탄사를 표현할 수 있다는 것이다. 그 모든 것을 둘째치더라도, 가장 배우기 쉬운 말이라고 했다. 그는 얼굴이 예뻐지고 발기 부전을 치료해 줄 것이라는 말은 하지 않았지만, 아마 그렇게 말했더라도 상관없었을 것이다. 그가 주장한 것에 대한 증거를 하나도 들지 않았기 때문이다.

두 번째 전략은 말을 숫자로 바꾸는 것이었다. 이것은 《보편적인 글자: 이것을 통해 세계의 모든 나라가 다른 나라의 생각을 이해할 수 있다》(1657)를 출판한 입스위치Ipswich 지역의 한 학교 교장인 케이브 벡이 제시한 방법이었다. 그는 숫자를 개념에 배당했다. 1은 '버리다', 2는 '무안하게 하다', 3은 '완화시키다', 742는 '자수를 놓다', q2126은 '튀어나온 눈', r2654는 '복부 팽만', p2846은 '장례식에 고용된 조문객' 등이었다(숫자 앞의 글자는 연설의 일부나 시제 또는 성 등 문법적인 요소를 가리키는 데 사용되었다). 그는 숫자마다 발음 기호를 붙여 단어처럼 발음할 수 있게 했다(예컨대 7은 '센'으로 발음되었다). 벡의 책은 그와 그의 발명을 찬양하는 (그의 친구들이 쓴) 시로 시작되지만, 벡은 어쿼트만큼 자신감 넘치지 않았다. 그가 세운 체계는 단지 언어들 사이의 번역에 유용한 도구로서만 제시되었다. 하지만 그도 야망이 아예 없는 것은 아니었다. 야심에 찬 눈초리를 번뜩이면서 만약 그의 언어가 "영광스러운 진실"을 풀어 놓을 수 있는 세계어가 된다면 그는 "내 괴로움을 기꺼이 감수할 것"이라고 덧붙였다. 그리고 십계명

가운데 다섯째 계명 '네 부모를 공경하라'를 번역하여 실례를 들었다. 번역된 글은 'leb 2314 p2477 & pf2477'이고, '레브 토레온포, 피 토포센센 에 피프 토포센센'으로 발음된다.

이 방법에는 완벽한 언어를 구축하기 위해 글자·숫자·선화線畵 등 적합한 일련의 기호를 찾아내야 한다는 전제가 있다. 당시 기호는 암호나 속기, 고대 문헌의 글자 패턴에서 성스러운 의미를 찾으려는 카발리즘 등에 관심이 높았는데 이는 당대 대중들의 요구에 영향을 받은 것이다. 또 하나의 영향은 알파벳 표기법보다 더욱 직접적으로 개념을 나타낸다고 알려진 히에로글리프와 중국의 한자에 대한 많은 사람들의 관심이었다.

그러나 만약 우주의 진실을 수학적으로 드러낼 수 있는 언어를 만드는 것이 목표라면, 사용하는 기호의 형태는 상대적으로 중요하지 않다. 중요한 것은 체계적인 관계가 그 기호들 사이에서 획득된다는 점이다. 1은 '하나'의 개념을 나타내고, 100은 '백'의 개념을 나타내지만, 더욱 중요한 것은 기호 1과 100 사이의 관계는 '하나'와 '백' 사이의 관계와 같다. 그리고 이것은 2와 200 사이에서도 얻어지는 똑같은 관계이다. 하지만 벡의 체계에서는 1(버리다)과 100(주름버섯) 사이에 그 같은 관계란 없으며, 설령 그들 사이에서 관계를 판독하는 방법을 찾아낸다 하더라도, 2(무안하게 하다)와 200(송가) 사이의 관계와는 같지 않을 것이다. 그들 숫자는 단지 말을 대신하는 기호에 지나지 않는다.

기호는 말이기도 하다. 벡과 어쿼트 모두 기호가 개념 사이의 관계를 체계화할 수도 있다는 생각은 했었지만, 이 관념을 언어에 적용시키는 힘든 작업은 하지 않았다.

그들은 고국 덴마크를 떠나 런던에서 살고 있던 겸손한 프랜시스 로드윅Francis Lodwick 으로부터 배울 점이 있었을 것이다. 1647년에 그가 쓴 책 《공통 기록법》에는 단지 '열심히 연구한 어느 촌부'라는 서명이 들어 있을 뿐이다. 그는 서문에서 그의 문체가 거친 것을 사과하고, 앞으로 더욱 재치있는 글 솜씨를 선보이겠다고 했다. 그의 겸손한 태도는 직업 때문에 느낀 열등감 때문이기도 하다. 그는 공식적인 교육을 받지 못한 상인이었으며, 그 때문에 자신이 하고자 하는 일에 부적격이라는 생각을 가지고 있었다. 하지만 그의 겸손은 힘겹게 얻은 것이기도 했다. 학자들이 연구를 시작할 때 처음에는 얕고 잔잔한 개울처럼 보이던 일이, 건널수록 엄청나게 깊고 물결이 세지는 강물이 되어 버리는 것처럼, 난관에 부딪히고 일을 해결하면서 얻게 되는 덕목이 겸손이기 때문이다.

로드윅의 체계가 중요한 것은 그가 고른 다양한 기호들이 아니라, 그 기호가 개념들 사이의 관계를 표현하는 방식에 있다. 예컨대 그림 4.1에서 제시된 것처럼 '말'을 뜻하는 기호 ꝏ는 '……의 행위'를 뜻하는 기호 ꝫ와 '말하다'를 뜻하는 기호 ꝏ가 결합된 것이다. 말은 본질적으로 말하는 행위로 정의된다. 하느님을 뜻하는 기호 ꝏ는 '……의 행위'를 뜻하는 기호 ꝫ와 '적절한 이름'을 뜻하는 ꝋ, '존재하다'는 뜻의 기호 ꝏ가 결합된 것이다. 하느님은 존재하는 행위의 적절한 이름이다('존재의 구현'과 비슷하다). 인간을 뜻하는 기호 ꝟ는 '이해하다'는 뜻의 기호 ꝇ와 '……하는 자'의 뜻인 ꝫ와 '적절한 이름'의 뜻인 ꝋ가 결합된 것이다. 인간은 이해하는 자이다. 로드윅의 주된 성찰은 이처럼 기본적인 개념들을 서로 덧붙임으로써 더욱 복잡한 개념으로 나아간다.

앞서 언급한 담론의 수학을 만들기 위한 세 가지 방법 중 로드윅은 세 번째 방법에 집중했다. 그것은 단순한 글자나 숫자, 기호에 관한 것이 아니라 그들이 나타내는 개념들 사이의 관계에 관한 것이었다. 제한적인 기본 개념을 바탕으로 그 기본 개념을 조합해서 다른 모든 것의 기원을 설명할 수 있다.

라이프니츠는 나중에 이것을 '사고의 미적분'이라고 했다. 이 미적

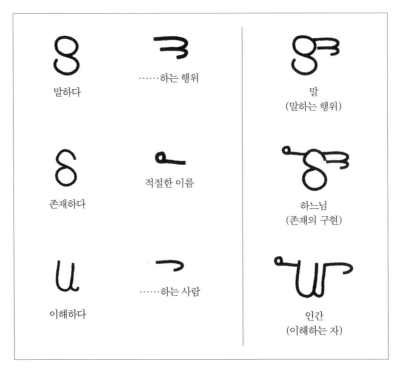

그림 4.1 : 로드윅의 기호

분의 첫째 규칙은 '어떤 개념을 나타내는 숫자는 그 개념을 구성하는 조건들을 나타내는 숫자를 서로 곱함으로써 만들어져야 한다'는 것이었다. 예를 들면 "인간이 이성적 동물이므로, 만약 동물 a가 2이고 이성적이라는 것 r이 3이면, 사람 h는 ar과 같아야 하며, 이 경우 2×3 즉 6이 될 것이다." 이 계산에서는 역도 성립한다. 원숭이가 10인 것을 안다면 그것이 동물이지만(그것이 2로 나누어질 수 있기 때문에), 이성적인 동물은 아니라는 것(3으로는 나누어지지 않기 때문에)을 짐작할 수 있다.

로드윅보다 10~20년 전에 이런 생각을 했던 사람이 데카르트였다. 그는 "만약 인간의 사고로 상상할 수 있는 모든 관념들이 무엇인지 설명할 수 있다면…… 세계어를 배우고 말하고 쓰는 것이 아주 쉬우리라 예상할 수 있을 것"이라고 했다. 하지만 그는 그런 언어를 만들어 내려면 모든 사물의 참된 성격에 대한 완벽한 이해가 필요하다고 생각했기 때문에 결코 그 일을 시작하지 않았다. 그 같은 언어를 발명하거나 그것의 바탕이 될 과학을 발견하는 것이 가능하다고 생각했지만, 동시에 환상의 세계 밖 현실에서는 일어날 것 같지 않다고 판단했기 때문이다.

로드윅은 언어의 수학을 어떻게 만들 것인가에 대한 문제에 답을 찾았지만, 그 해답은 로드윅 이론의 근본과도 연결되는 훨씬 더 큰 문제를 낳았다. 그것은 바로, 의미의 기본 개념은 무엇으로 할 것인가? 이 기본 개념을 어떤 단위로 묶어 규정할 것인가? 하는 문제였다.

글쎄, 우주의 질서를 짐작해 보는 것으로 시작할 수도 있겠다. 17세기를 사는 과학자에게 이것은 말도 안 되는 제안은 아니었다. 물론 어렵고 누구도 제대로 완수할 수 없을 것이라고 생각할 만한 일이었지만 시도조차 못할 이유는 아니었다.

때는 바야흐로 이성의 시대였으므로 이성적인 동물이 그 일에 나섰다.

03

달가노 vs 윌킨스

사물의 성격을 반영하는 언어와 기억하기 쉬운 언어 중 살아남는 언어는?

윌킨스가 발명한 언어에 대한 600페이지 분량의 책은 우주에 있는 모든 것을 계층별로 분류한다.

모든 것?

내가 처음 《실자와 철학적 언어를 지향하는 소고》를 들고 책상에 앉았을 때 했던 일은 분별력 있고 나이가 어느 정도 있는 언어학자라면 누구나 할 만한 일이었다.

바로 똥이라는 단어를 찾는 것이다.

하지만 어디서 찾아야 할까? 내가 들고 있는 것은 알파벳 순서에 따라 단어를 찾는 사전이 아니라 의미에 따라 배열된 개념 사전이다. 똥이라는 단어를 찾기 위해서는 '똥'의 개념을 먼저 파악해야 했다. 그것은 바로 윌킨스가 분류한 40개

의미 범주 가운데 똥이 어디에 속할지 짐작해야 한다는 뜻이었다.

월킨스의 범주는 아리스토텔레스의 계층 구조 또는 계통수라고 알려진 종류의 전체 구조로 구성되어 있다. 이것은 동식물의 분류법으로 친숙한 종種·속屬·과科·목目의 구성으로 계통수의 위쪽에 위치할수록 일반적인 범주이며, 그들은 몇 가지 뚜렷한 특징을 바탕으로 하위 범주로 세분된다. 데이지, 거미, 딱따구리, 호랑이, 호저 등은 모두 생명이 있는 존재의 범주에 들어간다. 모두 생물인 것이다. 여기에서 호저를 규정하는 조건은 그들 가운데 감각이 있는 것(데이지가 제외된다), 피가 흐르는 것(거미가 제외된다), 짐승인 것(딱따구리가 제외된다), 육식성이 아닌 것(호랑이가 제외된다)이 된다. 계통수의 아래로 내려올수록 범주는 좁혀지며, 그 구성원들은 해당 범주의 구성요소에 의해 더욱 정확하게 규정된다.

그림 5.1은 맨 아래쪽에 40까지 번호가 붙은 월킨스의 우주 계통수이다.

첫째 분류는 총체적인 것과 특수한 것으로 나눈다. 이때 추상적, 형이상학적인 존재·진리·선 등과 같은 커다란 관념은 현실에 존재하는 추상적, 형이상학적 개념과 구분된다. 이 분류는 플라톤과 아리스토텔레스로부터 비롯된 것으로 당시의 철학과 일맥상통하는 것이다.

특수한 것 아래의 두 번째 마디에 있는 본질적인 것과 부수적인 것의 분류도 역시 이 철학에서 유래하는 것이다. 본질적인 것이란 '이것이 무엇이냐'는 질문에 대한 답이며, 부수적인 것이란 '이것이 어떤 것이냐'는 물음에 대한 답이다. 표를 봐서는 이들이 항상 제대로

구분되지 않는 것처럼 보일 것이고, 윌킨스도 그의 철학이 온전하지
못하다는 것을 잘 알고 있었다.

윌킨스의 계통수 맨 아래쪽 마디에 있는 40개의 주요 범주는 다시
그들 자체로부터 뻗어 나가는 계통수에서는 맨 위의 범주가 된다. 예
를 들면 XVIII의 범주인 짐승은 다시 그림 5.2에서처럼 6개의 하위
범주로 나뉘게 된다.

여기서 끝이 아니다. 하위 범주를 고르면 더욱 구체적인 그 아래
하위 범주의 계통수를 다시 발견하게 된다. 그래서 범주 XVIII인 짐
승, 하위 범주 V인 타원형 두개골 아래에서 구체적인 동물의 이름이
나오는 6개의 그 아래 하위 범주를 발견할 것이다(그림 5.3 참조).

윌킨스가 만든 맨 위의 40개 범주는 각각 이런 식으로 여러 계층의
하위 범주로 확장된다. '호저'는 본질적인 것 〉 살아 있는 것 〉 감각이
있는 것 〉 피가 흐르는 것 〉 짐승 〉 발톱이 있는 것 〉 육식성이 아닌
것, '위엄'은 부수적인 것 〉 성질 〉 습관 〉 장점 〉 타인과 관계를 유지
하는 데서의 우리의 조건에 관한 것, '잠재성'은 선험적인 것 〉 총체적
인 것 〉 성질 〉 존재의 정도에 이르기까지 모든 것에 자리가 마련되어
있다. 여기서 우리는 엄청난 것을 다루고 있는 셈이다.

하지만 왜 이 모두가 필요했을까? 언어의 수학이라는 관념이 거대
한 우주의 개념도와 무슨 관계가 있을까?

앞서 우리는 언어의 수학에는 두 가지가 필요하다는 것을 살펴보
았다. 의미 기본 단위 목록과 모든 개념이 이 기본 단위에서 어떻게
찾아지는가 하는 것이었다.

로드윅의 체계에서 '이해하다', '……하는 자', '적절한 이름' 등은

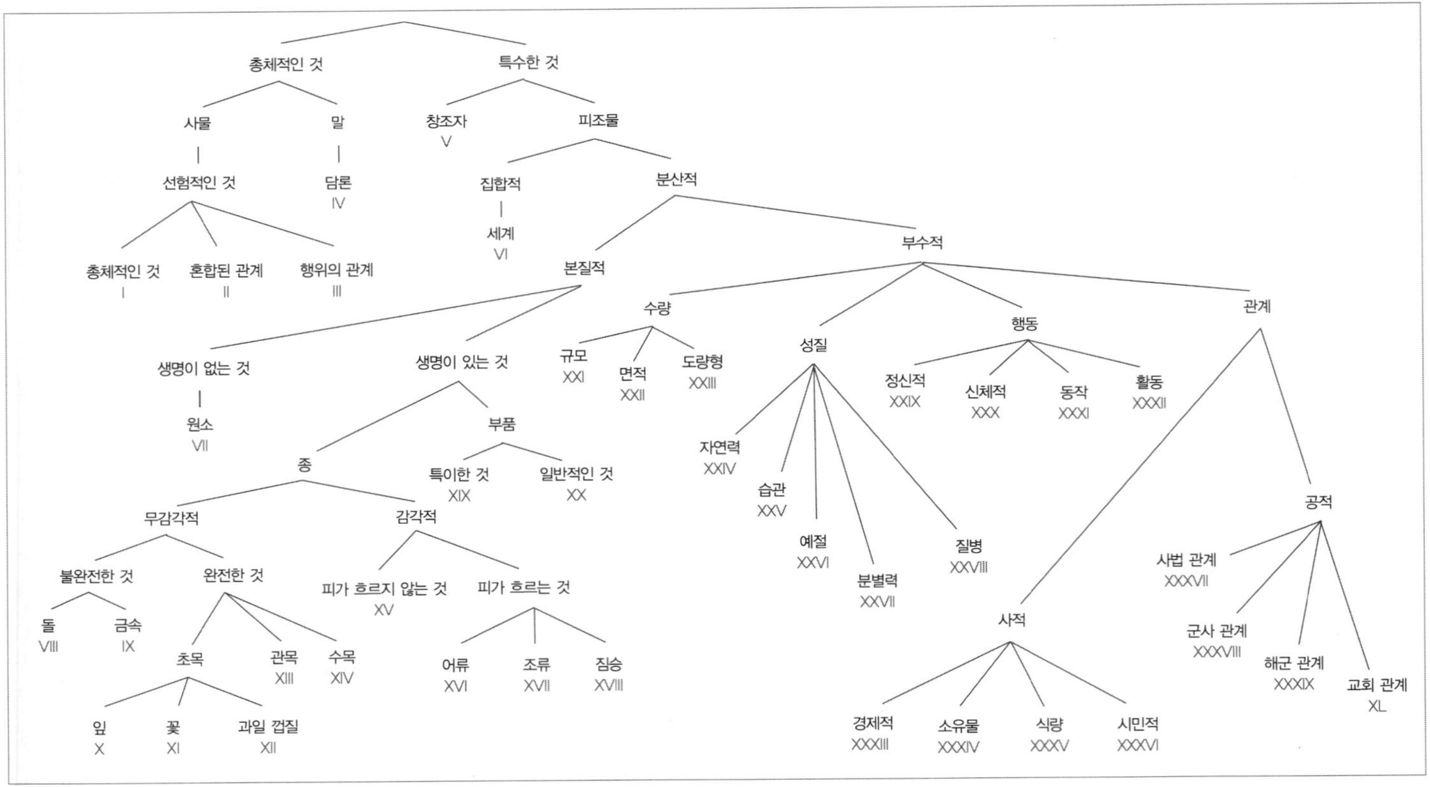

그림 5.1 : 윌킨스의 우주 계통수

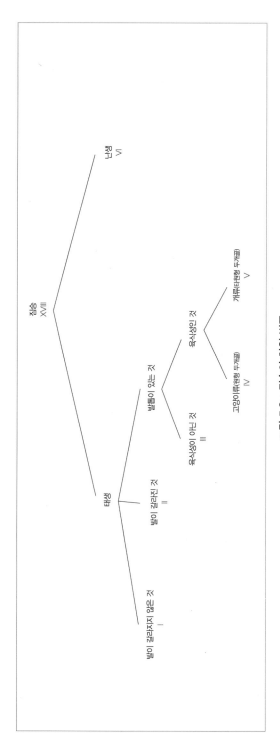

그림 5.2 : 짐승의 하위 범주

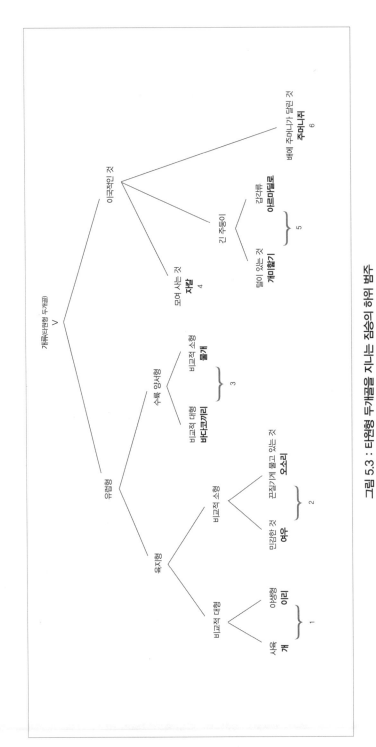

그림 5.3 : 타원형 두개골을 지나는 집승의 하위 범주

기본 개념이었으며, 인간은 이들 세 가지 기본적인 것의 조합으로부터 유래하므로 '이해하는 자'로 정의되었다.

라이프니츠의 경우 기본적인 것은 이성적인 것과 동물이었으며, 인간은 이성적 동물이라는 말은 이 조건에 의해 만들어졌다.

자, 어느 쪽일까? 인간은 이성적인 동물인가, 아니면 이해하는 자인가? 그것은 기본적인 것을 무엇으로 두느냐에 따라 달라진다. 이때 사물의 올바른 정의를 찾아내야만 의미의 기본 단위를 제대로 짚어 낼 수 있다. '이성적인 동물'이나 '이해하는 자'는 인간에 대한 매우 비슷한 정의이다. 두 가지 모두 인간의 생각하는 능력에 초점을 맞추고 있기 때문이다. 하지만 인간을 다른 방법으로도 정의할 수 있다.

예를 들어 인간을 직립 보행하는 동물이라고 한다면? 혹은 플라톤이 말한 것처럼 깃털 없는 두 발 보행 동물이라고 한다면?

직립 보행은 인간의 매우 뚜렷한 특징이기는 하지만 인간과 동물을 구분해 주는 특징은 아니기 때문에 적당하지 못하다. 원숭이도 직립 보행을 하고, 심지어 개도 직립 보행을 할 때가 있다.

인간은 깃털 없는 두 발 보행 동물이라는 플라톤의 말에 대해, 키니코스학파의 디오게네스는 닭의 깃털을 모두 뽑아 버리고는 사람들에게 외쳤다.

"보라, 이것이 플라톤이 말한 인간이다!"

인간을 명확하게 정의하기 위해서는 다른 어떤 것에도 없는 인간의 특징을 짚어 내야 하는데, 그 특징을 이성적인 판단 능력이라고 생각하기도 한다. 당연한 일이지만 인간의 본성 같은 심오한 문제를 다루는 철학자들은 이 특징을 높이 평가했다. 그것은 철학자들의 전문 분야이기도 했다. 아마도 그래서 철학자들은 인간의 다른 특징들에 초점을 맞추는 데는 실패했는지도 모른다.

인간의 다른 특징으로는 소설가 G. K. 체스터턴이 말한 '교리를 만드는 동물', 또는 날카로운 비평으로 유명한 앰브로즈 비어스의 '자신이 무엇을 하는 사람인지 생각하는 데 몰두하는 바람에, 자신이 무엇을 해야 하는 사람인지를 모르는 동물' 등이 있다. 이들 특징은 인간을 규정하기에 논란의 여지는 있지만 이성적 판단 능력과 마찬가지로 인간을 다른 어떤 것과 구분해 준다고 할 수 있다.

이런 특징은 인간의 특징을 규정하는 사람이 무엇을 중요하게 생각하는지에 따라 다르게 나타난다. 데카르트는 철학 언어의 관념을 알기 위해서는 먼저 참된 철학이 무엇인지 파악해야 한다고 생각했기 때문에 세계어는 성공하지 못할 것이라 판단했다. 그러나 윌킨스는 아주 훌륭한 철학만 있으면 된다고 생각했기 때문에 세계어가 가능하리라 생각한 것이다. 그는 자신이 세운 체계가 '사물의 성격에 정확하게 일치하도록' 노력했지만 미흡하다는 점을 인정했다. 그는 진실을 알지는 못했지만, 자신의 체계에 대해 냉정하게 판단할 수 있는 이성을 가지고 있었다.

그러나 윌킨스는 그 자신의 사고방식과 그 시대를 지배한 고정 관념의 영향에서 자유롭지 못했다. 윌킨스는 50세와 60세 사이의 나이를 '정신 발달에 가장 완벽한…… 지혜의 나이'로 분류했는데 이 계층수를 완성했을 때 그는 50대 초반이었다. 만약 그의 나이가 40대였다면 지혜의 나이에 대한 정의도 달라지지 않았을까? 그리고 윌킨스가 17세기에 살지 않았다면 '요술'을 사법 관계 〉 중죄로 분류하지도 않았을 것이고, 영국에 살지 않았다면 범선의 돛에 대한 범주를 포함시키지도 않았을 것이다. 범선의 돛에 관한 세부적인 부품들은 모두 윌킨스의 우주에서는 합당한 자리를 차지한다.

그럼 이제 '언어를 위한 수학 만들기'로부터 '우주의 위계 세우기'로 나아가는 과정을 요약해 보자.

1. 언어를 위한 수학을 만들기 위해서는 의미의 기본 단위가 무엇인지, 그리고 기본 단위에서 비롯된 더욱 복잡한 개념을 어떻게 계산할 것인지 알아야 한다.

2. 이들 두 가지를 알기 위해서는 개념들이 어떻게 더 작은 개념들로 분해되는지에 대해 알아야 한다.

3. 개념들을 분해하기 위해서는 그들 개념에 대한 정확한 정의가 있어야 한다. 즉 사물들에 대해 알아야 한다.

4. 무엇이 어떤 것인지를 알기 위해서는 다른 모든 것과 그 무엇을 구분해야 한다.

5. 그것과 다른 모든 것을 구분해야 하기 때문에 언어의 체계 속에는 모든 것을 포함시켜야 한다. 그래서 우주에 관한 600페이지에 이르는 도표가 있는 것이다.

이 '우주의 위계 세우기'는 이제부터 이야기할 달가노가 만든 것이다. 여러분은 이 과정에서 각각의 단계가 반드시 차례대로 이어지지 않는다는 것을 알아차렸는지?

정작 이것을 만든 조지 달가노는 알지 못했다. 그는 스코틀랜드의 평범한 학교 교장으로, 1657년 옥스퍼드로 이주해 학교를 지으려고 했다. 그는 '이제껏 본 그 어느 것보다 간결하게' 어구를 표현할 수 있는 새로운 종류의 속기법 시연을 참관한 뒤, 그것을 한 단계 더 발전시키고자 했다. 그래서 가능한 적은 기호로 가장 많은 의미를 나타낼 방법을 찾으면서, 그 같은 체계는 영어뿐 아니라 어느 언어로도 해독될 수 있는 보편적 표기법으로 사용될 수 있음을 깨달았다.

"경탄, 두려움, 희망, 기쁨 등이 뒤얽힌 나머지 사흘 밤낮 동안 한 시간도 자지 못했다."

그러나 그의 아이디어는 생각만큼 독창적인 것이 아니었다.

당대의 몇몇 학자들은 '실자real character'를 개발하는 데 몰두해 있었다. 실자는 철학자 프랜시스 베이컨이 중국의 한자를 가리킨 말로 한자는 소리나 말이 아니라 관념을 나타내기 때문에 실자라고 불렀던 것이다.

그전에 동양을 방문했던 선교사들은 북경관화 · 광둥어 · 일본어 · 베트남어 등 서로 다른 언어를 쓰는 사람들이 종이에 글을 써서 대화하는 것은 가능하다는 사실에 주목했다. 이를 통해 달가노는 한자가 바로 문제의 핵심이라고 생각했다. 이것은 얼마간 잘못된 것이었지만 (제13장에서 한자가 어떻게 작용하는지 다룰 것이다), 보편적인 실자의 가능성에 대해 낙관적인 흥분을 자아내기에 충분했다.

달가노는 옥스퍼드에서 미미한 존재였지만, 그의 동창생 중 한 명이 대학교의 부총장과 친한 사이였다. 그 덕분에 달가노의 작업이 널리 알려져 달가노는 옥스퍼드의 저명한 학자들과 어울리는 행운을 누리면서 '기쁨에 겨워 어쩔 줄 몰랐다.' 이들 학자 가운데 한 사람이 바로 월킨스였으며, 당시 그는 자신의 보편적 글자를 연구하기 전이 었다.

달가노의 체계에는 효과적인 의사소통에 필요하다고 판단되는 기 본적인 개념과 이를 적는 방법 935개가 정리되어 있다. 이 방법을 라 디칼이라고 불렀는데 계통수로 구성하지는 않았다. 공통적인 특징이 나 논리적 또는 철학적인 체계에 의해 분류되지도 않았다. 그 대신에 7행시의 운문 속에 넣어 쉽게 욀 수 있도록 했다. 아래의 7행시를 보 자. 두꺼운 글씨가 바로 라디칼 단어이다.

1행 – **높은 곳**에 앉을 때는 **빛**과 **열** 때문에 **거북해지지**

2행 – **습기**가 **아주** 많아 **텅 빈** 털구멍을 **활짝 열기** 때문이야

3행 – 그러나 **빌린 튼튼한** 말 위에 앉으면 그것을 **타고** 아주 **빨리 달리네**

4행 – 그러니 만약 **정중한 태도**로 이 **예의를 얻을** 수 있으면, **임차인들의 야 만성**을 개의치 않지

5행 – 왜냐하면 그들이 **사나운 악당들**, **속이기를 잘하는 보잘것없는** 사람들 임을 잘 **알기** 때문이야

6행 – 그렇지만 나는 그들이 **자주 잘못**을 범하는 것을 **용인하며, 자상한 권 고**를 하면서 그들을 **격려하기도** 하고

7행 – 게다가 **구부러진 긴** 칼이 **있을** 때는 그들이 **강도들과 싸우는** 것을 **돕 기도** 해

그는 작은 직선의 위치와 방향과 고리를 이용해 이 7행시에서 어느

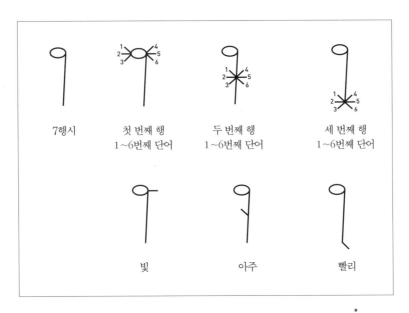

7행시   첫 번째 행   두 번째 행   세 번째 행
1~6번째 단어   1~6번째 단어   1~6번째 단어

빛   아주   빨리

그림 5.4 : 달가노의 체계

글줄의 어디를 가리키는지 알려주는 부호를 개발했다(그림 5.4 참조).

예컨대 '빛'을 적으려면, 7행시를 나타내는 부호를 그리고 첫 번째 행의 다섯째 단어를 가리키는 작은 표시로 조정한다(번역된 글에서는 글줄의 단어 순서가 바뀌었기 때문에 올바로 대응되지 않는다 — 옮긴이). 이 패턴은 네 번째 행에서 여섯 번째 행까지 다시 한 번 반복되지만 표시의 끝에 작은 고리가 덧붙여져 첫 번째 행에서 세 번째 행의 부호와 구분된다. 그리고 일곱 번째 행은 짧은 선이 부호를 가로지르게 된다(그림 5.5 참조).

덧붙여 반대어는 다음과 같이 7행시 부호의 방향을 거꾸로 해서 표시한다.

그는 또 7행시와 글줄, 단어 등의 차례에 해당하는 숫자에 자음과

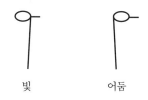

빛　　　　　어둠

모음을 배당함으로써 말로 나타내는 방법까지도 마련했다. 그래서
만약 B=7행시, A=첫 번째 행, G=다섯째 단어라고 하면 '빛'이라
는 단어는 BAG이 될 것이다.

　월킨스는 달가노의 체계에 경탄하며 더 많은 개념을 포함시킬 필
요가 있다고 생각하고, 식물·동물·광물 등을 질서 있게 배치한 도
표를 만들었다. 하지만 달가노는 개념의 목록이 길어지면 개념들을
기억하기 어려워질 것이라며 그 도표의 사용을 정중히 사양했다. 그
는 '코끼리'와 같은 것은 별도의 라디칼 단어가 필요하지 않고, '발굽
이 갈라지지 않은 가장 큰 짐승'과 같은 합성 어구로 나타낼 수 있다
고 생각했다.

　달가노의 것은 언어의 수학을 구하는 또 하나의 방법이었다. 우주

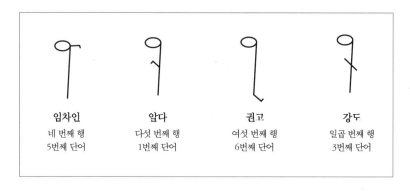

임차인　　　　　알다　　　　　권고　　　　　강도
네 번째 행　　　다섯 번째 행　　여섯 번째 행　　일곱 번째 행
5번째 단어　　　1번째 단어　　　6번째 단어　　　3번째 단어

그림 5.5 : 달가노의 체계 중 넷째~일곱째 글줄을 나타내는 법

를 범주와 특징적인 성질로 나눌 필요 없이 기본적인 것이 무엇인지만 판단하고(이는 체계적으로 나눌 필요 없이 상식선에서 판단하면 된다), 다른 모든 것은 그들 기본적인 것을 더해 합성어로 만듦으로써 나타낼수 있는 것이다. 달가노가 생각하기에 석탄은 광물성 검은색 불, 다이아몬드는 단단한 보석, 물푸레나무는 열매가 없고 씨가 기다란 나무였다.

월킨스는 그 방법이 완벽하지 않다고 생각했다. 달가노가 선택한 기본 개념들은 원칙에 의해 정리된 것이 아니었고 또한 달가노의 언어에서 단어는 의미가 없고 무의미한 운문에서 임의적인 자리만 나타낼 뿐이었기 때문이다. 그는 체계적인 도표가 필요하다고 확신했다. 단어가 사물의 성격을 반영하기를 바랐으며, 그래야만 언어가 지식과 이성을 전파하는 도구로서 그 역할을 다할 수 있을 것이라고 생각했다. 한편 달가노는 그 도표가 불필요하다고 생각했다. 쉽게 기억할 수 있는 단어를 만들고자 했고 그래야만 유용한 의사소통 수단이 될 수 있을 것이라고 여겼다.

약 1년 동안 두 사람은 논쟁을 거듭하다 결국 갈라섰고, 월킨스는 그 자신의 프로젝트에 착수했다.

04

'똥'은 무엇일까?

윌킨스가 만든 계통수 어딘가에 있을 '똥' 찾아 삼만리.

윌킨스가 파악한 바와 같이, 자연 언어의 문제점은 단어가 가리키는 사물에 대해 아무것도 말해 주지 않는다는 것이다. 개는 영어로 도그, 프랑스어로 생, 에스파냐어로 페로, 독일어로는 훈트라고 한다. 이것은 단순히 외우는 것이고 임의로 정해진 소리에 지나지 않는다. 개를 뭐라고 불러야 할지 알려 줄 뿐, 개가 무엇인지를 가르쳐 주지 않는다.

그러나 윌킨스의 체계에서 개를 나타내는 단어는 개가 무엇인지를 가르쳐 준다. 달가노와 마찬가지로 윌킨스도 글자나 단어가 들어 있는 여러 도표들에서의 특정 위치를 나타내는 방법을 개발했다. 개라는 개념이 범주 XVIII의 짐승, 하위 범주 V의 타원형 두개골, 그 다음의 하위 범주 1의 대형(그림 5.3 참조) 속에 위치하므로, 개를 나타내는 글자는 범주 XVIII에 해당하는 기호로 이루어지면서, 하위 범주 V와 그다음의 하위 범주 1까지 나타낼 것이다.

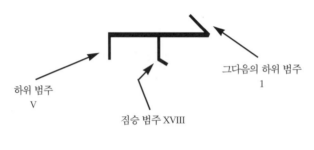

개

이리에 대한 글자는 이리가 온순 대 비온순이라는 반대 개념에 의해 개와 짝지어지므로 반대를 나타내는 표시가 덧붙여져야 한다.

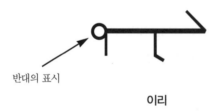

이리

윌킨스의 단어 발음법은 똑같은 계획에 따른다. '개'는 $zit\alpha$ 인데, 그것은 다음과 같이 구성된다.

범주 XVIII	하위 범주 V	다음의 하위 범주 1
zi	t	α(fought에서와 같이 발음된다)

그리고 '이리'는 $zit\alpha s$이다.

달가노나 윌킨스의 체계에서는 단어는 시구나 표에서의 위치를 나타내지만, 윌킨스의 체계에서는 '그것이 무엇인가'의 의미가 더해진다. 빛을 뜻하는 달가노의 단어 BAG는 그가 만든 여러 개의 7행시 중에서 빛이라는 단어가 있는 7행시, 그 시의 첫 번째 행, 그 줄의 다섯째 단어라는 것을 알려 주지만, 빛이 무엇인지에 대해서는 가르쳐 주지 않는다. 그 반면에 zitα는 개가 발톱이 있고 피가 흐르며 타원형 두개골을 가지고 있고 육지에 살며 온순한 성질을 지니는 짐승이라는 것을 가르쳐 준다.

윌킨스의 언어에서 단어는 단순히 개념을 나타내는 것이 아니라 개념을 정의한다. 그럼 중요한 문제로 돌아가자.

대관절 '똥'의 정의는 무엇일까? 윌킨스의 계통수 어디에서 찾아낼 수 있을까?

윌킨스는 그의 도표들에 등장하는 말의 찾아보기를 만들어 놓았다. 특정 영어 단어가 어느 계층에 있는지 알 수 있게 한 것이다. 예컨대 '서민'은 그 옆에 RC.I.7 관계, 시민적 〉 정치적 계급 관계 〉 총체적 하층 계급으로 적혀 있다. 삐긋하면 다른 단어를 찾게 된다. '인색'을 찾으면 '절약'으로 가기도 한다. 절약은 Man.III. 3 예절 〉 계급 및 위엄과 관계있는 덕성 〉 얻는 것과 반대로 되어 있다.

하지만 '똥'이라는 말은 찾아보기에 없다. 그래서 나는 그것의 정의를 추측해서 그 말을 찾기로 했다. 내 생각에 가장 가능성이 높은 범주 XXX의 '신체적 행동'에서 시작했지만 똥은 없었다. 그 범주에 있는 개념들은 생生과 사死 같은 아주 일반적인 것부터 가려운 것, 더듬거리는 것 등 아주 구체적인 것을 아우르고 있었다. 나는 그중 상

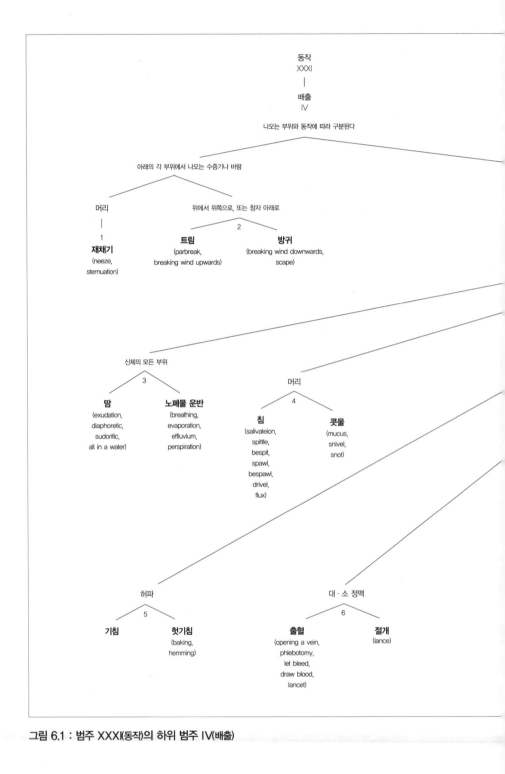

그림 6.1 : 범주 XXXI(동작)의 하위 범주 IV(배출)

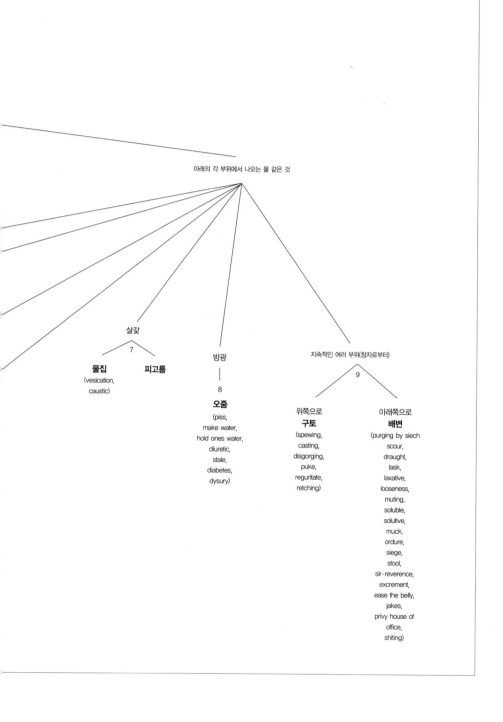

아래의 각 부위에서 나오는 물 같은 것

살갗

7

물집
(vesication,
caustic)

피고름

방광

|

8

오줌
(piss,
make water,
hold ones water,
diuretic,
stale,
diabetes,
dysury)

지속적인 여러 부위(창자로부터)

9

위쪽으로
구토
(spewing,
casting,
disgorging,
puke,
reguritate,
retching)

아래쪽으로
배변
(purging by siech
scour,
draught,
lask,
laxative,
looseness,
muting,
soluble,
solutive,
muck,
ordure,
siege,
stool,
sir-reverence,
excrement,
ease the belly,
jakes,
privy house of
office,
shiting)

위 범주와는 무관한 하위 범주 몇 개를 찾아냈다. 예를 들어 '신체적인'이라는 제목 아래 '편집', '인쇄'라는 항목이, '행동적'이라는 제목 아래 '꿈꾸기', '유흥'이라는 항목이 들어 있다.

하지만 이 범주에는 점잖게 성교라는 개념이 포함되어 있었으며, 짝짓기, 동침, 육체적 관계, 교미, 통정, 교접 등의 다채로운 동의어가 함께 수록되어 있었다. 참고로 이들 모두를 가리키는 말은 cadod로 신체적 행동 〉 감각적인 존재에 귀속 〉 욕구과 그 충족에 관한 것 〉 개인의 유지에 관한 것 〉 종의 번식욕에 관한 것으로 규정된다.

성에 관한 문제는 내가 찾고 있는 어휘의 성숙도 측면에서 본다면 상당히 높은 수준의 것이었으므로 나는 다음의 범주 XXXI의 '동작'에서 계속 찾기 시작했다. 수영에서부터 하품 등에 이르는 모든 것을 다소 아무렇게 포괄하는 동물의 진행, 움직이는 방식, 부분별 동작이라는 범주를 훑어본 뒤 나는 하위 범주 IV의 배출에 이르러 거기서 '몇몇 동물이 냄새가 역겨운 배설물을 내놓는 행위'를 찾아냈다. 이것은 일곱 살짜리 소년에게 신체 기능에 대한 설명으로 환상적인 것이므로 여기에 소개한다(그림 6.1 참조).

언어가 과거를 들여다보는 창문이라는 말은 정말 맞는 말이다! 한때 트림이라는 말 대신 '공기를 위쪽으로 올려 보낸다'고 하거나, 재채기sneeze를 neeze라고도 했다니 얼마나 흥미로운가! 당시의 사람들도 '콧물'이니 '구토'니 하는 말을 사용했다니 300년이라는 시간이 멀게 느껴지지 않는다. 거기에는 단지 '똥'이라는 말뿐 아니라 다양한 여러 표현들까지 수록되어 있었다. 비록 미숙하지만 학자인 나도 그 단어들의 기원과 의미를 알기 위해서는 《옥스퍼드 영어 사전》을 찾아보아야 했다.

sir-reverence는 '삼가 경의를 표하다'라는 뜻으로 사용된다. 사람들이 뭔가 나쁜 소식을 전할 때 "삼가 경의를 표하며……"라는 식으로 말을 끝내지 않는 경우가 많은데 이것으로 미루어 보아 이 말을 들은 많은 사람들이 "쳇, 또 서레버런스로군. 똥 같은 소리"하고 툴툴거리는 바람에 침묵을 뜻하는 muting이 새똥이라는 뜻도 가지게 된 것이 아닐까.

일단 그 도표에서 내가 찾으려던 개념을 찾았으므로 마침내 그것에 해당하는 말을 만들어 낼 수 있었다.

cepuhws. 지속적인 여러 부위로부터 창자에서 아래쪽으로 나오는 물기가 섞인 배설의 움직임.

범주 XXXI (동작)	하위 범주 IV (통변)	그 아래 하위 범주 9 ('여러' 부위로부터)	반대어 (구토의)
ce	p	ɣ8('uhw'로 발음됨)	s

⇓

Cepɣ8s

이것이 바로 윌킨스가 만든 언어에서 똥을 가리키는 말이다. 그것을 알아냈을 때 나는 너무 지쳐 웃을 기운도 없었다.

05

내게만 말해 봐, 맞혀 줄게

"우주의 분류에는 분명 임의적인 것들과 추측이 가득 차 있다.
이 까닭은 매우 단순하다. 바로 우주가 어떤 것인지 우리가 모르기 때문이다."

윌 킨스가 만든 우주는 지금 내가 사는 곳보다 더 조직적이고 합리적인 곳으로 가정되었지만, 내게 그곳은 가끔 뒤죽박죽처럼 여겨졌다. 동물들은 두개골 형태, 식사의 취향, 또는 일반적인 성질을 바탕으로 분류된다. 나로서는 왜 희망이 단순한 감정으로, 부끄러움이 혼합된 감정으로 분류되었는지, 또 촉각을 분류하는 데 왜 차가움이 능동적이고, 냉습이 수동적인지 이해되지 않았다.

즐겁게 해 주는 일은 신체 활동이지만, 배변과 주사위 놀이는 동작이었다. '아이러니'와 '세미콜론'이 담론 〉 요소의 아래에 함께 분류되어 있는 반면에, '우유'와 '버터'처럼 서로 비슷한 사물은 아주 멀리 떨어져 있었다. 우유는 '종합적 부품'에 다른 체액과 함께, 그리고 버터는 '식량'에 다른 식품들과 함께 각각 자리 잡고 있었다.

　윌킨스가 분류한 우주의 불합리한 점은 호르헤 보르헤스가 쓴 〈존 윌킨스의 분석적 언어〉라는 글에서 가장 잘 나타난다.

　　이들 모호성, 중복성, 결함 등은 프란츠 쿤 박사가 《유익한 지식의 천국》이라는 중국 백과사전의 성격에 대해 이야기한 것을 생각해 보면 쉽다. 그 책에는 동물들이 다음과 같이 분류된다고 적혀 있다. (ㄱ) 황제에게 속하는 것 (ㄴ) 방부 처리된 것 (ㄷ) 길들인 것 (ㄹ) 젖먹이 돼지 (ㅁ) 시끄러운 것 (ㅂ) 전설상의 동물 (ㅅ) 길 잃은 개 (ㅇ) 현재의 분류에 포함되는 것 (ㅈ) 미친 것 (ㅊ) 헤아릴 수 없는 것 (ㅋ) 아주 가느다란 낙타털 붓으로 그려진 것 (ㅌ) 기타 (ㅍ) 방금 물 항아리를 깨뜨린 것 (ㅎ) 파리와 비슷하지 않은 것 등.

　보르헤스가 말하는 요점은 우주를 패턴화하려 했던 윌킨스의 시도를 무시하려는 것이 아니라(그는 나중에 윌킨스의 시도가 '그런 패턴 가운데 가장 형편없는 것은 아니었음'을 인정한다) 그 같은 모든 시도가 허망하다는 것이다.

　"우주의 분류에는 분명 임의적인 것들과 추측이 가득 차 있다. 이 까닭은 매우 단순하다. 바로 우주가 어떤 것인지 우리가 모르기 때문이다."

　나는 보르헤스의 이 말을 윌킨스의 언어로 번역하는 것이 다소 장난스러운 비아냥이긴 하지만 오히려 적절할지도 모르겠다고 생각했다.

　그러나 번역은 그리 간단한 문제가 아니었다. 보르헤스의 말에 표현된 윌킨스에 대한 감정은 아주 정확하다. 윌킨스의 도표 곳곳에 임의적인 것과 추측이 있다. 그도 우리와 마찬가지로 우주가 어떤 것인지 몰랐던 것이다. 하지만 그는 대단한 시도를 했다. 나흘 동안 번역을 하면서 내 장난스러운 빈정거림은 감탄으로 바뀌고 말았다. 언어 그 자체로서 윌킨스의 작업은 쓸모없었지만, 영어의 의미 연구로서는 뛰어난 것이었기 때문이다.

나는 먼저 clear에 해당하는 말을 찾기 시작했다.

관념의 우주 어디에 있을까? 사물의 웅대한 계획 가운데 clear가 무엇을 의미할까?

글쎄, 그 뜻은 아주 많다. 찾아보기에는 스물다섯 개 이상의 선택 사항이 있었다. '다른 것과 섞이지 않는 것'의 의미라면 simple을 찾아야 한다. '눈에 보이는 것'의 의미라면 bright, transparent, 또는 unspotted이다. '솔직하다'는 뜻? 그렇다면 candid를 찾아야 한다. '통과하는데 방해받지 않는 것'이라면 accessible 또는 empty를 찾아야 한다. '맑은 날씨'의 의미라면 원소 〉 공기의 조건 〉 투명일 것이다. 아니면 '무죄'? 그것은 관계, 사법적 〉 절차에 관한 것 〉 당사자의 무죄 결정이다.

그 목록의 거의 끝부분에 드디어 내가 찾고 있는 clear의 의미를 발견했다. 그것은 바로 '분명히 드러나다'는 뜻이었다. 그 의미에서는 plain과 manifest의 두 가지 방향으로 찾을 수 있었다.

나는 plain 쪽으로 방향을 정했다. simple, mean, homely, frank, flatlands 등 여러 가지 의미가 있지만, 그 뒤에 이어지는 두 단어가 그럴 듯해 보였다. 바로 not obscure, 그리고 다시 등장한 것이 바로 manifest였다. 지금 제대로 찾아가는 중이다.

not obscure는 도표에서 담론 〉복잡한 문법적 개념 〉이해 가능성 측면에서 말의 형태와 의미에 관한 것에 자리 잡고 있었다. 그림 7.1은 도표의 해당 부분이다. 처음 나오는 8개의 하위 범주의 하위 범주가 압축되어 있다.

앞장에서 본 신체 기능의 도표와 마찬가지로 여기에도 각 단어에는 동의어가 나열되어 있다. 윌킨스는 동의어야말로 자연 언어의 결점 가운데 하나로 생각했다. 합리적인 언어라면 하나의 의미에 해당하는 말은 하나만 있어야 한다고 생각했던 것이다. 그가 만든 도표 안에서 특정한 위치는 하나의 단어로 표현되며, 그는 그 단어와 함께 나열된 자연어에서 동의어는 모두 그 단어로 대체시키려고 했다. 예컨대 도표에서 9의 위치에 해당하는 단어 bigχ8 (D=bi, III=g, 9=uhw이므로 'biguhw'로 발음)는 명백하다는 plain뿐 아니라 동의어로 나열된 evident, perspicuous, clear, express, obvious 등에도 bigχ8가 사용될 것이다.

하지만 그가 나열한 동의어 중에는 엄격하게 같은 의미가 아닌 것도 있다. explicate는 plain과 관계가 있지만 같지는 않다. 그는 이들 부분적인 동의어를 '선험적인 불변화사'라고 이름 붙이고 기본 단어에서 유래하는 것으로 만들려고 했다. 그러면 explicate는 bilgu-hwwa쯤 될 것이다. biguhw에서 첫째 모음 다음에 l을 덧붙여 '능동태'를 나타내고, 어미에 –wa를 덧붙여 '근거'를 나타내는 것이다. 아무튼 도표의 특정 위치에 나열된 모든 단어는 대략적으로 똑같은 개념을 나타내는 것으로 간주된다.

obscure와 반대되는 뜻으로 사용된 plain은 내가 바로 찾아왔다고

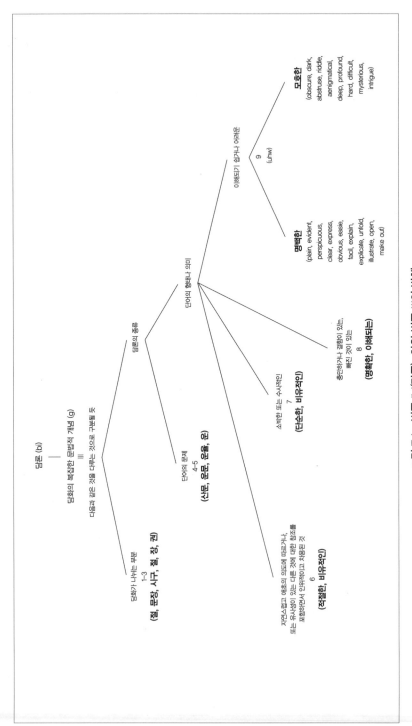

그림 7.1 : 범주 IV(담론), 하위 범주 III의 발췌

담론 (bi)

담화의 복잡한 문법적 개념 (g)

다음과 같은 것을 다루는 것으로 구별될 듯

담론의 종류

담화가 나뉘는 부분
1-3
(절, 문장, 시구, 절, 장, 권)

단어의 문제
4-5
(신문, 운문, 운율, 운)

단어의 형태나 의미

담화가 나뉘는 부분
자연스럽고 애초의 의도에 따르거나,
또는 유사성이 있는 다른 것에 대한 참조를
포함하면서 인위적이고 자용된 것
6
(직접한, 비유적인)

소박한 또는 수사적인
7
(단순한, 비유적인)

충만하거나 결함이 있는,
빠진 것이 있는
8
(명확한, 이해되는)

명백한
(plain, evident,
perspicuous,
clear, express,
obvious, easie,
facil, explain,
explicate, untold,
illustrate, open,
make out)

이해되기 쉽거나 어려운
9
(uhw)

모호한
(obscure, dark,
abstruse, riddle,
aenigmatical,
deep, profound,
hard, difficult,
mysterious,
intrigue)

생각하게 한 몇 가지 동의어들과 함께 나열되어 있었다. 내 번역문에 evident나 obvious를 바꾸어 넣더라도 무방했다. 어느 것이나 원래의 글과 똑같은 의미가 되는 것 같았다. 그래도 나는 분명히 하려고 계속 manifest를 찾았다.

manifest는 '행동의 선험적 관계 〉단일한 사물들에 속하는 것 〉사물을 알려지게 하는 측면에서 사물의 지식에 관한 것'에 자리 잡고 있었다. 그림 7.2는 도표에서 이 부분만 발췌한 것이다.

manifesting(또는 bebuhw)도 내가 찾는 의미를 갖고 있는 것 같았다. 그리고 역시 evident와 obvious를 동의어로 포함하고 있었다. 그럼 어느 것이 이번 번역에서 가장 어울릴까? "우주의 분류에는 임의적인 것들과 추측이 가득 차 있다"는 것을 어떻게 해석해야 할까?

"obscure와 반대로 윌킨스의 분류는 단어의 의미에 관한 복잡한 문법 개념의 측면에서 본 담론이다." 아니면 "seeming과 반대로 사물과 사물의 지식에 대한 선험적 행동의 관계이다."

어떤 것이 더 나을까?

이들 둘 사이에 차이가 있는가? 다시 말하지만 이 문장이 무엇을 뜻하는 것일까? 잠깐만, 대관절 clear는 무엇을 의미할까?

윌킨스의 체계를 올바로 이해하는 것은 단어들이 다른 단어와 어떻게 대응되는지를 찾는 것이 아니라 단어의 참된 의미를 발견하는 것이다. 그가 나열한 동의어들은 단지 약간의 결점과 중복성을 지닌 다른 영어 단어일 뿐이며, 정말로 중요한 것은 도표에서의 위치이다. 의미를 나타내는 것이 바로 그 위치이기 때문이다. 나는 clear가 evident나 obvious와 대응되는 것을 알게 되었지만, 그것이 무엇을

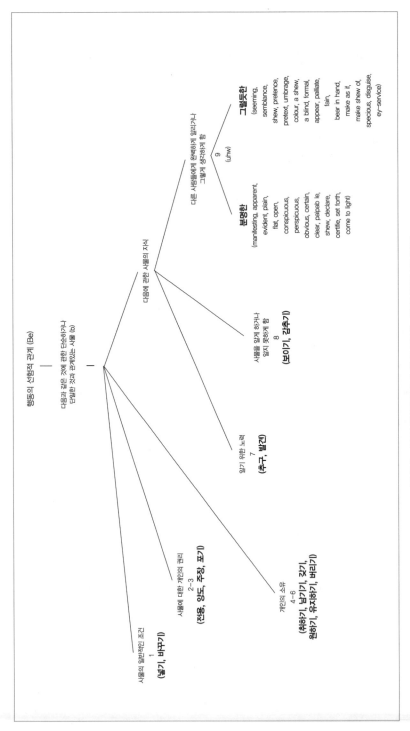

그림 7.2 : 범주 III(행동의 선험적 관계), 하위 범주 I의 발췌

의미하는지는 제대로 말할 수 없다. clear라는 단순한 단어가 의미에서 멀어지고 있었던 것이다. 번역을 하는 도중에 단어 하나 때문에, 명색이 언어학자인 나의 영어 이해력이 의심받고 있었다.

나는 하던 일을 멈추고 친구에게 전화를 걸어 내가 여전히 영어를 말할 수 있음을 스스로에게 확인했다.

그러고는 원래의 인용문으로 돌아갔다(실제로 원래의 원문은 에스파냐어로 되어 있으며, 보르헤스는 '분명히'에 해당되는 es claro 대신에 '주목할 만하게'에 해당하는 notoriamente를 사용했지만, 그것까지는 무시하기로 하자). 그는 무엇을 말하려는 것일까? 우주의 분류에는 분명히 임의적인 것들과 추측이 가득 차 있다. 여러분도 주위를 돌아보면 이런 결론을 내리게 될 것이다. '선험적 〉그 자체가 알려지게 함'이라는 것이 경험에 의해 드러나는 결론이기 때문이다.

그래, 그래. 나는 다시 안정을 찾기 시작했다. clear의 의도를 가장 잘 담고 있는 것은 두 번째의 의미 manifest였다. 나는 사실 안정감을 느꼈다기보다 만족스러웠다. 그것은 특별한 종류의 만족감, 언어의 폭넓으면서 묘한 어감을 내 의도대로 다룰 수 있게 되었을 때 느끼는 그런 감정이었다. 그리고 친숙한 것이었다.

대관절 어떻게 알았지……?

생각났다. 나는 단어를 뜻의 관점에서 분류하여 체계화한 시소러스를 사용하고 있었던 것이다. 윌킨스는 그럴 의도가 없었지만 시소러스를 발명한 셈이었다.

나는 낡은 《로제 시소러스》를 꺼내 clear를 찾았다. 그리고 acquit로부터 transparent까지, 이어 audible에 이르기까지 길게 나열된 여러 가지 의미를 정독했다. 윌킨스는 그 모두를 다루었던 것이다.

이제 한 가지는 인정해야겠다. 나는 대부분의 사람들과 마찬가지로 시소러스를 사용해 왔던 것이다. 알파벳순으로 배열된 단어 중 몇 가지 동의어를 찾고 그중 내가 원하는 느낌을 가장 훌륭히 표현하는 것을 고르는 것이다. 마음에 드는 것이 없으면, 가장 가까운 느낌의 단어 옆에 있는 작은 숫자를 보고 그 숫자가 적힌 목록을 따라가서 더 많은 다른 단어를 찾는다. 그리고 선택한 단어를 문장에 넣고 나서 그 책을 덮는다.

나는 숫자가 붙은 목록이 어떻게 구성되는지 생각해 본 적이 없었지만 이 목록에서 서로 가까이 있는 단어들은 의미에서도 관계가 있다. 그들의 관계를 고려하는 데 틀림없이 어떤 근거가 있을 것이다.

그 근거는 바로 대략적으로 윌킨스가 제안한 것과 별반 다르지 않은 개념적 분류이다. 내가 가지고 있는 시소러스 《로제 국제 제4판》은 다음과 같이 단어를 8개 주요 등급으로 구분한다(원래 로제가 만든 6개 등급에 물리학과 감각이 나중에 추가되었다).

| 추상적 관계 | 공간 | 물리학 | 물질 |
| 감각 | 지성 | 의지 | 호감 |

각각은 하위 범주로 나뉘고 그 범주는 다시 다음 하위 범주로 나뉜다. 추상적 관계에는 열 가지, 물질에는 세 가지가 있다. '아름다움'은 호감 아래에 속한다. 그것은 개인적 호감, 차별적 호감이다. '진리'는 지성 아래에 속한다. 그것은 지적 능력, 사실과의 일치이다.

그러면 '똥'은 어디에 있을까? 윌킨스의 도표에서 찾을 때는 신체적 행동에 있을 것으로 예상했지만, 오히려 동작 범주에서 창자에서 아래로 내려가는 배설 동작을 발견하고 깜짝 놀랐다. 그것은 윌킨스의 분류 방법이 임의적이고 불합리하다는 것을 보여 주는 또 하나의 예였다.

시소러스에서는 유기적 물질 아래 속할 것으로 생각했지만, 둘째 등급 〉 하위 등급 IV 〉 그 다음 하위 등급 D 〉 311의 아래에서 발견했다. 즉 공간 〉 동작 〉 방향과 관련된 동작 〉 배설물이라는 뜻이다. 여기서도 '똥'은 방향과 관계 있는 동작으로 분류되어 있다.

임의적이라고? 그렇다. 불합리하다고? 그럴지도 모른다. 하지만 유용하다.

시소러스가 분류 체계에서 가장 중요하다고 생각하는 것은 유용성이다. 단어를 찾는 사람에게 유용해야 한다. 그래서 특정 의미를 가장 정확하게 표현하는 단어를 찾는 데 도움이 되는 방식으로 다른 단어들과 묶여 있어야 하는 것이다.

하지만 그 뜻을 설명할 필요는 없다. 이미 알고 있다고 가정하는 것이다(만약 이 가정이 잘못됐다면, 시소러스는 위험한 것이 될 수도 있다). 그 분류는 유용하지만 정의를 내리는 것은 아니다. 시소러스의 사용이 끝나면 의미가 아니라 단어, 수수하고 정확하지 못하며 오래된 영어 단어를 하나 얻게 된다. 그럼에도 시소러스가 의미를 지니는 것은, 영어 사용자들이 일반적으로 그 의미를 나타내기 위해 그 말을 사용하기 때문이다. 결국 똥은 아래쪽으로 움직이는 배설 동작이 아니라 우리가 '똥'이라 말할 때 의미하는 바로 그것이다.

그와 달리 윌킨스의 분류는 정의를 내리기 위한 것이었다. 그것을 사용하는 것은 영어 단어가 아니라 세계어의 단어를 만들기 위해서이다. 그 단어는 뒤죽박죽된 인간의 언어를 우회하여 바로 개념으로 이끌어 가는 단어이다. 똥은 '똥'이 아니라 cepuhws이다. 그리고 cepuhws는……. 자, 이제 논의를 약간 점잖게 진행할 시점이 된 것 같다.

이처럼 윌킨스의 언어는 개념에 대해 명확히 알아야 하기 때문에 사용하기 매우 어렵다. 무엇인가를 말하기 전에 무슨 말을 하려는지 정확히 알아야 한다. 나는 clear를 윌킨스의 개념으로 번역하기 전까지 그것이 얼마나 명확하지 않은 단어인지 몰랐다. 내가 생각한 clear 가 manifest(또는 bebuhw)라는 것을 배웠으며, 그것은 윌킨스 덕분이었다. 그가 단어들의 여러 가지 어감을 찾아내고 분석한 작업은 매우 인상적이었다. 하지만 그 같은 어감을 사용해 대화하는 것은 상상하기도 어렵다. clear라는 단어가 명확하지 못하더라도 그것은 다행스러운 일이다. 그리고 반드시 의미를 손상시키는 것도 아니다. clear 가 '분명히 ……하다'고 하더라도 투명 유리, 또록또록한 종소리, 햇빛 찬란한 날, 솔직한 대화, 정돈된 탁자 등에 clear를 써도 아무 문제가 없는 것이다. bebuhw는 이들 어감을 분리시켜 그들 자체의 범주 속에 가두었으며, 그 때문에 더욱 빈약해 보인다.

나머지 단어도 번역을 하면서 clear의 경우와 똑같이 예리한 성찰을 하게 되자 더욱 혼란스러워졌다. 몇몇 단어는 번역이 수월했지만 (universe-'모든 창조의 뼈대'), 대부분은 clear만큼 어려웠다. arbitrary, reason, simple 등과 씨름을 하면 할수록 그 뜻은 더욱 모호해졌다.

일단 각각의 단어가 도표의 어디에 위치하는지를 파악한 뒤에는 그것이 어떻게 발음되는지를 알아야 했는데 그것은 한결 수월했다. 각각의 범주, 하위 범주, 그 다음의 하위 범주는 하나의 소리 즉 음절을 가지고 있기 때문이다. 온갖 번거로움을 덜기 위한 방법이었을 것이다. 그리고 명사를 만드느냐 형용사를 만드느냐에 따라, 능동태와 수동태, 복수형 등등에 따라 음절을 덧붙이거나 글자를 바꾸면 된다. 예컨대 '명시하다'는 뜻의 동사를 '명백하다'는 뜻의 형용사로 바꾸려면, bebuhw를 vebuhw로 바꾸면 된다.

결국 언어란 단어들을 집어넣는 주머니 이상의 것이다. 문장은 여러 단어가 함께 들어 있는 것이고, 우리에게는 단어들이 문장 속에서 어떤 역할을 하는지 추적하는 방법이 필요하다. 그래서 각각의 단어가 어떻게 의미를 만드는지 알 수 있는 접미사, 전치사, 또는 단어 배열 규칙을 알아야 하는 것이다. 윌킨스는 그를 계승하려는 몇몇 사람과 달리 이 점을 알고 있었지만, 일부 문법적인 사항은 이런 언어학적 관념과 정확히 일치하지 않으며, 별다른 설명도 하지 않았다. 그래서 윌킨스가 단어를 어떻게 결합시켜서 그것을 어떻게 문장으로 만들었는지를 알기 위해서는 그가 내놓은 두 가지 본보기, 주기도문과 사도 신경을 참조할 수밖에 없었다. 하지만 이들에는 다양한 문장 유형이 나오지 않는다.

라틴어는 당시 문법에 관한 생각의 본보기가 되는 언어였는데, 윌킨스의 번역 가운데 일부는 라틴어의 영향도 무시한다. 예컨대 '우리의 죄를 사하여 주옵시고'는 '우리에게 우리의 죄를 사하여 주옵시고'가 된다(영어에 없는 여격을 보여 주려는 것이다). 그러나 다른 방법들에서 그의 문법은 영어와 아주 비슷하다. 일반적으로 그는 영어의 어순을 고집한다. 관사 a와 the를 사용하며, 라틴어 같은 언어에서 볼 수 없는 of와 for 같은 전치사도 사용한다. 그리고 때로는 영어는 물론 라틴어에도 없는 것을 사용하기도 한다. '우리를 시험에 들게 하지 마옵시고'는 능동 형용사가 사용되고 어감이 손상되면서 이상하게 바뀐다. '그리로부터 산 이와 죽은 이를 심판하러 오시리라 믿나이다'도 역시 능동 형용사가 사용되고 동사를 행위의 명사로 사용해 번역한다.

아무튼 나는 최선을 다했다. 이제 여기에 나는 내가 아는 한 300년 만에 처음으로 윌킨스의 언어로 기록된 최초의 문장을 소개한다.

ya veby8 ya mi valba bagys la al da mi ya c8apy1 na c8 imby la caathy8. al bad lo i ya vagy1la: ay mi c8aldo 88 ba ba al da ya

"ya vebuhw ya mi valba baguhs la al da mi ya cwapuhy na cwimbuh la caathuhw. al bad lo i ya vaguhyla: ay mi cwaldo oo baba al da ya"

다음은 위의 문장을 단어별로 영어로 옮긴 것이다.

is manifest is no existing catalog of the universe no is arbitrary and filled of conjectures. the reason for this is very–simple: we no knowing which thing the universe is.

다음은 이것이 무슨 뜻인지를 설명하는 것이다.

……는 (보이는 것과 반대로, 알게 하는 것과 관계가 있으며 사물의 지식에 관한 단일 사물에 속하는 행동의 선험적 관계)이다.

(사물에 속하든 말에 속하든, 그들의 순서를 나타내는 번호가 붙은 사물들의 위치에 관한 수량이나 수가 중단되는 것의 혼합된 선험적 관계는) 전혀 없다는 것……

(모든 창조의 뼈대)의……

(행동하거나 행동하지 않는 것에 그것을 적용시키는 힘을 지니는 것으로 이루어지는, 행동 그 자체에 있는 의지의 호감에 속하는, 의지의 정신적 행동의 성질을 지니지) 않는……

그리고 (무엇인가의 안에 들어 있으리라 생각되는 유동체의 능력에 관한, 사물을 가까이 모으거나 산산이 흩뜨리는 복합적·기계적 유형의 완결된 작용)……

(진실 또는 오류로부터 결론이 내려지거나 또는 진실 또는 오류에 추종하는 다른 것들에 관해 진실 또는 오류의 결과로서 발견되는, 진실의 2차적인 판단 측면에서, 사물의 진실과 오류에 관한 우리의 다양한 이해를 다루는 것과 같은 사변적인 종류의 이해와 판단 등의 정신적 행동)의……

그 (어떤 식으로든 효과의 산출에 기여하는 것의 일반적인 보편적 개념)……

왜냐하면 이것은 (혼합과 반대되는 것의 증대되는 보편적 개념)이므로……

우리는 (내재적인 원인으로 진행되는 특별한 종류의 1차적 판단에 관한 이해의 정신적 활동을) 하지 않으며……

(선험적인 것, 즉 정말로 존재하는 것들이거나 아니면 우리의 감각이 존재하는 것이라고 오인하는 것들에 관한 담론에 해당하는 더욱 보편적이며 포괄적인 것)을……

그 (모든 창조의 뼈대)……

무슨 뜻인지 알겠는가?

월킨스의 언어가 여러분의 논리적 사고력을 향상시킬 수 있었는지 모르지만(나로서는 의심스럽다), 월킨스의 언어로 소통하는 것이 불가능하다는 사실은 분명하다. 단어를 찾으면서 아주 놀라운 가능성처럼 여겨졌던 개념으로 이루어지는 언어가 완성된 형태에서는 그다지 놀라운 것이 아님이 밝혀졌다.

월킨스의 작업은 결과적으로 보편적·철학적 언어의 시대에 종말을 고했다. 그는 훌륭하고 값진 것을 만들어 냈다. 특정 시대의 영어 연구로서 그것은 주목할 만하다. 그의 작업을 계기로 시소러스, 새로운 도서 분류 방법, 그리고 나중에 식물학자 칼 폰 린네가 완성한 자연계의 분류 체계가 나왔다. 하지만 언어로서는 간단히 말해 쓸모없는 것이었다.

내가 《실자와 철학적 언어를 지향하는 소고》를 가지고 일주일 동안 씨름을 하면서 깨닫게 된 또 다른 하나는 윌킨스가 철학적 언어의 관념을 철저하게 추구하면서 본의 아니게 그것이 말도 안 되는 관념임을 보여 주었다는 것이다. 그래서 그 관념은 잠들어 버릴 수 있었다.

하지만 안타깝게도 역사는 잊어버린다. 철학적 언어의 관념은 지속되었으며, 윌킨스의 이름을 들어보지 못한 야심찬 인물들이 때때로 나타났다. 발명된 언어들의 묘지에는 그들이 기울인 노력의 산물이 널브러져 있다.

그러나 윌킨스를 아는 사람들도 철학적 언어의 관념이 불가능한 것이 아니라 윌킨스가 잘못한 것이라 생각했다. 라이프니츠는 제대로 할 수 있을 것이라 생각했지만, 그 방법을 찾아내지 못했다. 그리고 윌킨스가 죽은 지 180년 뒤 로제는 그가 만든 시소러스의 서문에서 그 자신의 분류 방법이 보편적·철학적 언어의 초석이 되기를 희망한다고 밝혔다. 그는 윌킨스의 작업에 대해 잘 알고 있었지만, 시소러스를 만든 사람답게 그것이 '실제로 응용하기에는 너무 난해하고 잘 알려져 있지 않다'고 설명했다.

윌킨스보다 잘할 수 있다고 생각한 사람들 중 과연 누가 그의 체계를 '실제로 응용해' 보았을까 궁금했다. 윌킨스가 만든 도표나 문법적 구조 또는 우주에 대한 그의 종합적 견해를 비판하려면 굳이 그것들을 살펴볼 필요도 없다. 하지만 자리 잡고 앉아 진지하게 그 언어를 사용해 보려고 하면, 철학적 언어라는 관념 자체에서 정말 중요한 결점을 발견한다. 즉 개념을 통해 말하려 하면 무엇인가를 말하기가 엄청나게 어렵다는 것이다.

사람들은 개념이 아니라 말이 문제라는 생각에 안도감을 느낀다. 말이 우리의 뜻을 제대로 전하지 못할 때 말을 탓하면 되는 것이다. 우리 모두는 말하고자 하는 것을 제대로 말할 수 없는 것에 좌절한다. 말이 제대로 나오지 않으면 명쾌하고 멋진 우리의 관념이 우리의 머릿속에 갇혀 있다고 생각한다. 그리고 언어가 너무 조잡하고 엉망이어서 우리의 생각을 제대로 표현하지 못한다고 생각하는 것이다. 하지만 이런 생각들은 어쩌면 우리 스스로를 위로하는 것인지도 모른다.

때때로 관념을 표현하는 언어를 발견하고 그것이 얼마나 멍청한 관념인지를 깨닫기도 한다. 이 경험은 우리의 생각이 우리가 알고 있는 만큼 명쾌하거나 멋지지 않음을 말해 준다. 그러니까 생각을 제대로 전하지 못할 때, 언어를 탓할 일이 아니다. 어쩌면 우리의 머릿속에 있는 진흙에 약간이나마 형태를 부여해 주는 언어에게 고마워할 일인지도 모르겠다.

나는 철학자가 아니며, 언어 없이 사고가 가능한지에 대해(비록 그렇게 생각하더라도), 그리고 우리 머릿속 진흙에 형태를 부여할 수 있는 수단이 언어 이외에 다른 것이 있는지에 대해(그래, 왜 없겠는가?) 주장할 자격이 없다. 단지 우리 자신을 표현할 때는 약간의 유연성과 여유를 가질 필요가 있다. 우리가 하고 싶은 말을 하고 있는 동시에 이와 다르게 말할 수도 있다는 점을 생각해야 한다는 것이다. 그리고 우리에게 해석의 여지를 남겨 준다는 점에서 엉성하고 불완전한 우리의 언어에 대해 고마워해야 한다.

월킨스는 우리의 사고가 그의 언어만큼 체계적이라고 생각하지 않았다. 하지만 그의 언어 덕분에 '어구 속에 가면을 쓰고 숨어 있는 여러 가지 오류를 찾아냄으로써' 진리를 파악할 수 있다고 생각했다. 비록 진리는 '저 멀리' 있겠지만 말이다.

그의 체계는 우리가 명쾌하게 생각하는 것을 익히는 데 도움이 된다. 말을 안다는 것은 사물을 안다는 것이다. 우리는 세상 사물을 있는 그대로 볼 수 있다. 그리고 무엇인가 보이는 것과 다르다고 생각되면, 그것은 다른 그대로 이름을 붙일 수 있다. 예컨대 똥은 뿔을 가지고 있으며 발굽이 갈라진 되새김 동물 수컷의 비대한 부위에서(창자에서 아래쪽으로) 장액과 수분이 포함된 것이 흘러내리는 동작이다.

앞으로 이야기하겠지만 '수학으로서의 언어'라는 관념은 과학과 계산의 시대였던 1950년대 후반에 다시 유행했다. 그것은 연구와 실험의 도구, 언어가 어떻게 작용하며 우리의 정신은 어떻게 작용하는지를 발견하는 방법으로 사용되었다.

하지만 17세기 언어 발명가들은 그 이상을 원했다. 그들은 하나의 언어를 사용했던 바벨 시대로 돌아가고자 했다. 사람들이 사용할 수 있는 제대로 작동하는 언어를 원했던 것이다. 그러나 사용 가능성에 대해서는 소홀히 생각했다.

불쌍한 조지 달가노는 예외였다. 그를 기억하는가? 월킨스와 견해를 달리하다 결국 갈라선 고집스러운 학교 교장을? 그는 자신의 언어에서 기본어의 수를 최소화하고 외기 쉽도록 운문으로 체계화했다. 윌킨스는 철학적 완벽성을 추구한 반면, 달가노는 사용 가능성을 추구했고 그래서 교착 상태에 이르렀던 것이다.

달가노는 조용히 혼자 작업하기 위해 몇 달 동안 자리를 비웠다. 그가 옥스퍼드로 돌아왔을 때, 학자들의 관심은 윌킨스의 새로운 계획에 쏠려 있었다. 그 자신의 작업은 무시되거나 윌킨스를 표절하고 있다는 비난을 받았다. 실망한 달가노는 "윌킨스의 작업이 나의 연구에서 비롯된 조산아임을 보여 주기 위해 서둘러야겠다"고 생각했다.

달가노는 "내 헛된 노력에 대해 약간 한탄하고 나서 가능한 바삐 서둘렀다"며 작업 결과의 출판만이라도 윌킨스를 이겨야겠다고 생각했다. 달가노는 미친 듯이 작업에 몰두했지만 불안함과 초조함은 달가노의 자신감을 갉아먹었다. 그는 외기 쉽도록 만든 운문을 버리고 윌킨스가 주장한 것과 같은 계층별 도표를 만들어 기본어를 재구성했다. 그러자 기본어의 목록이 증대되었다. 그러나 암기에 도움이 되는 방법(그다지 심혈을 기울이지 않은 일종의 단어 연상법)을 제시함으로써 자신의 원칙을 유지했다. 그리고 자연계에 엄청나게 많은 동식물의 종에 대한 기본어를 정리하지 않고(윌킨스는 달가노가 이렇게 하리라는 것을 알고 있었다), 자신의 합성어 전략(예컨대 코끼리를 발굽이 갈라지지 않은 가장 큰 짐승, 석탄을 광물성 검은색 불이라 하는 것)을 홍보했다.

달가노는 가까스로 윌킨스의 《철학적 언어》보다 7년 앞선 1661년 《기호의 기술》을 출판했다. 출판을 서둘렀다고 해서 보상 받은 것은 전혀 없었다. 어느 비평가는 달가노의 책에 대해 언급하면서 그의 뒤떨어지는 라틴어 실력을 조롱하고 달가노를 후원하는 사람은 동정심이 많은 사람일 뿐이라고 신랄하게 비평했다. 달가노의 언어를 사용해 그를 nnŋkpim svfa(가장 형편없는 멍청이)라고 부르기까지 했다.

　달가노가 출간을 서두른 데다 윌킨스의 몇 가지 특징을 인정하면서 제대로 받아들이지 못한 탓에 《기호의 기술》은 사실 뒤죽박죽이 되어 버린 상태였다. 그래서 최종판 윌킨스의 체계보다 달가노 언어 사용 방법을 알아내기가 훨씬 더 어려웠다. 하지만 달가노는 자신의 언어가 실제로 사용 가능한지에 대해 조금이라도 생각을 했다는 점에서 인정할 만하다. 당시 다른 언어 발명가들 머릿속에는 철학을 담은 뜬 구름만 가득했다. 그들은 개념에 관한 이론만 올바로 세우면 언어는 자동으로 쉽게 배우고 사용할 수 있을 것이라 생각했다. 그러나 교사였던 달가노는 언어를 쉽게 배우고 사용할 수 없는 사람들을 위해 더 많이 노력했다. 이런 노력으로 인해 달가노는 다음에 등장할 주된 언어 발명 시대의 초기 개척자가 되었다.

En la komenco la Senkorpa Mistero kreis volapukon. Kaj
Volanpuko estis senforma kaj kaosa, kaj mallumo estis en ĝi. Kaj
la Senkorpa Mistero diris: Estu lumo; kaj fariĝis Esperanto. Kaj la
Spirito vidis Esperanton, ke ĝi estas bona; kaj la Spirito apartigis
Esperanton de Volapuko. Kaj la Spirito nomis Esperanton Eterna
Tago, kaj Volapukon nomis Nokto. Kaj estis vespero, kaj estis
mateno-unu tago.

태초에 '무형의 신비'가 볼라푸크(Volapuk)를 창조했다. 볼라푸크는 형태가 없고
혼란스러웠으며 어둠이 그 속에 자리 잡고 있었다. 그러자 '무형의 신비'가 빛이 있어야겠다고
말했으며 에스페란토를 만들었다. 성령이 에스페란토를 보고 그것이 훌륭하므로
볼라푸크로부터 그것을 분리시켰다. 그리고 성령은 에스페란토를 영원한 낮이라 하고,
볼라푸크를 밤이라 했다. 그리고 저녁과 아침과 함께 하루가 되었다.

__ 이즈라엘 레이제로비치(화가, 시인)가 에스페란토를 사용해 풍자적으로 쓴 《베르다 비블리오(Verda Biblio)》에서

평화주의자 루드비크 자멘호프, 평화의 언어를 꿈꾸다

06

평등한 언어를 원한다면 그들처럼, 에스페란토

에스페란토를 '성공'이라고 할 수는 없지만, 반대로 그보다 더 큰 성공도 없었다.

월킨스, 달가노 등 철학적 언어의 발명가들이 모두 세상을 떠났을 즈음에 프랑스어가 문화적 · 외교적으로 국제어가 되었다. 베를린 · 상트페테르부르크 · 토리노 등지의 과학원들이 프랑스어를 공식적인 언어로 채택했고, 국제 조약 역시 이해 당사국이 프랑스어를 사용하지 않더라도 조약문은 프랑스어로 만들었다. 유럽의 엘리트들은 프랑스어를 통해 그들의 업무를 처리했다. 과학자들과 철학자들은 새로운 세계어를 만드는 데 관심이 없었다. 이미 세계어 역할을 하는 언어가 있었기 때문이다.

물론 언어 개발 계획은 1760년대에 라이프니츠의 작업이 학자들 사이에서 유행하자 여기저기서 불쑥불쑥 나타났다. 프랑스어는 의사소통을 하는 데는 훌륭했지만 결코 완벽한 수학적 체계가 아니었다. 그래서 프랑스어를 좀 더 체계적으로 다듬으려는 시도가 이루어졌고, 아예 처음부터 완벽한 체계를 추구하면서 문자·숫자·기호 등을 새로 만들려는 전통도 이어졌다. 이들 가운데 조제프 드 메미외 Joseph de Maimieux가 만든 언어 파시그라피 Pasigraphie는 상당한 성공을 거두었다고 할 수 있다. 1800년을 전후한 몇 년 동안 프랑스와 독일의 학교에서 파시그라피를 가르쳤고, 나폴레옹도 그것을 찬탄했다고 전해진다. 하지만 아마도 이론상으로만 그랬을 것이다. 그 언어를 실제로 사용했다면 평가는 달라졌을지도 모른다. 경험 세계를 임의적인 범주 속에 집어넣는 데 필요한 도표와 그 아래 범주의 도표, 가로줄과 세로줄 등 분간할 수 없는 온갖 기묘한 기호들로 가득 차 있어 실제로 사용하기는 어려웠을 것이다.

19세기 초에 등장한 대부분의 언어 발명가와 마찬가지로 메미외도 200년 뒤에 사람들이 쓸 수 있는 언어를 만들지 못하고 낡고 싫증난 방식을 이용했다. 1820년 세상을 떠날 때, 그는 자신이 거둔 성공이 그처럼 짧았던 것에 실망하고는 애초 불가능했던 일이었다며 스스로를 위로했을 것이다. 국제적인 파시그라피 교육 계획 네트워크 구축도 제대로 이루어지지 못했고 황제의 장려도 충분하지 못했으니, 충분한 것은 아무것도 없었다. 결코 어느 누구도 사람들에게 발명된 언어를 사용하게 할 수 없었을 것이다.

하지만 그가 만약 19세기 말의 광경을 내다보았다면 깜짝 놀랐을지도 모른다. 세계어에 대한 새로운 열망과 낙관적 기대뿐만 아니라, 수천 명이나 되는 많은 사람들이 발명된 언어로 서로 이야기를 나누고 글을 쓰며 심지어는 논쟁까지 하기 때문이다. 그 논쟁은 어떤 언어의 어떤 수정본이 세계어가 되기에 가장 적합한지에 대한 것이었다. 수백 가지의 개발 계획과 그 수정안이 이 시기에 등장했지만 어느 하나도 세계어가 되지 못했다. 하지만 그 가운데 하나는 살아 있는 언어가 되었다.

킴 헨릭센은 아코디언을 연주하고 에스페란토를 말하는, 꽤 근사한 사람이다. 키가 크고 호리호리하며, 창의적으로 보이는 얼굴의 솜털과 유럽계 카우보이 같은 스타일인 그는 나이보다 훨씬 젊어 보인다.

에스페란토랜드Esperantoland에서 그는 록 스타 대접을 받는다. 1980년대에 그가 조직한 밴드 암플리피키는 유럽 전역에서 개최되는 젊은이들의 국제 공연에 참가해 〈투테 데 그라바스(별문제가 아니야)〉와 〈솔라(혼자)〉 등의 노래를 발표했고 히트했다. 밴드의 이름은 옛 에스페란토어인 '확대하다'를 뜻하는 말이지만, 음란한 사람의 생각에는 암·플리·피키(사랑, 더 많은, 성교)로 읽힐지도 모른다. 헨릭센은 그 후 덴마크인, 보스니아인, 폴란드인으로 구성된 그룹 에스페란토 데 스페라도를 결성했으며, 그들은 파티에서 흥을 돋우는 〈스카·비리노(스카 여인)〉과 〈라 아나소 카이 라 시미오(오리와 원숭이)〉 등의 노래를 내놓았다.

나는 처음 에스페란토랜드를 찾아 나섰을 때 그와 같은 사람을 만날 줄 상상도 못했다.

'에스페란토랜드'는 에스페란토로 말할 때보다 영어로 말할 때 훨씬 멍청하게 들린다. 물론 에스페란토를 말하는 사람은 있어도 에스페란토라는 나라는 없다. 1908년 네덜란드와 프로이센 사이에 국경 분쟁이 생겼을 때 아주 작은 중립국 모레스네트가 등장해 최초로 자유롭게 에스페란토를 사용하는 국가 아미케요(우정의 장소)라고 선언했다. 4000명의 주민 가운데 3퍼센트 이상이 에스페란토를 배웠으며 (에스페란토를 사용하는 국민의 비율이 이보다 높은 나라는 아직까지 없었다), 국기·우표·주화·국가 등도 만들려고 했다. 하지만 제1차 세계대전을 앞두고 점점 격렬해지는 유럽의 민족주의 속에서 우정의 장소는 없었으며, 에스페란토는 그 자체의 영토를 얻지 못했다. 그래서 에스페란토를 지지하는 사람들은 가상의 고국을 만들었다. 에스페란토랜드는 사람들이 에스페란토를 말하는 곳 어디에나 있다. 그리고 내 짐작과 달리 그들은 정말로 에스페란토를 말하고 있었다.

내가 처음으로 에스페란토를 경험한 것은 2003년 북아메리카 에스페란토 연맹의 연례 대회가 열린 MIT 캠퍼스에서였다. 나는 독립 기념일 연휴의 끔찍한 교통 정체를 뚫고 뉴저지부터 케임브리지까지 운전하면서 에스페란토 연례 대회의 모습을 상상했다. 아마도 나이가 지긋한 과격파 다섯 명 정도가 접이식 의자에 앉아 에스파냐 내전이나 그들의 우표 수집에 관해 이야기를 나눌 것이다. 그들이 에스페란토를 말할 것이라고 생각했지만, 에스페란토만 쓸 것이라고는 생각하지 않았다. 급하면 영어를 쓸 것이라고 확신했던 것이다. 그렇지만 만약의 경우에 대비해 '안녕하세요?'라는 뜻인 'Kiel vi fartas?'를 연습했다. 그리고 말할 때 키득거리지 않도록 주의했다.

연례 대회에는 80명 이상이 참석했고, 거의 모든 사람이 주말 내내 에스페란토만 말했다. 그들 가운데 일부는 내가 예상했던 대로 은퇴

한 교사들과 연로하면서도 원기 왕성한 사회주의자들이었다. 정감 어린 말투로 '그들이 사랑하는 언어'의 숭고한 이상에 대해 이야기하는 것은 내가 상상했던 에스페란토랜드의 풍경과 꼭 맞아떨어졌다. 그러나 오후 3시에 열린 발표는 내가 상상했던 것과 너무 다른 것이었다. 그 발표는 에스페란토 문화사에서 록 음악이 차지하는 중요성에 대해 에스페란토랜드에서는 키모로 알려진 킴이 준비한 것이었다.

나는 진심으로 그의 발표를 듣고 싶었지만, 그의 말을 알아듣기가 어려웠다. 세 가지 장애가 내 이해를 가로막았다. 하나는 내가 겨우 6주 동안 책으로 에스페란토를 독학했다는 것이었다. 그렇지만 독학의 결과는 상당히 우수하다고 생각했다. 에스페란토 운동의 미래에 관한 첫 강연은 한 마디도 빼놓지 않고 다 알아들을 수 있었다. 그리고 영어의 언어적 제국주의에서부터 에스페란토의 하이쿠에 이르는 여러 가지 주제에 관해 대화를 이끌어 나갔다. 사실 얼마나 말이 술술 나왔던지 대회에 참석한 사람들에게 내 에스페란토 실력을 은근히 자랑할 수 있을 정도였다.

"아, 저는 한 달 반 정도 책만 보면서 공부를 시작했어요. 사실 에스페란토를 듣는 건 처음이에요."

나는 은근히 나의 언어 실력을 과시하는 경향이 있다. 언어에 대한 적성은 보통 유럽인과 비슷하지만, 능률적으로 습득할 수 있는 언어를 최대한 내게 맞춰 활용하는 방법을 터득해 왔다. 파리에서 프랑스어를 잘하는 것보다 부다페스트에서 헝가리어를 잘하면 훨씬 더 편하게 다닐 수 있으며, 나이지리아에서 택시를 탈 때, 이보어를 잘하면 일주일 동안 여러 지역에서 생명을 지키는 데 도움이 되기도 한다. 하지만 에스페란토로 언어 능력을 자랑하게 될 거라고 생각하지 않았다. 여기에서 누구에게 좋은 인상을 줄 것인가?

"6주 만이라고요? 정말 대단해요!"

사람들의 반응은 내가 강요한 것 같은 기분이었다.

대회가 이어지면서 젊은이들에게 에스페란토 운동을 권장하고 지속시키기 위한 모든 방법을 강구하자는 내용의 네댓 가지의 연설을 듣고 나서 나는 순간 멈칫했다. 주위를 힐끗 돌아보았다. 나는 어린 축에 속했다(당시 내 나이는 서른셋이었다). 내가 들었던 칭찬은 언어 능력 때문이 아닐지도 몰랐다.

내가 키모의 발표를 이해하지 못하게 만든 두 번째 장애는 바로 키모의 심한 덴마크어 악센트였다. 어떤 의미에서 에스페란토의 발음은 표준화되어 있지만(각 글자마다 하나의 음이 있어 혼동되지 않는다), 세부적으로는 많은 변형을 허용한다. 내 r 발음과 프랑스인의 r 발음은 분명 다를 것이다. 하지만 이것은 대부분의 경우 문제가 되지 않는다. 나는 영국인 · 벨기에인 · 에스파냐인 · 러시아인 · 스웨덴인 · 중국인의 에스페란토를 듣고 제대로 이해했다. 하지만 키모의 자음은 거의 이해할 수 없었다. 덴마크인에게는 그들의 기이한 발음에 대한 속담이 있다. "Danskerne taler med kartoffler i munden(덴마크인은 입속에 감자를 넣고 말한다)."

심지어 에스페란토 전문가들도 곤란을 겪고 있었다. 그들 중 한 명이 내게 슬쩍 귀띔해 주었다.

"저 덴마크인의 말을 이해하지 못하더라도 걱정하지 말아요. 나도 이해하지 못할 정도니까요."

키모의 말을 이해할 수 없게 만든 세 번째 장애는 그가 연례 대회에 참가한 어느 누구보다 유창하게 원어민처럼 말했다는 사실이다. 그렇다, 나는 그가 원어민이기 때문에 원어민처럼 말한다는 사실이 더욱 당혹스러웠다. 나는 이 사실을 자주색 머리카락의 아홉 살 된 키모의 아들이 스케이트보드를 겨드랑이에 끼고 방에 들어와 아버지에게 질문을 했을 때 알게 됐다. 내 앞에 앉아 있던 어떤 사람이 곁에 앉은 다른 사람에게 물었던 것이다.

"저 사람의 아들도 원어민인가요?"

"그래요, 제2세대인 셈이지. 놀랍지 않소?"

그날 회의가 끝나고 그에게 성장 과정을 묻자, 키모는 어깨를 으쓱하면서 내 놀라움을 진정시켰다. 그러고는 자신이 어떻게 에스페란토 원어민이 될 수 있었는지 설명했다.

에스페란토를 통해 만난 덴마크인 아버지와 폴란드인 어머니 사이에서 태어난 그는 출생 직후부터 발명된 언어를 쓴다는 것을 전혀 이상하게 여기지 않았다. 에스페란토는 그의 부모가 사랑을 나누고 그들 가족이 가정생활을 유지했던 수단이었다. 먼저 코펜하겐에서 태어난 그가 성장하면서 덴마크어도 원어민처럼 말하게 되었음을 말해야겠다. 하지만 키모는 에스페란토를 그의 참된 모국어로 생각했다. 만약 부모가 모두 폴란드인이면 폴란드어가 그랬을 것처럼 그에게 에스페란토는 아주 정상적인 생활의 일부였던 것이다.

키모나 그의 아들은 에스페란토를 배우겠다고 선택한 것이 아니었지만, 대회에 참가한 다른 모든 사람은 그 발명된 언어를 선택한 것이었다. 그들은 살아가는 도중에 이 유토피아적인 언어가 배울 만하

101

다고 판단했던 것이며, 나는 그 이유를 알고 싶었다.

"에스페란토는 '언어적 악수'이자 서로 다른 나라의 국민들이 동등하게 소통할 수 있는 중립 지대이다" 등과 같은 말은 에스페란토를 배우는 이유로 설득력이 약하다. 좋은 말이긴 하지만 사람들은 그런 이유 때문에 언어를 사용하지는 않는다. 아일랜드인들은 과거에 박해받았던 그들의 옛 언어에 깊은 애정을 느끼지만, 아일랜드어를 사용하지는 않는다. 강제적인 지시에도 불구하고 말이다.

사람들에게 언어를 사용하게 하려는 정치적 시도나 문화 단체들의 노력이 실패하는 것도 마찬가지이다. 여기에 에스페란토가 발명된 언어라는 사실은 누군가 그것을 사용할 가능성을 더욱 낮추는 이유가 된다. 에스페란토가 등장하기까지 200년이나 되는 발명된 언어의 역사에도 불구하고 그 사용자는 극소수에 그쳤다. 그들 언어 가운데 어느 순간이라도 그 수가 1만 5000명에 근접한 언어는 하나도 없었으며, 에스페란토의 사용자는 가장 많이 추산하더라도(최소한의 추산은 200만 명이다) 다른 어느 모국어 사용자보다 훨씬 적다.

에스페란토를 생각할 때 맨 먼저 떠오르는 말이 '성공'은 아니겠지만, 그러나 발명된 언어라는 소규모의 정열적 세상에서는 그보다 더 큰 성공이 없었다.

언어를 연주한다고?

바이올린 연주로 언어를 들려주는 동안
그의 제자들은 그 음악을 프랑스어로 번역했다.

19세기가 되자 언어 발명의 목적과 방식이 전혀 달라졌다. 방식
의 변화는 다음의 사례에서 분명히 드러난다. 앞의 것은 19세
기 전반, 뒤의 것은 19세기 후반의 것이다.

1. Dore mifala dosifare re dosiresi.

2. Men senior, I sende evos un grammatik e un verb-
bibel de un nuov glot nomed universal glot.

1868년에 장 피로Jean Pirro가 발명한 언어 우니베르살글로트Universalglot
에서 유래하는 두 번째 문장은 유럽 언어의 일반적인 형태에 친숙한

사람이라면 누구나 이해할 수 있다. 심지어 영어나 프랑스어 둘 중 하나만 알고 있다고 하더라도 그 뜻을 짐작할 수 있다. 하지만 첫 번째 문장은 어떨까? 이 문장은 1830년대에 장 프랑수아 쉬드르^{Jean François Sudre}가 개발한 언어 솔레솔^{Solresol}이다. 17세기 언어 발명가들이 채용했던 범주화 원리를 알고 있다면, do-로 시작되는 말들이 모두 동일한 의미 범주에 속한다고 짐작할지도 모르겠다. 그것은 부분적으로 옳다. 쉬드르의 체계에서 dosi-로 시작되는 네 어절의 단어는 모두 음식이나 음료를 가리킨다. 첫 번째 문장은 '나는 맥주와 과자가 먹고 싶다'는 뜻이다.

"Dore mifala dosiredo, dosifasi, dosifasol, dosirela, dosiremi, dosidosi, dosirefa, re dosifasol." 이 문장은? '나는 우유, 설탕, 커피, 과일, 버터, 달걀, 치즈, 초콜릿이 먹고 싶다'는 뜻이다.

우니베르살글로트는 호기심을 자극하는 문구지만, 솔레솔은 높낮이가 있는 노랫소리 같다.

하지만 솔레솔은 한때 쉬드르를 파리, 적어도 브뤼셀의 명사로 만들어 주었다. 그의 언어는 음악처럼 공연할 수 있었기 때문이었다. 그가 만든 언어의 음절은 음계의 일곱 음정 도·레·미·파·솔·라·시에서 나왔기 때문에 그의 언어는 노래로 부르거나 휘파람으로 소리를 내거나 바이올린으로 연주할 수 있었다. 1833년 그가 만든 보편적 음악 언어를 시연하기 위해 기자들을 초청했을 때, 그들은 언어에 대한 설명을 듣는 것이 아니라 쇼를 관람하게 되었다. 그가 바이올린 연주로 그의 언어를 들려주는 동안 그의 제자들은 그것을 프랑스어로 번역했다. 이를 듣는 청중

들은 적어도 재미는 있었다. 그리고 1년 뒤 쉬드르는 순회공연에 나섰다. ♪

차츰 공연이 세련되어지면서 그의 명성도 높아졌다. 그는 청중이 하는 말을 솔레솔로 번역했다. 프랑스어뿐 아니라 다른 여러 언어도 번역해 연주했으며, 심지어는 노래도 조금 넣었다. 그의 언어가 기본적으로 일곱 가지의 기본 단위를 사용해 어구를 번역하는 방법이었으므로, 그 기본 단위를 군이 음계에 한정시킬 이유는 없었다. 그는 일곱 가지의 수신호, 일곱 가지의 노크 소리, 일곱 가지의 무지개 색깔을 이용해서도 번역할 수 있었다. 특히 관객에게 인상적인 공연은 쉬드르가 눈을 가린 상태에서, 관객 중 한 명이 조수에게 문장을 말하면 그 조수는 쉬드르에게 다가가 그의 손가락에서 정해진 일곱 군데를 이용해 그 뜻을 솔레솔로 알려주고 쉬드르는 손가락으로 전달받은 그 문장을 다시 번역하는 것이다.

이 같은 공연을 통해 쉬드르는 대중의 관심과 찬사를 받았다. 그의 공연이 개최된 음악당은 만원을 이루었으며, 그는 솔레솔 덕에 영국 국왕과 왕비를 알현하기도 했다. 그의 이름을 모르는 사람이 없을 정도였다.

하지만 이제 그의 언어를 아는 사람은 거의 없다. 사람들은 그 발상을 좋아는 했으나 그 언어 체계를 배우지 않았고, 더욱 중요한 것은 그의 작업을 후원할 정도는 아니었다. 쉬드르로서는 여간 실망스럽지 않았겠지만, 솔레솔은 일반적으로 실내에서 벌어지는 놀랍고도 독특한 공연쯤으로 생각되었다.

쉬드르가 순회공연을 하면서 그의 성과를 인정받으려고 애쓰는 동안 세계에는 세계어가 필요하다는 인식이 퍼지고 있었다. 시대를 막론하고 특권 계층은 국제적 접촉을 할 수 있지만, 산업화가 이루어진 뒤 그 기회가 일반인들에게도 주어졌던 것이다. 증기선·증기기관·전신 등이 사람들 사이의 소통 거리를 좁혔고 소통 상황의 범위는 넓어졌다. 언어의 장벽은 그만큼 더 두드러졌다.

그리고 그 장벽을 극복하려는 계획들이 늘어나기 시작했다. 그러나 그 계획들은 이전의 계획들과 전혀 달랐다.

새로운 언어 발명가들은 알아차리기 쉬운 유럽 언어들의 뿌리를 기반으로 했다. 그들은 약간의 라틴어, 약간의 그리스어를 취하고 거기에 조금씩 프랑스어와 독일어, 영어를 더했다. 그렇게 해서 등장한 체계는 이전에 나왔던 것들보다 훨씬 배우기 쉬웠다. 어떤 단어의 뜻을 알기 위해 우주의 모든 질서를 알 필요는 없었다.

그렇다면 이전에는 그런 언어를 만들 생각을 한 사람이 없었을까?

기존의 여러 언어로부터 새로운 언어를 끌어내자는 생각이 아주 새로운 것은 아니었다. 아랍어·페르시아어·터키어를 혼합한 발라이발란Balaibalan이라는 언어가 1400년과 1700년 사이에(문헌으로 분명한 시기가 전해지고 있지 않다) 종교적인 목적으로 만들어졌을 것으로 추측된다. 슬라브족의 단결을 증진하기 위해 공통된 슬라브 어원을 사용해 범슬라브 언어를 만들려는 계획도 1666년 이전에 있었다. '카르포포로필루스Carpophorophilus'가 라틴어를 단순화시켜 만든 언어가 1732년에 발표되었고, 1765년에는 프랑스의 회계사 조아캥 페게Joachim Faiguet가 《백과전서》에 프랑스어를 단순화시킨 것의 초안을 발표한 바 있다.

초기 언어 발명가들은 수학의 표기법에 집착했고, 우주의 참된 본성을 발견하기 위해 노력했다. 이는 당시의 지적 분위기에 영향을 받은 것인데, 결과적으로는 기존의 언어로부터 멀어지게 되었다. 그래서 그들은 서로 짜집기를 한 식탁보 같은 언어가 아니라 자족적이며 완벽한 질서를 지닌 체계를 추구했다. 자연 언어에는 너무 문제가 많았으므로 그들은 처음부터 새로 시작하지 않으면 안 되었다.

하지만 그다음 시대의 언어 발명가는 더욱 실제적인 문제에 초점을 맞추었다. 즉 다른 언어를 사용하는 사람들은 서로를 이해하지 못한다는 것이었다. 범상한 문제가 의미와 개념에 관한 철학적 문제들을 뒷전으로 밀어냈던 것이다. 이들 새로운 발명가들은 또 이전과 다른 지적 분위기, 자연 언어들 사이의 유사성이 전면에 부각되는 분위기 속에서 연구를 계속했다.

1786년 영국의 동양학자 윌리엄 존스 경은 왕립 아시아 학회에서 라틴어 · 그리스어 · 산스크리트어, 그리고 어쩌면 고트어 · 켈트어 · 페르시아어 등이 모두 공통 조상이 되는 언어로부터 발전되었다는 견해를 발표했고, 비교 언어학 분야가 탄생했다. 1790년대에 학자들의 연구가 급속하게 진전되었고 이를 통해 존스의 견해가 재확인되었다. 과학적인 비교 기법이 발전함으로써 벵골어와 리투아니아어처럼 서로 다른 언어들이 어떤 관계가 있는지 증명할 수 있었다. 언어들은 서로 아무렇게나 갈라진 것처럼 보이지만 그렇지 않다. 그들은 같은 나무에서 자란 가지들이었다.

이러한 발견이 세계어를 발명하려는 사람에게 반드시 유용한 것은 아니었다. 힌두어 '카카cakka'와 영어 '휠wheel'의 음이 똑같은 말(기원이 되는 인도·유럽 어족의 단어는 퀘클로^{kweklo}이며, 퀘클로 〉 카크라^{kakra} 〉 카카^{cakka}, 그리고 퀘클로 〉 훼오골^{hweogol} 〉 휠^{wheel} 등으로 변화한 것으로 가정된다)에서 유래했다는 복잡한 음성의 기원을 보여 주는 것은 좋지만, 바퀴를 퀘클로라고 부르는 것이 힌두어나 영어를 말하는 사람들에게 그다지 도움이 되지 않으리라는 것이었다. 따라서 새로운 언어 발명가들은 학술적인 언어학자들의 발견에 직접적인 영향은 받지 않았다.

하지만 그들은 공통된 어원이나 그 역사에 관한 인식의 영향을 받았다. 비교 언어학 분야는(오늘날에는 서글플 정도로 잊혀진 유물 같은 말처럼 들리지만) 19세기의 전성기 때는 안락의자에서 어원을 논할 정도로 광범위하고도 깊게 생활 속에 자리 잡았다. 웬만큼 교육을 받은 사람이라면 당연히 언어들이 서로 어떻게 관련을 맺고 있는지 알고 있었다. 언어학이 널리 퍼져 있었으므로 새로 등장하는 언어 발명가들은 이미 언어들의 공통점을 주목하기 시작했다.

자연어로 방향을 돌린 최초의 발명가 가운데 하나는 제임스 러글스라는 미국인이었다. 그는 1820년대에 윌킨스류의 철학적 언어를 만들려다가 '관념들의 분석'보다 말의 어근은 라틴어에 바탕하는 것이 훨씬 실제적이라 판단했고, 이는 당시의 대중적인 언어관과도 부합하는 것이었다. 그는 모든 언어의 발음이 자연에 기원을 두고 있기 때문에 라틴어의 어근은 이미 자신이 나타내는 개념과 본질적으로 관련되어 있다고 주장했다.

나는 20세기 이전의 미국사에 관한 자료를 소장하고 있는 필라델피아의 어느 도서관에서 1829년에 발간된 러글스의 저서《철학 및 분석적 원리에 따라 형성된 세계어》를 발견했다. 그 안에 아주 철저한 문법과 광범위한 사전이 포함되어 있어 깜짝 놀랐다. 발명된 언어들을 다룬 논문이나 개관, 목록 등에서 그 언어를 한번도 본 적이 없었던 것이다. 어느 누구도 러글스에 대해 알고 있는 것 같지 않았다. 하지만 러글스는 그 후 50년이 지나 인기를 얻게 되는, 언어 구축의 자연적인 경향으로 나아간 최초의 인물 가운데 한 사람이었다. 그의 한쪽 발은 앞에 나가 있지만 나머지 한쪽 발은 여전히 이전 시대를 굳게 딛고 있었다.

그는 라틴어의 어근에 다른 기능을 나타내는 임의적인 글자를 덧붙였다. 예컨대 '사람'을 뜻하는 어근 hom-은 다음과 같은 말 속에 들어간다.

어근	관사	성	격	
hom-	p	e	n	'그 사람'
hom-	b	a	nk	'오, 여인이여!'

그가 생각할 수 있는 온갖 종류의 관계가 그 자체의 어미를 가진다. 정도의 표현에 따라 달라지는 형용사의 체계도 있다. 다음은 24가지 가능성 가운데 몇 가지 보기이다.

bon-h-in	긍정	'좋다'
bon-zs-in	비교급	'더 좋다'
bon-zrms-in	포화	'너무 좋다'
bon-zrmy-in	부정적 포화	'충분히 좋지 않다'
bon-zrly-in	부정적·대조적 근사격	'그다지 나쁘지 않다'

어떤 경우에는 어미가 너무 길어지는 바람에 라틴어 어근이 전혀 도움이 되지 않는다.

pretzpxn libztur frateriorpur
'내 형제가 가지고 있는 책의 가격'

Vadcbhinpixs bixgs timzdxrcd pluvzdur
'이제 우리는 비가 내리는 것을 걱정하지 않고 나갈 수 있다.'

Sings, pixrt kznhenpiots
'여러분, 우리와 함께 식사를 하시지요?'

다음 말은 더 엉망이다.

lxmsgevjltshevjlpshev
'서경 180도에 1초 모자라는 서경 179도 59분 59초'

pintjltstehjlpstehzponpx
'지금은 오후 1시 15분 15초이다.'

실제적 성격을 지향한 러글스의 이러한 연구는 충분한 것이 아니었다. 그는 대부분 당대의 언어 발명들이 그랬던 것처럼 여전히 각각의 기본 요소를 체계적으로 조합한 완전한 언어라는 관념에 집착했다. 그러나 러글스는 그들과는 달리 그의 계획에 대해 신선한 느낌을 줄 정도로 겸손했다.

그는 1829년에 발간한 저서를 미국 의회에 대한 헌사로 시작하면서, 그의 작업이 "입법 활동에 나서기에는 충분하지 못하다"고 판단될지라도 의원들이 개인적으로 관심을 갖고 살펴보길 바란다고 적었다. 만약 그렇게 되면, "여러분의 목소리는…… 동의를 하거나 비난이 될 것이며, 혹시 있을지도 모르는 비난 때문에 이들 지면이 잊혀지거나 무시되더라도 그 결과가 보잘것없었기 때문"이라고 생각하겠노라 덧붙였다.

미국 의회에서는 러글스의 책에 대해 아무것도 하지 않았다. 그러나 그는 6대 미국 대통령 존 퀸시 애덤스로부터 서한을 받았다.

"본인은 오래전부터 이러한 언어 계획에 호의적이지 않은 생각을 가지고 있었습니다. 귀하의 계획에 대해서도 저의 생각이 영향을 끼쳤을 것입니다. 본인이 피상적이나마 검토한 결과 귀하의 계획은 상당히 기발하다고 생각하는 바입니다."

감동적인 격려라고는 할 수 없지만, 그래도 자랑할 만한 것이었다.

한편 유럽은 왕국·대공국·공국 등으로 나뉘어 있던 것들이 국가로 뭉쳐지고 있었다. 프랑스 대혁명과 나폴레옹 전쟁을 겪은 뒤 사람들은 지방의 지주나 군주에 대한 충성심보다 일체감과 문화의 공유의식을 중심으로 단결하고 그들의 이익을 위해 싸우기 시작했다. 그들의 새로운 정치적 일체감은 그들이 살고 있는 러시아, 오스트리아·헝가리, 오토만 등의 제국에 따라서가 아니라 그들의 언어에 따라 형성되었다. 혁명이 발발하고 긴장 상태가 계속되면서 언어 발명

가들은 언어 구축에 대한 새로운 전략뿐만 아니라 언어를 만들어야
하는 이유까지 찾아냈다.

08

에스페란토, 알을 깨고 나오다

"국제어는 모든 국어와 마찬가지로 사회의 소유물이며,
그것을 만든 사람은 일체의 개인적 권리를 영원히 포기한다."

에 스페란토의 발명가 루드비크 자멘호프는 1859년 폴란드에 속하는 비알리스토크에서 태어났다. 동유럽의 역사 부도에서 그 당시의 민족 분포 지도를 보면 당시의 분위기를 짐작할 수 있다. 지도 왼쪽에는 폴란드인을 나타내는 오렌지색 점과 독일인을 나타내는 자주색 작은 점이 섞여 얼룩을 만들고 있다. 오른쪽에는 러시아인을 나타내는 분홍색 공간이 넓다. 그 가운데 구불구불 불규칙한 형태로 다채로운 색깔의 줄무늬가 뒤섞여 있다. 비알리스토크는 그 중심부에 지리 잡고 있다. 자멘호프는 그의 출생지에 대해 다음과 같이 적었다.

내가 태어난 곳은 내 미래의 모든 목표를 향하는 길을 알려주었다. 비알리스토크의 주민은 러시아인 · 폴란드인 · 독일인 · 유대인 등 네 민족으로 구성되어 있었다. 이들 민족은 각각 독자의 언어를 가지고 있었으며 다른 민족들과 적대 관계를 유지했다. 그곳에서—감정이 있는 사람이라면—서로 다른 언어에 대해 깊은 슬픔을 느끼고, 인간을 적으로 나누는 것은 바로 언어라고 생각했을 것이다. 언어 때문만은 아니더라도 적어도 언어가 주된 이유라는 것을 수시로 볼 수 있었을 것이다. 나는 이상주의자로 길러졌으며, 모든 사람이 형제라고 배웠지만, 그와 동시에 내가 거리에서 본 것은 그런 사람은 존재하지 않는다는 것이었다. 오로지 러시아인 · 폴란드인 · 독일인 · 유대인밖에 없었다. 어린아이가 느낀 이 같은 세계의 고통에 웃음을 터뜨린 사람도 많았겠지만, 이 사실은 내 어린 영혼을 괴롭혔다. 당시 내게는 어른들이 전지전능한 존재였기 때문에 내가 어른이 되면 이 해악을 반드시 파괴해 버리겠노라고 다짐했다.

자멘호프는 가족들이 늘어나면서(그는 아홉 남매 가운데 맏이였다) 바르샤바로 이주했고 아버지 마르쿠스가 유대어 검열관이 된 뒤인 십대 시절부터 새로운 언어를 개발했다. 아버지가 하는 일은 황제인 차르를 모독하는 표현은 없는지 모든 히브리어 출판물을 살피는 것이었고, 그 직업의 성격상 마르쿠스는 그와 다른 유대인들에 대한 정부의 태도에 촉각을 곤두세워야 했다. 그는 엄격한 아버지였으며, 임무의 중압감 때문인지 때때로 잔인해지기까지 했다. 루드비크는 아버지에게 늘 순종적이었으며 올바르게 행동했다.

가족들은 집에서 러시아어와 이디시어를 사용했지만, 루드비크는 아버지를 통해 히브리어와 친숙해졌다(그것은 종교적이기보다 학자들이 사용한 언어였다). 젊은 루드비크는 거리에서는 폴란드어를, 학교에서 는 라틴어·그리스어·프랑스어·독일어 등을 배웠다.

언어를 만들려던 루드비크의 첫 시도는 실패했다. 먼저 ba와 ka 같 은 단음절 어휘를 개발했지만, 그들에게 배정해 두었던 뜻을 기억할 수 없었다. 그래서 그가 배웠던 언어들의 어근을 활용함으로써 훨씬 기억하기 쉽게 만들었다. 예컨대 '사람'을 뜻하는 것은 hom이고 '사 랑'을 뜻하는 것은 am이었다. 하지만 이름을 필요 로 하는 사물들은 엄청났고, 그 이름들로 공책들이 가득 채워지면서 또다시 기억할 수 없게 되었다. 전 인류를 위한 언어가 되기 위해서는 전 인류가 배울 수 있어야 하 므로 이것은 반드시 해결해야 할 문제였다.

이 문제의 해결책은 우연히 찾아왔다.

> 나는 여러 번 본 적이 있던 러시아어 shveytsarskaya(수위실)와 kondityerskaya(제과점)에 눈이 갔다. skaya라는 어미가 특히 내 관심을 끌 었는데, 접미사가 있으면 한 가지 말을 가지고 따로 배울 필요 없이 다른 여러 가지 말을 만들 수 있다는 것을 알게 된 것이다. 나는 그 발상에 주목했다. 그 래서 단어들을 비교하고 그들 사이에 있는 관계를 찾기 시작했으며, 날마다 내 사전에서 엄청나게 많은 단어를 들어내고 관계를 나타내는 접미사로 바꾸어 놓았다.

비슷한 시기에 그는 학교에서 영어도 배우기 시작했다. 러시아어 처럼 복잡한 동사 활용과 명사의 일치, 대격·소유격·처소격 등의 잡다한 격을 가진 언어를 쓰는 사람이 영어를 처음 접했을 때 영어는 환상적으로 단순한 언어처럼 여겨졌을 것이다. 그는 얼음판처럼 매끄러운 영어의 어형 변화—I had, you had, he had, she had, we had, they had—에서 자유를 느끼면서, 앞으로 태어날 그의 언어에서도 불필요하다고 판단되는 문법을 제거해 나갔다.

1878년 12월 17일, 원시적인 형태의 에스페란토 대회가 열렸다. 루드비크는 수줍음이 많은 성격이었지만 학교 동창 몇 사람을 설득해 그의 계획에 참여시켰다. 그들은 그의 비좁은 아파트에 모여 케이크를 앞에 놓고 축가를 부르는 가장 에스페란토적인 활동을 시작했다. 그날 그들은 루드비크가 가사를 붙인 노래를 불렀다. 그에게 근면성을 불어넣어 준 당시의 감정을 간결하게 나타낸 노래였다.

Malamikete de las nacjes

Kadó, kadó, jam temp' està

La tot' homoze en familije konungiare so debà.

국가들의 적대감

없어져라, 없어져라, 때가 되었노니

모든 인류가 하나로 단결할 때.

이 시는 초기 에스페란토의 본보기이다.

에스페란토는 루드비크가 처음부터 새롭게 그 발명을 시작할 수밖에 없는 상황이 되어 수정 및 재조정되었다. 루드비크가 의학 공부를 위해 대학으로 갈 때 아버지의 동료 중 한 사람이 루드비크가 그 언어에 너무 몰두하는 것처럼 보인다고 일러준 것이다. 그러자 아버지는 아들이 공부에 소홀할까 염려한 나머지 일체의 자료를 집에 두고 가라고 명령했다. 순종적인 아들은 아끼는 공책을 모조리 넘겼으며, 아버지는 아들이 모스크바로 떠난 뒤 그것을 불태워 버렸다. 루드비크는 바르샤바 대학으로 전학할 때까지 이를 모르고 있었다. 나중에 알게 되었을 때는 불평할 시간이 없었다. 민족들 사이의 적대감은 곧 러시아를 휩쓴 격렬한 대학살의 회오리가 되었고, 그것은 바르샤바에도 이틀 동안이나 휘몰아쳤다. 루드비크는 어느 때보다 더 단호한 결심을 갖고 새로 시작했다.

5년 뒤 학업을 마친 루드비크는 안과를 개업했다. 다른 과는 환자에게 아무 도움이 되지 못할 때 심한 죄의식을 느낄 것 같았기 때문이었다. 그리고 자신의 언어를 수정하고 다듬기를 계속하는 한편 나중에 아내가 될 클라라를 만났다. 그녀 역시 그의 언어를 받아들였으며, 두 사람은 그 언어를 사용해 서로 편지를 주고받았다.

에스페란토의 공식적인 탄생은 1887년이었다. 그해에 자멘호프는 클라라의 지참금으로 《국제어》라는 제목의 소책자를 자비로 출판했다. 그는 거기에 자신의 본명을 넣지 않고, '희망하는 사람'이라는 뜻의 에스페란토 박사라는 서명을 넣었다. 그리고 그 책에 다음과 같이 썼다.

"국제어는 모든 국어와 마찬가지로 사회의 소유물이며, 그것을 만든 사람은 일체의 개인적 권리를 영원히 포기한다."

루드비크와 클라라는 그 책자를 일일이 포장해 비정한 세계로 내

보냈다.

경쟁자들의 가슴속에 씁쓸하고 분노에 찬 질투심을 일으킬 수 있다는 건 대단한 일이다. 인테르링구아^{Interlingua}·이도^{Ido}·글로사^{Glosa}·글로바코^{Globaqo}·노비알^{Novial}·홈이디오모^{Hom–Idyomo} 등이 바로 그 주인공이다. 현대 제약 회사에서 자기들 마음대로 짓는 약 이름처럼 들리는 이 언어들은 에스페란토보다 더 단순하고 더 논리적이며 더 아름답다고 주장하지만 이것도 수많은 언어들 중 하나일 뿐이다. 그러므로 에스페란토는 우쭐해질 만하다. 여러분이 들어본 적이 있는 것은 에스페란토뿐이기 때문이다. 그리고 이것이 다른 사람들을 괴롭힌다.

내가 처음 인공어에 호기심을 느꼈을 때 나는 콘랭^{Conlang}이라는 이메일 관리 서비스에 가입했다. 그러자 다음 날 받은 편지함에 무려 287통이나 되는 메시지가 있었다. 이런 일이 며칠 동안 계속되자 나는 흥미를 잃고 탈퇴해 버렸다. 나중에 알게 됐지만 내가 콘랭의 '대대적 분리'에 이르는 '불꽃 튀는 전쟁'에 뛰어든 것임을 당시에는 알 도리가 없었다. 하지만 사태는 그 후 진정되었다.

그 대대적으로 분리된 두 그룹 중 첫 번째는 《반지의 제왕》의 작가 존 로널드 톨킨처럼 재미를 위한 언어를 개발하고 논의하는 데 관심이 있는 참된 콘랭^{conlang} 발명가들이었다. 두 번째는 국제적 보조어에 관해 이야기를 나누고자 하는 보조어 지지파였다. 보조어 그룹에는 소수의 열성적 에스페란토 사용자와 대안이 될 만한 다른 언어 계획에 대한 다수의 지지자들이 포함되어 있었다. 앞서 말한 전쟁은 보조어 그룹 내부에서 이루어졌으며, 에스페란토의 '아주 우스꽝스러운 철자 체계', '후진적이며 혼란스러운 접사 체계', '대격 –n에 대한 혐오' 등에 독설을 퍼부었다. 뒤이어 여러 에스페란토의 경쟁자들 사이에서 전투가 벌어졌다. 이도는 인테르링구아를, 새로운 노비알은 옛 노비알을 공격했다.

콘랭 발명가들은 결론날 것 같지 않은 이 같은 어리석은 논쟁에 싫증을 느꼈으며, 보조어 지지파는 발명된 언어에 대해 편하게 이야기를 나눌 수 있다고 생각한 곳에서 미치광이라는 소리를 듣는 것에 지쳤는지 마침내 따로 분리해 그들 자체의 모임을 만들기로 했다. 콘랭 발명가들은 격의 표시와 모음조화에 관한 무미건조한 의견 교환으로 되돌아갔고, 보조어 지지파는 외부로 나갔다.

에스페란토에 반대하는 보조어 지지파는 모두 그 자신이(이때 중성적인 대명사가 사용되지 않는다고 불평할 필요가 없다) 발명된 언어라는 훌륭한 생산품을 대변하고 있다고 확신한다. 어쩌면 그들 가운데 한 사람이 그럴지도 모르고, 어쩌면 그들 가운데 모두가 그럴 것이다. 그것은 상관없는 문제이다.

어느 에스페란토 대회에서 지친 표정에 회색 티셔츠 차림의 사내가 반항적으로 자신이 인테르링구아의 지지자라고 소개하면서 인테르링구아에 대해 이야기하는 것을 들었다.

"인테르링구아가 훨씬 나은 언어라고 생각해요. 에스페란토보다 더 명쾌하고 더 논리적이고 더 아름답거든요. 하지만 그 말을 가지고 이야기를 나눌 사람이 아무도 없어요."

에스페란토가 일찍부터 그 자체의 대대적 분리를 겪지 않았다면 에스페란토는 지금의 지위에 오르지 못했을 것이다. 에스페란토랜드의 전설에서 그것은 분립이라고 하며, 이 말을 듣고 종교 전쟁을 연상한다고 해도 그다지 틀린 것은 아니다. 그 분립은 에스페란토의 바닥에 흐르는 관념에 관심이 있는 사람들(이상주의적인 참된 신봉자들, 또는 누구에게 묻느냐에 따라 달라지지만 괴짜들)과 에스페란토 자체에 관심을 가진 사람들(그 언어를 개선시키고 완벽하게 만들 수 있는, 언어학적으로 세련된 견해를 지닌 저명한 학자들)을 나누는 데 기여했다.

자멘호프는 아마추어였다. 그는 언어학 공부를 한 적도 없고 대학 교수도 아니었다. 하지만 그는 자신이 만든 언어가 사회에 도움이 되기를 바라는 진지한 혹은 순진한 바람으로 언어를 만들었다. 그래서 그는 사람들에게 에스페란토의 설계에 대해 이야기하기보다, 그것을 실제로 사용하도록 설득하는 데 전력을 기울였다. 그의 소책자에는 개개의 독자도 에스페란토를 배우겠다고 동의하고 서명하는 서식이 첨부되어 있었다. 회송된 서식은 1000통 미만이었지만, 러시아어로 만든 소책자를 폴란드어·프랑스어·독일어 등으로 번역하게 만들 정도의 충분한 관심이었다. 그는 독일인 자원자에게 영어 번역을 맡겼는데, 그의 영어는 횡설수설이어서 도무지 이해가 되지 않았다. 까딱 잘못했더라면 영어권에서 완전히 배제될 뻔했지만, 다행히 관심 있는 어느 아일랜드인 언어학자가 훨씬 더 좋은 번역을 내놓았다.

그 소책자에는 16개 조항의 문법과 약 900단어의 용례가 수록되어 있었다. 용례집은 그 후 상당히 두꺼워졌지만, 언어의 기본 구조는 오늘날까지도 본질적인 변화 없이 유지되고 있다. 단어는 어근과 접사로 구성된다.

명사는 –o, 형용사는 –a, 부사는 –e로 끝난다.

frat-o	형제	ver-o	진실
frat-a	형제의	ver-a	진실의
		ver-e	진실하게

동사의 어미는 시제에 따라 달라진다.

far-i	하다	mi far-is	나는 했다
mi far-as	나는 한다	mi far-os	나는 할 것이다

다른 어미는 여러 가지 방식으로 의미를 바꾼다. 여성 명사는 –in 이 붙고, 작은 것을 나타내는 말에는 –et가 붙는다.

frat-in-o	자매	frat-in-et-o	어린 여동생

자멘호프에게 접사를 통해 언어를 만드는 영감을 준 ~하는 곳이 라는 뜻의 러시아어 –skaya는 –ej(ey로 발음)가 되었다.

kuir-i	요리하다	preĝ-i	기도하다(ĝ는 '지'로 발음)
kuir-ej-o	부엌	preĝ-ej-o	교회

각 단어의 반대어는 접두사 mal–을 붙여 만들 수 있다.

bon-a	좋다	mal-bon-a	나쁘다
estim-i	존경하다	mal-estim-i	경멸하다

특히 이들 접두사는 그 소책자에 실린 몇 개 안 되는 어근으로 만

들어진 어휘의 영역을 확장시켰다. 접사는 형태가 바뀌지 않으므로 항상 알아차릴 수 있다. 그리고 적어도 단어가 명사인지 형용사인지, 동사가 과거 시제인지 현재 시제인지 정도는 구분할 수 있다. 어근도 접사와 결합할 때 그 모양이 바뀌지 않으므로 항상 사전에서 그것을 찾을 수 있다.

대부분의 언어는 그렇지 않다. 자멘호프는 독일어 문장을 예로 들면서 각 단어의 뜻을 덧붙였다.

Ich	weiss	nicht	wo	ich	den	Stock	gelassen
나는	희다	아니다	곳에	나는	—	막대	감정에 좌우되지 않다

habe;	haben	Sie		ihn	nicht	gesehen?
재산	가지다	그녀 / 그들 / 당신		—	아니다	—

두 번째 단어 weiss는 '희다'는 뜻의 형용사가 될 수 있지만, 여기서는 동사 wissen('알다'의 뜻)의 1인칭 현재형이다. gelassen은 '감정에 좌우되지 않다'는 뜻의 형용사이지만, 이 문장에서는 '남기다'는 뜻의 lassen의 과거 분사로 쓰였다. habe는 '재산'이거나 '가지다'는 뜻의 동사 haben의 1인칭 현재형이 될 수 있다. den은 정관사 der의 특수형이며, ihn은 er(그, 그것)의 특수형이다. 그래서 이 문장을 제대로 번역하려면 독일어에 관한 상당한 지식이 필요하다.

하지만 에스페란토의 경우 특별한 지식은 필요 없고 각 단어의 뜻만 알면 된다.

Mi	ne	sci-as	kie	mi	las-is	la
나는	아니다	안다(현재)	곳에	나는	떠나다(현재)	정관사

baston-o-n;	ĉu	vi	ĝi-n	ne	vid-is?
지팡이(목적어)	(의문)	너는	그것(목적어)	아니다	보다(과거)

바로 "지팡이를 둔 곳을 모르겠다. 그것을 보았느냐?"는 뜻이다.

자멘호프는 조어의 규칙에 대해 설명하느라고 많은 시간을 허비하지 않았다. 잃어버린 지팡이의 문장이 번역을 덧붙인 유일한 보기이다. 그는 번역을 곁들이지 않고 여러 가지 다른 범례가 되는 문장을 수록했는데, 독자가 그것을 골똘히 생각해 보면서 익힐 수 있으리라고 기대했던 것 같다.

그는 특별히 배우지 않고도 그 언어를 사용할 수 있기를 원했다. 그리고 그는 외국에 살고 있는 친구에게 편지를 쓰고 따로 작은 종이에 몇 가지 어근과 접사만 적어 넣은 뒤 받는 사람이 그 의미를 파악할 수 있는지 시험해 보도록 권유했다. 그가 범례로 든 문장 가운데 하나는 그 같은 편지의 보기이다. 한번 시도해 보기 바란다.

Kar-a amik-o!

Mi present-as al mi* kia-n vizaĝ-o-n vi far-os post la ricev-o de mi-a leter-o. Vi rigardo-os la sub-skrib-o-n kaj ek-kri-os: "Ĉu li perd-is la saĝ-o-n? Je kia lingv-o li skrib-is? Kio-on signif-as la foli-et-o, kiu-n li aldon-is al si-a leter-o?" Trankvil-iĝ-u, mi-a kar-a!

Mi-a saĝ-o, kiel mi almenaŭ kred-as, est-as tut-e en ordo.

---

al : -에게	kaj : 그리고	saĝ- : 현명한	don- : 주다	kiel : -(하기)로는
kia : 어떤 종류	ek- : 밖으로	je : 안으로	si : 스스로	almenaŭ : 적어도
vizaĝ- : 얼굴	li : 그	kio : 무엇	iĝ- : -하게 하다	
far- : 만들다	perd- : 잃다	kiu : 어떤 것	-u : 명령형	

*Mi present-as al mi(나는 내 자신에게 준다)라는 표현은 독일어와 러시아어 등의 언어에서 '나는 상상한다'는 뜻으로 사용된다.

번역하면 다음과 같다.

친애하는 친구,

이 편지를 받고 어떤 표정을 지을지 상상할 수 있네. 서명을 쳐다보고는 "이 친구가 정신이 나갔나? 어느 나라 말로 편지를 쓴 거야? 동봉된 이 쪽지는 무슨 뜻이지?" 하고 외칠 테니까. 진정하게, 친구. 적어도 내가 알기로는 내 정신이 멀쩡하거든.

이 번역을 보면 자멘호프는 이 자그마한 실험이 어떤 반응을 일으킬지 예상했던 것 같다. 그러나 일단 편지의 수신자가 이 정도 번역을 했다면 가끔 또 다른 종류의 반응이 나타났다. 독자도 그 번역을 해 보려고 했다면 아마 내가 무슨 말을 하고 있는지 알 것이다.

은근히 문장 풀이를 즐기는 사람인가? 글자 맞추기 퍼즐을 좋아하는가? 재미로 사전을 읽은 적이 있는가?

만약 당신이 어떤 식으로든 언어에 흥미를 느끼는 사람이라면, 에 스페란토 편지를 해독하는 것은 상당히 재미있는 도전이 될 것이다. 그 언어의 장점에 대한 장황한 설명을 듣는 것보다는 말이다.

편지 실험은 에스페란토가 확산되는 데 도움이 되었다. 소규모의 동호인 모임들이 결성되었다. 자멘호프는 또 하나의 교과서, 사전, 《햄릿》을 번역하면서 존재에 관한 그 우울한 덴마크 왕자의 독백을 "Ĉu esti aŭ ne esti,— tiel staras nun la demando."라고 소개했다. 1889년 독일에서는 최초의 에스페란토 잡지 〈라 에스페란티스토〉가 발행되었다. 에스페란토 운동을 벌이는 저명한 후원자 여럿을 모았는 데, 그 가운데는 〈라 에스페란티스토〉에 '종교적 문제를 해결하는 이 성의 가치'에 관한 글을 발표한 톨스토이도 있었다. 그런데 그 때문에 이 잡지가 러시아에서 판매 금지를 당하자 톨스토이는 다시는 기고하 지 않겠다는 서한을 당국에 보냈다. 하지만 판매 금지는 풀리지 않았 고 그 대신에 다른 잡지들이 그 자리를 차지했다.

한편 볼라퓌크랜드는 소란스러워졌다. 볼라퓌크Volapükland는 요한 슐라이어Johann Schleyer라는 독일의 성직자가 만든 것이었다. 그는 1879 년 어느 잠 못 이루는 밤에 하느님으로부터 직접 세계어를 만들라는 계시를 받았다.

그가 만든 체계는 독일에서 대성공을 거두었고 곧 미국과 중국에 까지 전파되었다. 1880년대 말에 이르러 전 세계에는 200개 이상의 볼라퓌크 연구회나 동호회, 25개의 볼라퓌크 잡지가 생겼다. 그 언어 를 배울 생각이 없는 사람들조차도 그 언어를 알고 있었다. 미국의 제24대 대통령 그로버 클리블랜드의 부인은 애완견의 이름을 볼라퓌크라고 했다. 그 열풍이 얼마나 대단했던지 〈밀워키 센티늘〉 같은 지방 신문에서도 조롱의 대상이 되었다.

> 그리스어^{Grük}를 공부하던 매력적인 젊은 학생 하나가
>
> 한때 볼라퓌크를 습득하려 했지만
>
> 그것의 발음이 너무 나빴기 때문에
>
> 친구들이 미쳤다고 하자
>
> 한 주^{wük}만에 그만두어 버렸다.

그러나 불과 몇 년 뒤 볼라퓌크를 쓰던 대부분의 사람들이 에스페란토로 전향했다.

조롱의 초점이 된 움라우트 때문에 볼라퓌크는 영어권과 프랑스어권 사용자가 적었던 것이 분명하다. 볼라퓌크로 적힌 글의 모습은 낯설고 위협적인 느낌을 자아냈다.

예를 들어 보자.

If ätävol-la in Yulop, älilädol-la pükik mödis.
(유럽을 여행하면 많은 언어를 듣게 될 것이다.)

하지만 이 움라우트는 볼라퓌크가 대부분 영어의 어근을 바탕으로 하고 있음을 감추는 데 도움이 되기도 했다. 예컨대 pük는 영어의 speak에서 유래하지만 알아차리기 어렵다. 마찬가지로 löf가 영어 love, smül이 영어 smile, blöf가 영어 proof, seplänön이 영어

explaining에서 유래하는 것도 알아차리기 어렵다. 그렇지만 문제는 움라우트뿐만이 아니었다. 슐라이어는 발음하기 쉽도록 하려는 원칙 ('th'의 음 배제, r의 사용 억제, 단음절 어근 등)에 집착한 나머지 friend를 flen, knowledge를 nol, world를 vol로 바꾸어 버렸다(볼라퓌크라는 말은 '세계어'라는 뜻의 말을 합성한 것이다).

만약 pük라는 말이 재미있다고 생각한다면, 그 말이 언어의 개념과 관계있는 여러 가지 다른 말을 만들어 가는 방법도 좋아하게 될 것이다.

모국어	motapük	여러 언어를 사용하는	möpüked
문장	püked	말하다	pükön

단순한 사람에게 볼라퓌크의 유혹은 대단하다. 나도 단순한 사람이기 때문에 여기에 또 하나의 보기를 덧붙이지 않을 수 없다. '성공하다'를 뭐라고 할까? 바로 plöpön이다.

에스페란토와 마찬가지로 볼라퓌크도 규칙적인 방법으로 어근의 뜻을 확장시키는 접사 체계를 가지고 있지만, 짧은 어근에 접두사와 접미사가 덕지덕지 붙으면 그 어근을 찾아내기가 어렵다.

이런 사실에도 불구하고 사람들은 그 언어를 사용하고 있었다. 〈라 에스페란디스토〉가 처음 간행된 1889년, 제3차 국제 볼라퓌크 대회가 파리에서 열렸으며, 그 행사의 진행은 모두 볼라퓌크로 이루어졌다. 그 언어는 상당히 효과적이었다. 그런데 볼라퓌크는 왜 사라졌을까?

볼라퓌크의 몰락은 다른 곳에 있었다. 볼라퓌크의 몇 가지 세부적인 사항에 불만을 느낀 일부 사용자들이 슐라이어에게 수정을 요청하기 시작했다. 하지만 그가 완강하게 거절하자 새로 성립된 볼라퓌크 학회의 회원들이 개혁을 제의하면서 슐라이어의 거부권을 인정하지 않았고 이에 화가 난 슐라이어는 독자적으로 학회를 세웠다. 개혁파에 속하는 사람들은 제각각 다양한 이름의 볼라퓌크 수정판이라고 할 수 있는 날 비노Nal Bino, 발타Balta, 보팔Bopal, 스펠린Sepelin, 딜Dil, 오르바Orba 등을 내놓기 시작했다. 이제 막 볼라퓌크를 배우려는 사람은 어느 것이 좋은지 알 수 없게 되어 버렸고 당시 사용자가 늘어나고 있던 에스페란토가 더 나은 것처럼 여겨지기 시작했다. 그리고 결국 제4차 볼라퓌크 대회는 열리지 못했다.

1905년, 20개국에서 688명의 사람들이 제1차 국제 에스페란토 대회를 위해 프랑스의 불로뉴쉬르메르에 모였다. 그들은 에스페란토의 상징인 녹색 별을 갖고 있었으므로 파리의 기차역에 도착했을 때 서로 알아볼 수 있었고, 거기서부터 함께 무리를 이루어 해안 도시로 이동했다. 그때까지만 하더라도 에스페란토는 주로 서신을 주고받는 도구였다. 그들 가운데 다수는 말하는 데 그 언어를 사용하는 것이 처음이었으며, 그래서 제대로 의사소통을 하게 되자 기뻐했다. 〈뉴욕 헤럴드〉는 "모두가 매우 수월하게 대화를 나누는 것처럼 보였다"고 보도했다.

주최국에 대한 경의의 표시로 대회의 참석자들은 개회식에서 전혀 에스페란토답지 않은 '라 마르세예즈'("시민들이여, 무기를 들라! / 밀집 대형으로! / 나아가자, 나아가, / 적군의 피가 우리의 대지를 적시리!")

를 프랑스어로 점잖게 노래했다. 그리고 에스페란토 송가 '라 에스페로'가 그 뒤를 이었다("중립적인 언어의 토대 위에 / 서로를 이해하는 사람들은 / 의기투합해 커다란 가족을 만들리라"). 활기차게, 그러나 때때로 눈물을 글썽이며 노래하는 사람도 있었다. 그리고 시장과 상공회의소 의장의 인사말 다음에 자멘호프가 환호와 박수를 받으며 등장했다. 그는 강력한 정신과 새로운 미래의 모습에 대해 이야기한 뒤 "인류의 어린이들에게 평화를 선사할 강력한 신비의 화신"을 기도하며 연설을 마쳤다. 청중들은 기립해 손수건을 흔들며 'Vivu Zamenhof! Vivu Esperanto!' 하고 외쳤다.

하지만 모든 사람이 즐거워한 것은 아니었다. 지적인 프랑스의 에스페란토 사용자들 가운데 일부는 대회에 앞서 자멘호프의 연설문을 검토한 뒤 그에게 에스페란토의 실용적인 측면, 여행과 상업에서의 유용성, 과학 지식을 공유할 수 있는 잠재력 등에 초점을 맞추도록 요구했다. 감정적이거나 종교적인 측면이 강해지면 그들의 대의가 실없게 보일 것이라고 주장했다. 그들은 에스페란토가 진지하게 다루어지기를 원했다.

그들은 또 필요하다고 생각되는 언어의 개혁에도 열성적이었다. 자멘호프는 슐라이어와 달리 에스페란토는 자신의 소유물이 아니라 그것을 사용하는 사람들의 소유물이라 선언했다. 그는 처음에는 비평을 환영했으며, 1894년 변화의 요구를 포함하는 개정판 에스페란토를 발표하기까지 했다. 하지만 이 개정판은 이미 원래의 에스페란토를 사용하던 열성적인 사용자들의 투표에 의해 거부되었다. 그들은 만국의 평화라는 그의 주장에 영향을 받았으며, 변화에 대한 요구를 불순한 이단으로 간주했다. 일단 개혁을 시작하면 멈추기 어렵다는 볼라퓌크의 교훈도 한몫했다. 그후 자멘호프는 1906년 개혁을 원하는 사람들이 그에게 25만 프랑을 제의했을 때조차 그 변경을 거부했다.

바로 그해 자멘호프는 제네바에서 개최된 제2차 국제 에스페란토 대회에서 에스페란토가 세계 평화라는 이상과 결별해야 한다는 요구를 거부하면서 격렬하게 주장했다.

"우리는 에스페란토가 상업적 목적과 실용성에만 봉사하는 것이 아니기를 바란다."

에스페란토의 분립은 1907년에 이루어졌다. 나중에 노벨상을 수상하게 되는 화학자를 비롯한 저명한 대학 교수들이 익명으로 제출한, 이도(자식)라는 에스페란토의 수정판 지지 계획을 후원하기로 했을 때였다. 훌륭한 교육을 받고 실용성을 존중하는 저명한 에스페란토 사용자의 다수가 이도 편에 가담했지만, 나머지 사람들은 배신당한 그들의 영웅을 중심으로 뭉쳤다. 40개국에서 모여든 1300명이 넘는 이상주의자들이 독일의 도시 드레스덴에서 개최된 1908년의 대회에 참가했다. 그들은 녹색 별을 붙이고 녹색 깃발을 흔들었으며, 에스페란토 시 낭송과 연극 공연을 관람했고, 찬송가를 부르는 등 좋은 시간을 보냈다.

반면 이도 사용자들은 훨씬 즐거움이 적은 쪽에 초점을 맞추었다. 제1차 국제 이도 대회의 공식적인 구호는 '우리는 즐거움을 찾기보다 일하기 위해 왔다'는 것이었다. 하지만 그 대회는 1921년까지 열리지 않았으며, 당시 이도의 추진력은 개혁에 대한 내부 의견 분열로

약해진 상태였다. 그러자 원래의 지지자 대부분은 스스로 가장 훌륭하다고 확신하는 그들 자신의 언어를 개발하겠다면서 떠나 버렸다.

09

에스페란토어로 세계여행하기

타지키스탄의 화가, 세르비아의 나체주의자,
또는 벨기에의 채식주의자이자 조류학자를 만날 수도 있어요.
만약 당신이 에스페란토 사용자라면.

오늘날 에스페란토 사용자들은 에스페란토랜드 밖에서는 제대로 대접을 받지 못한다. 그들의 주장이 아무리 멋지더라도, interna cialingvo(국제어)에 대한 그들의 옹호가 아무리 평온하고 이성적이어도 그들은 무시하는 농담 또는 경멸적인 코웃음 중 하나를 듣게 된다. 다음은 전자의 점잖은 본보기로서 〈타임스 고등 교육 부록〉에 수록된 것이다.

훌륭한데도 불구하고 잘 알려지지 않는 에스페란토 잡지들은 에스페란토에 친숙한 독자들을 당황시킨다. 오스트레일리아의 간행물 〈에스페란토 수브라 수다 크루코〉가 그러한 잡지로 지명된 뒤 다수의 사람들이 본지에 연락해, 그 잡지는 학술적이지 않지만 잘 알려지지 않은 잡지는 아니라고 알려 주었다. 매사추세츠 공과대학 학생 제이컵 슈워츠는 "잘못된 정보를 얻고 있는 사람들로부터 날마다 조롱당하고 있는 에스페란토 사용자들이 '잘 알려져 있지 않다'고 간주되면 기분이 나빠질 수밖에 없다"고 설명했다.

본지에서는 〈에스페란토 수브 라 수다 크루코〉의 독자들에게 사과하며, 분개한 〈더 저널 오브 피시 소시지〉 구독자들의 항의를 기대한다.

이 기사에 대해 반응하면서 진지한 대접을 받을 방법은 없다. 에스페란토 사용자 가운데는 이를 깨닫지 못하고 가끔 자신의 생각을 제시하는 이도 있다.

"자, 현재 에스페란토는 80개국 이상에서 사용되고 있다. 4만 종 이상의 문학 작품이 그 언어로 발표되었고 배우기도 쉽다."

그러면 그 말을 듣는 사람들은 그를 얼빠진 사람으로 간주하면서 피곤해 하는 표정을 지을 것이다.

무시해 버릴 수 있는 유머는 그래도 낫다. 에스페란토에 대한 반응으로 또 하나 흔한 것은 분노, 특히 언어에 관심 있는 사람들이 갖는 분노이다. 일반인이 언어에 관해 질문하면 언어학자들이 답변하는 형식의 한 인터넷 웹사이트가 있다. 여기에서 본 것 중에 에스페란토를 어릴 때부터 배울 수 있는가 하는 순수한 질문에 다음과 같이 대답하는 전문가가 있었다.

"자녀에게 에스페란토를 가르쳐 불행하게 만드는 정신 나간 사람들을 경멸하겠다."

경멸? 내가 알고 있는 한, 그들 어린이는 약간 독특하기는 하지만 훌륭하게 적응하면서 자라 음악가가 되었을지언정 연쇄 살인범이 된 경우는 없었다.

그렇지만 왜 많은 사람들이 에스페란토에 거부감을 느끼는지는 이해할 수 있다. 언어는 우리의 생각을 포장해 다른 사람들에게 전하는 데 사용하는 간편한 도구만은 아니다.

언어는 서로 공유하는 것이자 지극히 개인적인 경험들의 지표이다. 언어는 우리의 문화를 그 어느 것보다 더 많이 표현하며, 우리가 불평하고 논쟁하고 다른 사람들을 위로하는 데 사용하는 도구이다. 우리가 우리의 언어를 사랑하는 것은 바로 이 때문이다. 우리의 정체성이 간직된 저장소인 것이다.

에스페란토를 이들 언어와 비교하는 것은 언어에 있어 모욕이다. 에스페란토는 우리 언어를 개인적이며 특이한 것으로 만드는 것이 아니라, 일반적이고 보편적인 것을 선택하게 한다. 또한 우리와 세계의 다른 사람들을 구분해 주는 것을 버리고, 세계의 모든 사람들과 같아지는 것을 택하게 한다. 그것은 아름다움을 위협하고, 중립적이며 영혼이 없다. 마오쩌둥이 늘 입는 재킷이며, 콘크리트 아파트 단지이다.

이것이 사실이라고 하면 내가 에스페란토랜드보다 더 다채로운 곳을 본 적이 없다고 생각하는 것은 이상한 일이다. 내가 두 번째로 참가한 아바나에서 개최된 제6차 에스페란토 대회에 갔을 때 너무 많은 문화에 노출되어 머리가 아플 정도였다. 우리는 열 가지의 서로 다른 쿠바의 음악 양식에 맞추어 열 번이나 에스페란토로 〈관타나메라〉를 노래했다. 주최국 대표들이 그들의 문화를 소개하는 에스페란토 대회의 주요 행사인 Arta Vespero(예술의 밤)에서 우리는 흰색 드레스 차림의 어린 소녀들이 추는 전통 무용부터 룸바의 랩뮤직에 이르기까지 3시간에 걸쳐 쿠바의 공연 예술을 감상했다. 피날레를 장식하기 위해 우리는 서로 손을 잡고 줄을 지어 혁명 기념관을 에워쌌는데 그 길이가 100미터에 이르렀다. 또 하나의 주요 행사인 Nacia Vespero(나라들의 밤)에서는 20개국 출신의 참가자들이 무대 위에 올라갔다. 멕시코 대표는 민요를 불렀고, 코스타리카 대표는 피아노를 연주했으며, 프랑스 대표는 식용 달팽이에 관한 코미디를 했다.

그렇다, 에스페란토는 사용자 특유의 정체성을 없애기를 원하지 않는다. 오히려 잘못 알려져 있다. 그들은 모두가 감상할 수 있도록 그것을 에스페란토로 표현해 주기를 바랄 뿐이다.

하지만 그렇다고 해서 에스페란토가 그 자체의 정체성을 지니고 있다는 뜻은 아니다. 에스페란토는 서로의 문화를 감상하는 영혼 없는 번역 기계가 아닐까? 그렇다면 왜 내가 그처럼 자주 '이런, 저건 아주 에스페란토랜드다워!' 하고 생각했던 것일까? 나는 차츰 에스페란토의 표현 가운데 번역하기 어려운 것을 알아가기 시작했다. 예컨대 La ĉielo estas blua(하늘이 푸르다)라고 하는 것은 완벽하게 이해할 수 있는 소통 방법이지만, 그러나 모든 어근을 동사로 만들 수 있는 특징을 이용해 La ĉielo bluas(하늘이 파래지고 있다)라고 하는 것은 에스페란토적이다. 사람들은 또 행사들의 전반적인 느낌을 etoso라는 말로 설명했다. 예를 들면 이와 같은 식이다.

"처음으로 토론토 대회에 참가했을 때 대단한 bona etoso를 경험했다."

"불가리아에서 에스페란토 사용자를 만나 함께 담소하고 음악을 연주하면서 저녁을 보냈다. 정말 bela etoso였어!"

사전에 의하면 etoso는 '에토스' 또는 '분위기'라는 뜻이지만, 신비롭고 긍정적이며 자멘호프적인 분위기를 함축하고 있다. 사전만으로는 알 수 없는 것이다. 사전을 찾기 바쁜 신참도 이 말은 통역 가능하고 분명한 뜻을 가진 단어이지만, 경험 많은 에스페란토 사용자에게는 에스페란토의 이상理想을 함축하는 말로, 모든 사람을 조금씩 가깝게 해 준 여러 집회의 역사를 떠올리게 하는 말일 것이다.

 이렇게 에스페란토 경험의 뉘앙스를 반영하는 말도 많이 있지만, 에스페란토랜드의 배경을 알아야만 알 수 있는 말도 있다. krokodili(악어짓하다)는 에스페란토를 말해야 하는 경우에 자국어를 사용하는 것을 의미한다(커다란 턱을 흔드는 악어의 이미지를 상기시킨다). 이는 에스페란토랜드에서 눈살을 찌푸리게 하는 짓이고 한 마디면 해결할 수 있다.

"악어짓 그만 해!"

또 불쾌하게 만드는 사람을 eterna komencanto(영원한 초보자)라 하기도 한다. 그 말은 여러 해 동안 대회에 참가하지만 여전히 에스페란토를 제대로 못하는 사람을 가리키는 말이다. 에스페란토의 이상理想에 대해 설교하거나 중얼거리는 사람들을 verda papo(녹색 교황)라 부르며 조용히 불평하기도 한다. 녹색 교황들은 때때로 짜증스럽지만 사랑스러운 어머니 같은 사람들이다. 바로 우리 주변에서 늘상 만날 수 있는 사람 중 하나이기 때문이다. 우리를 우리로 만드는 것의 일부이기도 하다. 달리 말해 에스페란토적인 일이고 다른 사람들은 이해하지 못한다.

아바나에서 열린 대회가 끝나고 몇 달 뒤, 집에서 뉴스를 보고 있는데 개의 요가에 대한 이야기가 나왔다. 화면에서는 비싼 운동복을 입은 매력적인 뉴욕 사람들이 개들을 데리고(아니, 오히려 개들의 주위에서) 요가를 하고 있었다. 이 소식을 전하는 캐스터의 태도는 "얼마나 미친 짓입니까!"보다 "얼마나 멋집니까!"에 가까웠다.

나는 보다 못해 갑자기 버럭 소리를 질렀다.

"원 세상에! 개의 요가에는 관심을 기울이면서 에스페란토에는 관심을 기울이지 않다니!"

나를 쳐다보던 남편이 눈썹을 치켜뜨는 것으로 보아 하려는 말은 뻔했다.

'엉뚱한 데 흥분하지 말고 너나 잘하세요.'

나는 이런 남편을 안심시켜야 했다. 평생 동안 외국에서 발명된 언어에 대한 연설이나 그 연설에 대한 논평을 들으며 휴가를 보낸다고 걱정할 일은 아니라고 차분히 설득했다.

에스페란토랜드에서는 의식적으로 평등을 추구하기 때문에 누구나 바라기만 하면 언제나 의견을 발표할 수 있다. 에스페란토로 가장 많이 하는 말은 틀림없이 "Mi opinias……(내 의견으로는……)"와 "Mi proponas……(내 제안은……)" 두 가지일 것이다. 이런 모임에 앉아 있는 것 자체는 우습지만 모임 내용은 그다지 재미가 없다. 나는 모임을 싫어하는 편이고, 에스페란토 모임도 내가 싫어할 만한 이유를 거의 완벽하게 갖추고 있다.

물론 거기에는 모임 이상의 것도 있다. 함께 노래 부르기도 있고 야영도 가며, 환경을 주제로 한 에스페란토 패션쇼를 하기도 한다. 이런 것들도 내가 좋아하는 방식은 아니다. 하지만 대학 졸업 직후 아주 잠시, 동안 성·음주·로큰롤이 난무하기도 하는 청소년 대회 (물론 우애를 도모하는 국제적인 종합 행사)에 빠지기도 했다.

만약 당신이 등짐을 지고 여행을 다니는 것에 매혹을 느낀다면 에스페란토 사용자가 되지 않는 것은 어리석다. 국제 청소년 조직에는 에스페란토 사용자에게 숙식을 제공하고 관광 안내를 해 줄 용의가 있는 전 세계의 에스페란토 사용자 명단이 있다.

그러니까 에스페란토 사용자라면 타지키스탄의 화가, 세르비아의 나체주의자, 또는 벨기에의 동성애자이며 채식주의자인 조류학자 등 다른 나라의 에스페란토 사용자를 만날 수 있다. 브라질에서 주점에 나가기를 좋아하는 무정부주의자나 모잠비크에서 '빛과 평화의 클럽'을 설립한 다섯 자녀의 아버지와 지낼 수도 있다. 일본 서해안에서는 특별히 환영해 줄 물리학자와 철도 애호가의 집에서 머물 수도 있다. 부다페스트의 스포츠 기자는 '히피 사절'이라고 했지만, 여러분이 히피라면 '생식주의자 및 히피를 특별히 환영'하는 시칠리아의 작은 마을로 갈 수도 있다. 이것도 너무 심심하다고 생각된다면 '히피, 펑크족, 괴짜, 대마초 흡연자만' 받아들이는 우크라이나의 에스페란토 사용자를 찾아보자.

에스페란토 사용자들은 에스페란토가 실제적인 이익이 없다고 주장하는 사람들에 대한 반발로 이 숙식 제공 서비스를 예로 든다.

"봐라. 이것이 바로 에스페란토를 배울 만한 실제적이고 명료한 이유이다. 영어만이 유리한 언어는 아니다."

하지만 에스페란토의 구체적인 이점을 말할 때 영어를 언급하는 것은 도움이 되지 않는다. 스위스의 심리학자이자 저명한 에스페란토 사용자인 클로드 피롱은 에스페란토가 영어에 대해 지니고 있는 다른 종류의 이점을 다음과 같이 강조한다.

> 한국인, 브라질인, 스웨덴인이 함께 영어로 대화를 한다면 스웨덴인은 영어를 사용하는 사람일 뿐이다. 그는 '영어 사용자'라는 특별한 정체성을 갖지 않는다. 반면에 한국인·브라질인과 함께 에스페란토를 말하는 스웨덴인은 그가 에스페란토 사용자이며 다른 두 사람도 에스페란토 사용자라는 것, 그리고 그들 세 사람이 특별한 문화 집단에 속한다는 것을 느낀다. 영어 원어민이 아닌 사람이 영어를 매우 잘하더라도 그 능력 때문에 앵글로색슨족이 된다는 느낌은 없다. 하지만 에스페란토의 경우 아주 다른 느낌이 생긴다.

에스페란토 사용자들이 서로 공유하는 것을 문화라고 할 수 있을까? 인류학자들은 이 질문에 모욕을 느낄지도 모른다. 여러분이 만약 내게 나체주의자, 동성애자인 조류학자, 철도 애호가, 마리화나를 피우는 펑크족이 함께 걷고 있다고 한다면 나는 무슨 말인지 못 알아들을 것이다. 하지만 다음에 바로 그들이 모두 에스페란토를 말하고 있었다고 한다면 더 이상 말이 필요 없다. 무슨 말인지 알 수 있기 때문이다.

이도Ido, 울라Ulla, 일로Ilo, 아울리Auli, 일레Ile, 이스피란투Ispirantu, 에스피도Espido, 에스페리도Esperido, 문델링바Mundelingva, 몬들링보Mondlingvo, 몬들링구Mondlingu, 에우로팔Europal, 에우로페오Europeo, 우로파Uropa, 페

르펙트스프라헤Perfektsprache, 심플로Simplo, 게오글로트Geoglot …… 20세기 초 이와 같은 에스페란토의 경쟁 언어들이 과학, 상업, 외교 등 여러 분야에서 담당할 실제적 역할의 잠재력을 광고할 동안, 에스페란토 사용자들은 그들이 사용하는 언어의 잠재적인 역할이 아니라 실제적인 역할을 만들어 내기 위해 분주히 움직였다. 자멘호프의 책자는 시와 개인적 편지 등을 통해 에스페란토를 소개했다. 이어 에스페란토 대회, 대회와 관련된 의례, 녹색 별, 송가, 야유회 등을 만들었다. 이 대회와 관련된 모든 일은 에스페란토의 실제적 사용을 강조하는 의미였다. 또한 에스페란토 사용자들은 공동체와 문화를 만들기 위해 노력했다. 그들은 의식적으로 문화를 만들기 위해 노력한 것이다. 의식적으로 만든 전통이지만 세월이 흐르면서 실제의 전통으로 자리 잡게 되었다.

현대 히브리어가 이를 증명한다. 하지만 히브리어는 발명된 언어는 아니다. 에스페란토처럼 혼자서 규칙과 어휘를 만든, 자멘호프 같은 사람은 없었다. 하지만 히브리어의 경우에는 엘리제르 벤예후다Eliezer Ben-Yehuda가 있었다. 어느 전기 작가는 그에 대해 이렇게 평가했다.

"탈무드 논쟁이나 기도에만 적합했던 히브리어를 수백만 사람들이 식품을 구입하고, 가축을 몰고, 사랑을 나누고, 이웃 사람들에게 악담을 퍼부을 수 있는 것으로 만들었다."

기원후 200년에 이르러 히브리어는 구어로서의 생명을 잃었다. 그것은 제례 언어와 철학이나 시, 기타 지성인들의 지적 추구를 위한 문어로만 남아 있었다. 1881년 벤예후다와 그의 아내 데보라가 팔레스타인으로 왔을 때, 히브리어는 다양한 언어를 쓰는 유대인들이 시장에서 사용하는 일종의 공통어였다. 하지만 태어날 때부터 그 말을 배우는 사람은 없었다. 1882년 벤예후다의 첫째 아이가 태어나자 그는 집에서 히브리어만 사용하기로 했다. 이 결정은 그의 아이는 태어나서부터 히브리어를 배우게 된다는 뜻이고, 천여 년 만에 처음 있는 일이었다. 그의 친구들은 아이가 이 때문에 상처를 받을 것이라 걱정했고 이웃 사람들은 그가 미쳤다고 생각했다. 그러나 이제 그들의 증손자들은 집, 학교, 해변, 샌드위치 가게 등 어디서나 히브리어를 말하게 되었다.

벤예후다와 자멘호프는 같은 시기에 비슷한 상황에서(벤예후다는 러시아가 지배하는 리투아니아, 자멘호프는 러시아가 지배하는 폴란드에서) 성장했다. 두 사람은 유럽 전역에 확산되고 있던 민족주의적 감정의 영향을 아주 많이 받았다. 자멘호프는 민족주의적 감정이 어떻게 인류를 서로 대립하게 만들고 폭력을 유발하는지를 보았고, 벤예후다는 그것이 어떻게 공통된 일체감을 강화하고 정당화시키는지를 보았다. 그리고 두 사람은 민족주의적 감정의 기본 요소가 공통된 언어임을 알게 되었다.

이 시기에 강대국으로부터 독립하거나 독립을 위해 노력하면서 독일인·이탈리아인·그리스인·폴란드인·헝가리인·우크라이나인 등 기타 여러 민족들은 국가를 세웠다. 그러나 유대인들은 국가를 형성하지 못하고 광범위하게 흩어져 있었다. 그들 가운데 다수는 국가를 이루기 위해서는 모여 살아야 한다고 생각했다. 그들 중 한 명인 벤예후다는 그들의 오래된 언어도 부흥시켜야 한다고 믿었으므로 팔레스타인으로 이주했고, 그 일을 시작한 것이다.

1881년 무자비한 대학살이 일어난 뒤 자멘호프 역시 유대인의 나라가 필요하다는 결론에 이르렀다. 처음에는 미국에 유대인 나라를 만들자는 발상을 지지했고, 팔레스타인에 유대 민족국가를 건설하려는 시오니즘 운동에 적극적으로 가담했다. 그러나 얼마 지나지 않아 그는 시오니즘 운동에 환멸을 느꼈다.

"우리 민족의 가슴 아픈 고통에도 불구하고, 나는 히브리 민족주의와는 관련을 맺고 싶지 않으며 전 인류의 정의를 위해서만 일하고자 한다. 이렇게 하는 것이 불행한 우리 민족에게 더 많은 도움을 줄 것이라고 깊이 확신하고 있다."

에스페란토가 성장할 수 있었던 큰 원동력은 열성적인 신봉자들 덕분이었다. 그들은 자신이 에스페란토를 사용하는 것이 다른 사람 눈에 어떻게 비칠지 신경쓰지 않았다.

마찬가지로 히브리어도 열정적인 이상주의의 도움이 있었다. 벤예후다는 순진한 몽상가라는 비판을 받았고, 사람들에게 일상생활에서 히브리어를 사용하라는 이야기를 할 때도 "정상적인 사람들처럼" 이디시어를 사용하라는 비아냥을 듣기가 일쑤였다.

이디시어는 유대인의 80%를 차지하는 유럽 아슈케나지의 언어였는데, 그들 대부분은 이디시어가 유대인 나라의 국어가 되어야 한다고 주장했다. 만약 그 나라가 팔레스타인이 아니라 유럽이나 미국의 어딘가에 세워졌다면 그렇게 되었을지도 모른다. 그러나 팔레스타인에는 북아프리카의 아랍어를 사용하는 북아프리카 유대인, 유대계 에스파냐어를 사용하는 지중해 연안의 세파디 유대인, 팔레스타인의 아랍어를 사용하는 토박이 유대인 등이 있었다. 이들 유대인과 이디시어를 사용하는 유대인 사이에는 이미 상당한 문화적 차이가 있었다.

벤예후다는 히브리어가 광범위하게 흩어진 유대인에게 훨씬 널리 공유되면서 유대인들의 단결력을 이끌어 낼 수 있는 잠재력이 있음을 알아차렸다. 그의 글과 행동을 보고 그를 따르는 사람들이 생겼났고, 히브리어만 사용하는 가정도 늘어났다. 개인적인 일상생활에서 히브리어만 사용하겠다는 사람도 나타났다. 이즈음 2만 명 이상의 유대인이 유럽에서 팔레스타인으로 이주한 제1차 알리야가 시작되었다. 낯선 곳에서 새로 농경 생활을 시작한 그들 가운데 대다수는 새로운 언어를 받아들일 준비가 되어 있었다. 몇몇 교사들은 이디시어 · 러시아어나 등 다른 언어로 설명하지 않고 바로 히브리어로 말하는 방식으로 사람들을 가르쳤다.

그들은 히브리어를 가르치고 배우면서 어느 정도까지는 히브리어를 다듬을 수 있었다. 하지만 신학적 논쟁과 고대의 제례에 사용되었던 언어로는 걸레나 인형, 타자기 따위를 말할 수 없었다. 벤예후다가 아내에게 설탕 커피 한 잔을 부탁하는 단순한 말을 하는 데도 "내가 마시고 싶으니까 이것저것을 넣고 이렇게 저렇게 해서 이것저것을 주오" 하고 말하면서 몸짓을 덧붙여야 했을 것이다. 이렇게 가정이나 학교에서 사람들과 말을 하기에는 엄청난 노력과 인내심이 필요하다

이제 약간의 의식적인 개입이 필요해졌다. 벤예후다는 고대의 히브리어 문헌을 뒤적거려 필요한 개념에 적용할 만한, 오랫동안 잊혀져 있던 말을 찾았다. 그리고 부족한 어휘를 채우기 위해 근래의 히

브리어 책자들도 들춰 보았다. 하지만 이들 책자에서 제안된 해결책은 자연스럽고 유연한 언어로 사용하기에는 너무 보수적이거나 투박하거나 부적절했다. 소리굽쇠는 '이를 두 개 가지고 있는 소리 나는 청동 포크'라고 되어 있었다. '전보'를 가리키는 말은 시편 19편 4~5절의 다음 구절로부터 만들어졌다. "그 이야기, 그 말소리 비록 들리지 않아도 그 소리 구석구석 울려 퍼지고 온 세상 땅 끝까지 번져 갑니다."

벤예후다는 단순하고 자연스럽게 발음되는 말을 찾았으며, 그 과정에서 자신이 직접 만든 것도 적지 않았다. 다른 사람들도 그렇게 했으므로 히브리어는 엄청나게 다양해졌다. 이에 대해 어느 신문은 사설을 통해 불평을 늘어 놓기도 했다.

"분필을 가리켜 거기서는 gir, 저기서는 neter, 여기서는 karton이라고 한다. 편지를 xeret라 하는 사람, mixtav라 하는 사람이 있다. 속눈썹을 shemurat ayin 또는 af'af라는 사람, risim이라는 사람도 있다. 어느 학교에서는 교단을 bima라 하고, 다른 학교에서는 kate-dra, 또 다른 학교에서는 maxteva라 한다. 자도 sargel, sirgal, safsel, safsal 등 제각각으로 말한다."

발음도 세파디 유대인과 아슈케나지 유대인 사이에 차이가 있었다. 1890년과 1904년 언어 연구원이 설립되었지만, 언어 표준을 만들어 사람들에게 강요하는 것은 효과가 없었다. 표준으로 공인되는 말도, 권위자로 인정받는 사람도 없었다. 벤예후다는 자신이 간행하는 히브리어 신문에 스스로 만든 말을 사용함으로써 사람들에게 알리고 싶어 했지만 아무도 관심을 갖지 않았다. 히브리어는 각지에서 여러 사람이 만들었고 그래서 출처가 어디인지 판단하기 어려웠다. 그렇게 만들어진 히브리어는 강요되지 않았고, 인위적인 것처럼 여겨지지도 않았다.

1904년부터 유럽으로부터 또 한 차례의 이민, 제2차 알리야가 일어나 수천 명의 유대인이 팔레스타인으로 건너왔다. 대학살이 벌어졌던 러시아에서 온 사람들이 많았다. 그들은 사회주의 의식이 강했고, 낙관적인 활력이 흘러 넘쳤다. 사무직 근로자나 의사도 새로 설립된 집단 농장에서 대지를 개간하고 삽질하는 법을 배웠다. 교사와 회계사도 새로운 유대인 도시를 건설하기 위해 도로와 건물을 세웠다. 이들 이주민은 기꺼이 그들의 생활 방식을 바꾸려고 했으며, 전부는 아니지만 많은 사람들이 그들의 언어까지도 바꿀 의향이 있었다.

그들은 히브리어를 팔레스타인 전역의 유치원과 학교에서 가르칠 때 사용하는 언어로 삼았다. 아직도 프랑스어 · 영어 · 독일어 등을 사용하는 학교가 많이 남아 있었지만, 1914년의 '언어전쟁' 이후로 학교에서 히브리어를 배우는 것은 당연한 일이 되었다. 언어 전쟁은 독일계 유대인 자선 단체가 설립한 학교에서 가르치는 언어를 독일어로 한다는 결정에 반대하는 교사들이 벌인 운동이다.

그후 어린이들은 학교에서 히브리어를 배웠다. 한두 세대의 어린이들만 언어의 사용자로 자라면 그 어른들이 아무렇게나 만들어 내고 일관성 없이 사용하던 언어가 충분히 받달되고 자연스럽게 구사하는 토속어로 자리 잡게 된다. 제2차 알리야를 통해 팔레스타인으로 이주해 온 어린이들은 아주 일찍부터 히브리어에 자연스럽게 노출되었으므로 그것이 가능했다.

히브리어가 다시 살아날 수 있었던 것은 무엇 때문일까? 분명한 것은 공식적인 기관의 노력은 아니었다는 것이다. 아일랜드의 사례를 통해 알 수 있듯 언어를 도로 표지판에 사용한다고 성공하는 것은 아니다. 그리고 언어에 대한 문화적 자존심도 마찬가지다. 뉴질랜드 토착민 언어인 마오리어나 하와이어도 정부의 다양한 후원과 자신들의 언어가 부활될 것이라고 믿는 원주민들의 기대에도 불구하고 되살아나지 못했다. 죽어 가는 언어를 되살리려는 수십 가지의 노력 뒤에는 언어가 되살아나리라는 확실한 믿음을 갖고 열정적으로 노력하는 많은 사람들이 있었다. 하지만 언어의 부활은 한 사람의 열성적인 운동가나 한 집단의 노력과 열정으로는 이루어지지 않는다.

발명된 것이든 아니든 사용하지 않고 있는 언어를 사람들에게 사용하게 하려면 어떻게 해야 할까?

중요한 것은 적절한 시기와 장소이다. 유대인들이 우간다나 텍사스에 나라를 세웠더라도(당시 이 두 가지 가능성이 진지하게 검토되었다) 오늘날 히브리어가 다시 살아났을까? 그렇지 않을 것이다. 만약 당시 팔레스타인으로의 제2차 대량 이주가 없었다면 벤예후다가 시작한 그 소규모 운동은 어떻게 되었을까? 점차 소멸해 버렸을 것이다.

히브리어와 에스페란토는 서로 다른 기원을 가진 서로 다른 언어이다. 하지만 히브리어가 부활되고 에스페란토가 활기를 띠게 된 것은 그 시기와 상황이 어우러져 만들어진 결과이다. 에스페란토 역시 상황의 도움을 받았다. 만약 볼라퓌크 사용자들이 뛰쳐나오지 않았다면 누가 에스페란토에 관심을 보였을까? 만약 유럽에 민족주의의 가혹한 폐해를 강조하지 않았더라면 그 많은 사람들이 단결해야 한다고 생각했을까? 히브리어의 부활과 에스페란토 운동이 사회주의의 황금기에 시작되지 않았더라면 전 사회의 언어 습관을 바꾸는 것이 가능하다고 생각했을까? 그리고 세계어의 유토피아적 꿈이 이루어지도록 노력할 만큼 과연 많은 사람들이 그것을 믿을 수 있었을까?

그러나 그 꿈은 이루어지지 않았다. 에스페란토는 세계어가 되지 못했다. 그 대신에 특정 공동체의 특정 언어가 되었다.

10

녹색 스타킹을 신는 사람들

에스페란토를 쓴다고 괴짜인가?

2차 세계대전 이후 유고슬로비아의 에스페란토 사용자이자 법학자인 이보 라펜나를 주축으로 에스페란토 운동에서 괴벽스러움을 제거하려는 움직임이 있었다. 이보 라펜나는 자그레브 대학교의 국제법 교수이자 헤이그에 있는 국제사법재판소의 변호사, 런던 경제학 대학의 소련 및 동구 법령 교수였다. 한마디로 사회적 지위가 높은 사람이었다. 피터 포스터는 저서 《에스페란토 운동》에서 라펜나를 '세련된 문화적 세계 시민'이라고 묘사했다. 라펜나는 여러 나라 말을 유창하게 구사했으며 스포츠와 음악을 사랑했다.

자신이 사용하는 에스페란토에 대해 일반 대중들이 갖는 선입견을 없애고 싶었던 라펜나의 마음을 여러분은 짐작할 수 있을 것이다. 그는 사회적 지위가 높은 고상한 인물이었다. 그는 1947년 베른에서 개최된 국제 대회에 참가해 '국제어로서의 대의를 훼손하는 소박성과 경박성'을 비판하면서, 에스페란토가 존중받을 수 있도록 하자는 강력한 호소문을 발표했다. 그는 '괴짜들'이 '보통 사람들 사이에서 에스페란토를 사용하는 것' 때문에 에스페란토의 입지가 위협을 받는다고 불평을 터뜨렸다.

녹색 스타킹을 신은 어느 여자가 내게 에스페란토를 사용하는 모든 여자는 에스페란토를 선전하기 위해 녹색 스타킹만 신도록 해야 한다고 말했다. 한 여성은 드레스에 크고 작은 녹색 별 무늬가 가득한 잠옷 같은 드레스를 입고 무도회에 들어왔다. 그보다 더 요란한 녹색 별 무늬 넥타이를 맨 남자도 있었다. 가슴이나 머리, 혁대나 반지 등 곳곳에서 쉽게 볼 수 있는 것이 녹색 별 무늬이다.

사람은 누구나 입고 싶은 옷을 입을 권리가 있다고 할지도 모른다. 물론이다. 하지만 그 같은 괴짜들에게 그들의 견해나 외관 때문에 에스페란토의 전파가 방해가 될 수도 있다고 친절하게 말할 수는 없을까? 그것이 효과가 없다면, 그들이 에스페란토를 놀림감으로 만들었으니 우리에게도 그들을 놀림감으로 만들 권리가 있지 않을까?

전쟁이 끝나자 국제적인 소통과 조직의 새로운 시대가 열렸으며, 라펜나는 에스페란토가 또다시 공식 언어로서 세계 무대에 나설 기회를 놓쳐서는 안 된다고 생각했다. 제1차 세계 대전이 끝났을 때도 에스페란토를 후원하자는 제안이 국제연맹에서 진지하게 검토되었다. 세계의 언어라는 에스페란토의 대의를 받아들이는 데는 반대가 많았다(프랑스어가 이미 세계어라고 주장하는 프랑스 대표단의 반발이 가장 컸다). 그리고 국제연맹은 전보문을 보낼 때 에스페란토를 부호가 아닌 일반 언어로 간주해 수수료를 결정해야 한다는 결의안을 채택했다.

그후 2차 세계 대전이 일어났고 라펜나는 세계 대전의 혼란이 에스페란토의 새로운 기회임을 확신했다. 그리고 개인 50만 명, 단체 450개가 서명한 청원이 국제연합에 제출되자, 유네스코가 그 문제를 검토하기 시작했다. 성공할 수도 있다고 생각한 라펜나는 에스페란토를 위해 열변을 토했다. 그러나 유네스코의 대표들은 에스페란토의 목표와 유네스코의 목표 사이에 관련성이 있음을 나타낸 결의안을 채택하는 데 그쳤다. 에스페란토 사회에서는 이것을 승리로 받아들이며 자축했지만, 이후 다른 구체적인 조처는 없었다. 다만 유네스코는 에스페란토가 멋진 발상이라는 사실을 인정한 것이었다.

에스페란토의 얼굴을 점잖게 만들려고 했던 라펜나의 시도가 모든 사람에게 환영 받은 것은 아니었으며, 괴짜들은 영국 에스페란토 협회의 간부이자 베르디로(진실을 말하는 자)라는 별명으로도 알려진 존 레슬리가 자신들을 대변한다고 생각했다. 영국의 소설가 포스터의 저서에 레슬리에 대해 설명한 부분이 있다.

"무정부주의자이자 자유사상가이며 애국적인 스코틀랜드인으로 (……) 그는 유네스코를 금융 자본주의의 방패라고 생각하고 그 지지를 반대했다 (……) 그리고 의례적인 옷을 반대하고 탈선을 옹호했다 (……) 각계각층의 에스페란토 사용자들이 격의 없이 평등하게 어울리는 것을 찬양했으며, 다른 세계의 유명인을 끌어들이는 것을 중요하게 생각하지 않았다."

레슬리는 녹색 스타킹을 신는, 괴짜라고 불리는 사람들의 자존심을 증진시켰다.

1947년의 대회는 라펜나가 짜증을 느낀 대회이기도 했지만 동시에 젊은 헝가리인 죄르지 소로스의 인생에서 중요한 일이기도 했다. 그의 부친 티바다르는 열성적인 에스페란토 사용자였으며 슈바르츠라는 성을 에스페란토 동사로 '날아오르다'는 뜻의 소로스로 바꾸었다. 티바다르는 제1차 세계 대전 때 시베리아의 수용소에서 탈출했으며, 제2차 세계 대전 동안에는 가족들과 함께 지냈다. 1947년 공산당이 정권을 장악하자 티바다르와 죄르지는 스위스로 탈출했고, 그곳에서 베른의 에스페란토 국제 대회에 참가했다. 그 후 아버지는 헝가리로 돌아갔지만, 아들은 연례 세계 청년 대회에 참가하기 위해 영국의 입스위치로 건너갔다. 젊은 죄르지는 영국에 머물고 싶었지만 그에게는 관광 비자뿐이었다. 그가 에스페란토 사용자들에게 도움을 청하자, 영국 의회에 있는 친척을 통해 그에게 새로운 비자를 주선해 준 사람이 바로 레슬리였다.

세계적인 대부호가 되기 전 소로스는 한동안 에스페란토 운동에 적극적으로 헌신했다. 입스위치 대회의 회의록에 의하면, 그는 런던 하이드 파크의 연설가 코너에서 비누 포장 상자로 만든 단상에 올라 에스페란토의 장점을 연설하기도 했다. 이 하이드 파크의 연설가 코너는 의견과 용기가 있는 사람이라면 누구나 단상에 올라 자유롭게 이야기할 수 있었다. 하지만 그 후 오랫동안 에스페란토와 상관없이 지냈다. 아바나에서 만난 어느 벨기에 여인은 나에게 슬픈 목소리로 말했다.

"그 사람은 우리에게 많은 도움을 줄 수 있을 텐데. 하지만 이젠 에스페란토를 미워해."

나는 티바다르 소로스의 제2차 세계 대전 생존기(죄르지 소로스가 영역본의 서문을 썼다)를 영어로 번역한 험프리 통킨에게 왜 소로스의 생각이 바뀌었는지 묻자 통킨은 간단히 말했다.

"그는 에스페란토를 싫어하지 않고, 그 이상도 포기하지 않았어요. 하지만 에스페란토는 괴짜들의 언어라는 별명을 없앨 기회가 있었는데도 날려 보냈다는 게 그의 입장이에요. 아주 훌륭한 생각이죠."

영국에서 태어나 케임브리지와 하버드에서 교육을 받은 통킨은 에스페란토 사용자이지만 괴짜는 아니다. 그는 스펜서와 셰익스피어를 전문으로 하는 영어 교수이자 한때 구겐하임의 선임연구원을 지냈고 하트퍼드 대학교의 명예총장이기도 하다. 그가 덧붙여 말했다.

"대중적이지 않은 것을 다루는 동안에는 제정신을 유지하기가 어렵죠. 에스페란토 사회는 지극히 미미한 공동체라고 할 수 있어요. 에스페란토 모임에 참가하고 있으면 때때로 '내가 정말 이 정도인가?' 하고 혼잣말을 하기도 해요. 그렇지만 다음에 일반적인 대학 교수들 모임에 앉아 있을 때도 '여기도 에스페란토 대회와 그다지 차이가 없다'고 생각해요. 진짜라니까요. 사실 사람들은 전반적으로 생각보다 훨씬 괴짜이고 어쩌면 에스페란토는 그다지 괴짜가 아닐지도 모릅니다."

통킨은 에스페란토랜드와 처음 접한 순간부터 그곳의 비주류적 성격을 파악했다. 십대 때 파리를 여행하면서 파리 에스페란토 협회의 회합에 참가했다고 한다. 그 회합이 끝나고(통킨의 말에 의하면) 전형적인 1950년대 파리의 공산주의자가 자신을 따라왔다고 한다.

"에스페란토가 정말 효과적이라는 것을 알게 됐어요. 내게 공산주의에 대해 장황하게 이야기했는데, 그가 하는 말을 전부 알아들었거든요."

그는 좋든 싫든 거기에 있었다. 16세가 되기 전에 혼자 덴마크에서 개최된 에스페란토 대회에 찾아갔고 흥미로운 일이 가득한 세계에 빠져들었다.

"에스페란토가 위안이 된다고까지는 할 수 없지만, 적어도 내 인생에서 기회를 마련해 주었습니다. 예를 들자면, 라트비아의 문화에 대해 내가 알고 있는 것은 모두 에스페란토 덕분이거든요."

1959년에는 그는 폴란드에 있었다.

"1959년에는 에스페란토 사용자 같은 미치광이가 아니면 아무도 폴란드에 가지 않았어요. 나는 폴란드 곳곳을 누볐고, 혁명 직전의 이란에도 갔었고, 에스페란토 사용자들과 함께 어울려 다녔지요. 그때 이란에 대해 나눈 이야기는 어느 신문에서도 다루지 않는 것이었지요. 거기서 나는 미국이나 영국에 있으면 절대로 알 수 없는 사실을 이야기해 줄 수 있는 사람들과 만났습니다. 그래서 나는 어떤 의미에서 다른 사람들이 알지 못하는 특별한 진실을 얻을 수 있었습니다."

나는 아바나 대회에서 만났던 어느 아이슬란드 어부의 이야기를 들려주었다. 그는 처음 어느 무선 통신에서 에스페란토에 대해 알게 되고 책으로 공부했으며, 그 후로 베를린·텔아비브·자그레브·포르탈레자·예테보리 등지에서 개최된 모든 국제 대회에 참가하는 사

153

람이었다. 그 해 7월에는 베이징에도 갔다.

통킨은 내 말을 한참 듣더니 가볍게 한숨을 쉬며 말했다.

"아다시피 아직 에스페란토에 이르는 길을 발견하지 못한 에스페란토 사용자가 많지요."

내 모든 것이 시작된 MIT 대회로 되돌아가면, 나는 에스페란토 문화에서 록 음악의 역할을 이해하지 못했지만 키모의 연주를 들었다. 학생회관 앞 잔디밭에 만들어진 무대 위에서 그는 친구이자 이전에 La Rozmariaj Beboj(로즈메리의 아기들)라는 그룹에서 활약했던 장마르크 르클레르크가 기타를 조율하는 동안 그의 아코디언을 꺼냈다. 그리고 그들은 〈베사메 무초〉의 달콤한 선율로부터 시작했다. "Kisu min / Kisu min multe."

머리가 희끗희끗한 두 여인이 똑같은 녹색 드레스를 입고 음악에 맞추어 빙글빙글 돌았다. 잔디밭 위였으므로 맨발이었다. 챙 달린 모자와 혁대의 버클 양쪽에 커다란 녹색 별을 붙인 배불뚝이 사내가 호주머니에 두 손을 넣은 채 기묘한 몸짓으로 몸을 흔들었다. 다른 사람들은 두 여인과 함께 춤을 추거나 벤치에 앉아 노래를 따라 불렀다. 지나가다 호기심을 느낀 사람들은 잠시 서서 음악을 들었는데, 그러면 에스페란토 티셔츠를 입은 싹싹한 대학생이 전단을 건넸다. 그들 대부분은 킬킬거리거나 전단을 거절하면서 눈을 크게 뜨고는 다시 걸음을 재촉했다. 나는 무대에서 적당히 떨어진 곳에 앉아 내가 이 무리의 일부임이 드러나지 않기를 바랐지만, 한편으로는 그렇게 생각하는 데에 죄책감을 느꼈다.

에스페란토랜드에는 참을 수 없을 정도로 따분한 사람들, 독실한 체하는 과격파들, 기독교나 공산주의, 또는 새로운 채식주의 등으로 개종시키려는, 만나고 싶지 않은 사람도 있다. 하지만 내가 만난 에스페란토 사용자들은 대체로 진실하며 우호적이고 세상에 관심을 기울이며 다른 사람들을 존중한다. 비록 내 자신에 대해 설명하지는 못할지언정 그들을 옹호해 주고 싶은 마음이 생겼다.

영어의 시대에 에스페란토에게 기회가 있다고 믿는 것은 미친 짓일까? 그렇다, 제정신이 아니다. 아시아의 어느 기업인, 유럽의 어느 호텔 종사자에게 물어보라.

보편적인 공용어가 세상에 평화를 가져오리라고 믿는 것은 얼토당토않은 일일까? 물론 그렇다. 우리에게는 비참한 증거가 있다. 세르비아인과 크로아티아인은 같은 언어를 사용하지만 유고슬라비아 유혈 사태가 일어났고, 후투족과 투치족은 언어를 공유하지만 르완다 대학살이 벌어졌다. 에스페란토 사용자들은 이 질문들 중 하나라도 그 답을 알고 있는 것일까? 그들이 알든 모르든 그들로서는 그들의 역할을 하고 있다. 그것은 전혀 해롭지 않은 일이다.

세계는 에스페란토가 필요하지 않을지 모르지만, 자멘호프처럼 국가들의 적대감을 해소시키기 위해 노력하려는 사람들은 필요하다. 자멘호프의 일생을 알게 되면 그가 평생을 바친 일을 웃어넘기기 어려운 것이다. 제1차 세계 대전이 절정에 이르렀을 무렵 자멘호프의 동생 알렉산드르는 러시아 육군에 징집되었고 스스로 목숨을 끊었다. 러일 전쟁 때 군의관으로 복무하면서 겪은 참상을 다시 겪고 싶지 않았기 때문이다. 그 후 얼마 지나지 않아 상상하지 못했던 죽음과 파괴가 이어지자 자멘호프의 심장도 멈췄다. 하지만 어떤 면에서 보면 그는 운이 좋은 편이었다. 그의 자식들이 또 다른 세계 대전을 겪으면서 트레블링카에서 살해당해 대가 끊어져 버린 사실을 모른 채 생을 마감했기 때문이다.

키모와 장마르크는 내 귀에 익지 않은 또 다른 노래를 부르기 시작했다. 에스페란토 고유의 노래였다. 턱수염이 약간 희끗한 작고 여윈 사내인 노르만도가 다가오더니 내 앞쪽의 잔디밭에 무대를 등지고 나를 보며 앉았다. 그는 부드러운 에스페란토어로 사람들에게 다정하게 나를 소개하고 가사 중 내가 모르는 특별한 어구나 어휘가 있으면 친절하게 설명해 주었다. 그는 몸을 기울여 프랑스계 캐나다인의 악센트가 가미된 에스페란토로 이 노래가 〈Sola〉라고 했다. 무대 가까이에 있던 사람들이 따라 부르기 시작했고, 노르만도는 그 노래가 청년 대회에서 자주 연주되는 송가 같은 노래라고 설명해 주었다. 가사 내용은 외로움을 느끼다가 에스페란토 대회에서 우애와 세계의식을 느껴 외로움을 극복하고 고국에 있는 자신의 작은 방으로 돌아온다는 어느 젊은이의 이야기였다. 그는 내 귀에 대고 속삭이듯 말해 주었다.

"이 노래는 에스페란토 사용자에게는 의미가 깊어요. 대회에서 이 노래가 연주되면 울음을 터뜨리는 사람도 있지요."

now is the the time for all good

men and women to come to the aid

of Charles' invention of Blissymbols

__찰스 블리스

괴짜 본좌
찰스 블리스,
언어에 그림을 그리다

말의 마술

말은 우리를 게으르게 만든다.
우리는 말 속에 감추어진 생각에 의문을 갖지 않고,
그래서 '언론 · 정치 · 설교'에 의해 조종된다.

어 스페란토는 오늘날까지 살아남았지만 국제어의 시대는 그렇지 못하다. 1880년부터 제2차 세계 대전이 시작될 때까지 무려 200개 이상의 언어가 발표되었는데, 대부분은 유럽 언어의 어근과 문법을 바탕으로 어미, 불규칙성의 배제 등 비슷비슷한 언어였다. 언어 프로젝트의 개수나 언어에 대한 관심은 1930년대부터 쇠락하기 시작해 제2차 세계 대전이 끝날 즈음에 국제어의 시대는 끝나버렸다.

여기에는 몇 가지 이유가 있었다. 하나는 이전보다 훨씬 더 세계적인 새로운 국제어, 영어의 등장이었다. 영어의 국제어 시대는 대영 제국의 성장과 통합의 시기와 일치했다. 영어는 모든 대륙으로 전파되었고 산업혁명의 중심지로서 영국의 지위는 부 · 지위 · 권력이 모두 영어와 연관되었다. 이 시기에 미국의 세력이 증대되면서 영어의 위력에 기름을 붓는 셈이 되었고 영어를 전파하는 데 주된 동력을 담당했다.

어떤 면에서 영어의 팽창은 국제어 운동으로서는 좋은 일이었다. 언어의 발명가들(그들은 대부분 영어 원어민이 아니었다)은 영어의 성장을 바라보면서 이를 자국어에 대한 위협으로 받아들였다. 그래서 그들은 보편적인 중립어가 필요하다고 열심히 주장했고 이 주장은 상당한 호응을 얻었다. 가장 적극적인 국제어 지지자들은 영어의 국제적 성장으로 잃을 것이 많은 언어권인 프랑스와 독일이었다. 프랑스어는 외교, 독일어는 과학에서 주된 언어라는 지위를 상실하고 있었다.

하지만 여러 측면에서 영어의 발전은 국제어 운동에 악영향을 끼쳤다. 영어의 성장에 자극을 받은 여러 나라는 국제연맹 회의에서 프랑스가 그랬던 것처럼 자국어에 집착하는 반응을 보였다. 또 하나의 반응은 스웨덴과 노르웨이가 그랬던 것처럼 영어를 새로운 국제어로 받아들이려는 것이었다(덴마크는 이도를 원했다).

1920년대 초에 이르러 영어가 경제력, 정치적 세력, 많은 사용자 등 상당한 이점을 확보했지만, 세계어로서의 잠재력을 지닌 유일한 언어는 아니었다. 프랑스어·포르투갈어·러시아어 그리고 비록 그 규모가 크지는 않은 식민지 언어들도 그 같은 이점을 누렸다. 하지만 1920년대 말이 되자 영어에는 더욱 강력한 이점이 더해졌다. 바로 재즈, 라디오, 할리우드 영화였다. 그것은 매체 중심의 새로운 대중문화 언어가 되었다. 그것은 외교, 과학 등 지배 계급이 추구하는 국제어가 아니라 누구나 좋아하는 오락의 국제어였다. 영어는 아무렇지도 않게 껌을 쩍쩍 씹으며 친근감을 나타냈고 사람들과 악수를 나누고 더 많은 사람들을 영어로 끌어들이면서 으스댔다.

영어는 언어 발명가들이 추구하는 여러 가지 우수성을 이미 지니고 있는 것처럼 보였다. 오스트리아·헝가리인 아버지와 일본인 어머니 사이에 태어난 쿠덴호프칼레르기 백작이 1923년 범유럽 연맹을 창립할 때 제안을 했다.

"영어는 배우기 쉬운 데다 게르만 어족과 로맨스 어족의 중간적 지위 때문에 자연스럽게 에스페란토적인 지위를 누릴 것입니다."

그러면서 그는 영어로 회의를 진행하자고 말하기도 했다.

1920년대는 제2차 언어 발명의 시대 가운데 마지막 활기가 남아 있던 시기였다. 비록 국제어 프로젝트가 해마다 몇 개씩 나오고 있었지만(그것은 지금도 마찬가지이다), 언어 발명가들조차 영어로 방향을 돌렸다. 이들은 영어를 국제어로 받아들였지만 일관성이 없는 부분을 제거하고 다듬으면 훨씬 나은 국제어가 될 수 있으리라 생각했다.

그들 가운데 일부는 철자의 개혁에 초점을 맞추었다. 다음은 스웨덴인 로베르트 사크리손이 《앵글릭》(1930)에서 제시한 것이다.

Forskor and seven yeerz agoo our faadherz raut forth
on this kontinent a nue naeshon, konseevd in liberty,
and dedicated to the propozishon that aul men ar
kreaeted eequal.

문법의 불규칙성을 규칙화하는 것을 추구한 사람도 있었다. 다음은 루비 올리브 푸크가 《암스리카이 스펙》(1937)에서 제시한 것이다.

대명사와 동사:

i be	is be
you b	yous be
he be	hes be

복수:

man, mans

비교급:

good, gooder, goodest

기타 규칙화하는 것:

Frenchman, Americaman, Italiman, Mexicoman

historiman, scienceman, artman, musicman

이런 종류의 프로젝트 가운데 가장 유명한 것이 1930년에 처음 발표된 C. K. 오그던^{Charles Ogden}의 《기본영어》였다.

오그던은 케임브리지에서 공부한 뒤 편집자·작가·번역가 그리고 사고뭉치가 되었다. 학생 시절에는 강제로 예배에 참석시키는 것을 반대했다. 그는 자신과 같은 생각을 가진 친구들과 함께 이단자회라는 동아리를 만들어 그곳에서 종교의 권위에 의문을 품고 교리에 도전하기도 했다. 여성의 권리나 피임 등과 같은 진보적인 사회 문제에 지지를 표명하면서 일반적으로 점잖고 격식을 따지는 것의 반대편에 섰다. 《인명사전》에서 그에 대한 설명 중에는 그 자신의 요청에 따라 1946년부터 1948년까지 '관리들의 괴롭힘을 받았다'는 부분도 있다.

《기본영어》는 영어를 850개 단어로 줄인 것을 바탕으로 하는 국제어에 대한 제안이었다. 그는 철자 개혁을 해야 한다고 생각했지만 받아들여지지 않을 것을 알 정도로 현실적이었으며(그는 '독재자를 기다려야 할 문제'라고 했다), 그래서 '특별한 어려움'이 없는 단어 중심의 기본 어휘를 구축하기 위해 노력했다. 그리고 그가 선정한 850개 단어 가운데 '100개 이하가 철자법을 고의로 무시한다'고 주장했다. 그는 불규칙적인 복수와 과거형에 반대하면서 이들이 사라지지 않는 것은 '인쇄업자, 사전 발간자, 학교장' 등의 악당들 때문이라고 비난했다. 하지만 새로운 영어가 영어처럼 보여야 성공할 가능성이 높다고 생각해 문법은 손대지 않았다.

그 대신에 disembark, tolerate, remove 등과 같은 동사를 없애고 'get off a ship', 'put up with', 'take away' 등으로 바꾸어 단순화시켰다. 예를 들어 eat은 'have a meal'로, want는 'have a desire'로 바꾸었다. 이런 식으로 그의 850개 목록에서는 거의 모든 동사가 배제되고, 그것을 get, put, take, come, go, have, give 등 그가 '운용어'라고 부르는 말을 사용해 표현하도록 했다. 오그던은 그렇게 고친 것이 영어를 배우고 이해하기 쉽게 할 뿐 아니라 나쁜 습관에 젖은 우리의 정신을 치료할 수 있다고 믿었다.

그는 또 세계어의 가장 큰 문제는 단지 말이 있기 때문에 그 말에 해당하는 어떤 사물이 '어딘가에' 존재한다는 착각에 빠지는 것이라고 생각했다. 오그던은 이를 '말의 마술'이라고 했다. 그러니까 '죄악'이라는 말이 '도덕적 허구'라는 것이다. 그리고 '관념'은 '심리학적 허구', '권리'가 '법적 허구', '원인'이 '물리적 허구'라고 주장했다 (그는 심지어 '스윙'까지도 '색소폰의 허구'라 지적했다).

말의 마술은 우리를 게으르게 만든다. 우리는 말속에 감추어진 생각에 의문을 품지 않으며, 그래서 '언론 · 정치 · 설교'에 조종된다. 오그던은 기본영어가 사람들에게 스스로를 표현하도록 이끌고 이를 통해 그들이 무슨 말을 하고 있는지 생각하게 한다고 주장했다.

기본영어가 말의 마술에 대한 해결 방안이 될 것이라고 생각한 것이다.

영국 총리 윈스턴 처칠도 평이한 언어를 주창해 왔고 기본영어의 팬으로 그것을 널리 전파시키기 위해 애썼다. 그는 그것이 '다른 사람들이 사는 지방이나 나라를 빼앗거나 착취하는 것'이 아니라 언어의 공유를 바탕으로 하는 다른 종류의 제국을 만드는 데 도움이 될 것이라고 생각했다. 그래서 BBC가 그것을 방송으로 내보내면서 널리 가르치도록 촉구했다.

그리고 루스벨트 미국 대통령을 만난 자리에서 기본영어의 보급에 힘써 줄 것을 당부했다. 루스벨트는 그 문제를 검토하겠노라고 약속했지만, 루스벨트의 마음속에는 하고 싶은 말이 따로 있었다. 당시 처칠은 영국민에게 'blood, toil, tears, sweat'를 약속한 명연설로 인기를 모으고 있었기 때문에 다음과 같이 묻고 싶었던 것이다.

'왜 기본영어의 단어 blood, work, eye water, face water를 사용하지 않았소?'

처칠도 그랬고 심지어 오그던까지 기본영어의 장점을 주장하면서도 그들 자신의 글에서는 그것을 사용하지 않았다. 오히려 영어 어휘의 호화스러움을 십분 활용했다. 하지만 오그던이 정말로 기본영어가 영어를 전면적으로 대체할 것으로 생각하지 않았다. 그것은 제2의 부수적 언어, 유용한 국제어로 사용하려는 것이었다. 그는 기본영어의 이점 두 가지를 제시했다. 첫째, 외국인이 제대로 된 영어를 쉽게 배울 수 있도록 도와줄 것이며 둘째, 원어민이 정확하고 명쾌한 생각과 표현을 할 수 있도록 길잡이 역할을 할 것이라는 점이었다.

나는 기본영어가 그들 두 가지 역할을 할 수 있는지 그다지 확신하지 못한다. 비록 기본영어가 때때로 훨씬 명쾌하지만("First, God made the heaven and the earth."는 명료해 좋다), 다음과 같은 경우에는 그 자체의 제한 때문에 스스로 목을 조르는 것 같다.

Seven and eighty years have gone by from the day when our fathers gave to this land a new nation — a nation which came to birth in the thought that all men are free, a nation given up to the idea that all men are equal.

"모든 인간이 자유롭다는 생각으로 태어났다(came to birth in the thought that all men are free)"니? 이것이 어떻게 사물을 명쾌하게 해 주는 말인가? 그리고 영어 사용자가 아니라면 'given up to'가 'dedicated to'라는 뜻인 줄 어떻게 알겠는가?

오그던이 많은 의미를 포괄할 수 있을 것으로 생각한 '운용어'가 각각의 단어는 친숙하지만 이들을 묶어 한 어구로 만들면 그 뜻을 알기가 어렵다. 영어 원어민이 아닌 사람에게 영어가 골칫거리인 것은 바로 그 같은 말, 그리고 그들이 가담해 만들어 내는 엄청난 관용어 때문이다. happen을 'come about'로, tease를 'make sport'로, 또는 intend를 'have a mind to'로 바꾼다고 해서 문제가 해결되는 것은 아니다.

1943년 처칠이 하버드에서 연설하면서 기본영어의 장점을 내세우자 기자들이 오그던을 찾아갔다. 그러자 그는 가면을 쓰고 기자들을 맞이했으며, 인터뷰 도중에도 왔다 갔다 하면서 계속 다른 가면으로 바꿔 썼다. 이 행동은 불손한 그의 태도를 보여주는 것이며 그의 친구들이 '장난스러운 유머'라 부르는 것이었다. 그는 말하는 사람이 가면을 쓰면 그 말을 들을 때 내용에 주의를 기울이게 된다면서 평소에도 가면을 썼다. 그날 그가 무슨 말을 했던 기본영어가 괴짜 같은 발상이라는 인상을 심어 주기에 충분했다. 그리고 처칠이 1945년 총리직에서 물러났을 때 BBC의 간부들은 기본영어를 '한 구석의 높은 선반 위에' 올려놓자고 했다.

물론 쉬운 언어를 쓰자는 오그던의 생각은 훌륭하며 나도 찬성한다. 영어를 단순화하는 것은 분명 영어를 배우고자 하는 사람들에게 좋다. 오그던이 죽고 2년 뒤, 1959년 '미국의 소리 방송'은 그들이 특별영어라고 부르는 것으로 뉴스를 시작했는데, 이 프로그램은 비영어권 국가들에서 지금도 인기가 높다.

특별영어는 특정한 이론이나 규칙에 따르지 않는다. 동사를 사용하며, 핵심 단어 1500개가 있지만 필요한 경우, 간단한 설명과 함께 핵심 단어 이외의 단어도 소개한다. 수동태를 사용하지 않는다거나, 한 문장에 하나의 관념만 나타낸다는 등의 원칙이 있지만 상황에 따라 무시되기도 한다. 이것은 오그던이 자신의 체계에 대해 거창하게 철학적 정당성을 주장하지 않았더라면 기본영어가 발전한 형태였을 것이다.

기본영어는 또 오그던이 조금만 덜 괴짜였더라도 기회가 있었을지도 모르지만 그렇다고 당시 그의 독특한 개성이 기본영어에 해를 끼치지도 않았다. 왜냐하면 당시에는 언어를 발명하거나 변형하려는 모든 것을 돌팔이 의사 같은 짓으로 취급했기 때문이다. 따라서 오그던이 냉철하고 이성적인 언어 발명가였더라도 그 언어가 진지하게 받아들여지기는 힘들었을 것이다.

언어 계획은 늘 다소 회의적으로 여겨졌다. 윌킨스와 동시대인이었던 존 로크는 '스스로 얼토당토하지 않음을 들키지 않고, 모국어는 물론 세계의 언어를 완벽하게 개혁하겠다는 시도를 하겠노라 나설' 사람은 없을 것으로 생각한다고 말했다. 하지만 17세기에는 특권층에서 철학 언어를 개발하려고 노력했으며 그들의 작업은 널리 퍼지고 당대의 거물들 사이에서 토론이 이루어졌다.

그리고 국제어 시대의 초기에 대중의 관심을 끌었던 볼라퓌크, 에스페란토 등의 언어에 대해 많은 조롱과 비아냥이 쏟아졌지만, 적어도 언어는 관심을 끌었으며, 때로는 매우 지위가 높은 사람의 관심을 받기도 했다. 미국철학협회나 미국과학발전협회 같은 전문 기관들도 국제어 문제에 관여했으며, 주요 언론들도 여러 언어 프로젝트가 나올 때마다 보도했다. 에스페란토 역시 많이 보도되었다. 1910년 제6차 세계 에스페란토 대회가 워싱턴에서 개최되었을 때 〈워싱턴 이브닝 스타〉에서는 'Zamenhof Alvenas(자멘호프 도착)'을 기사 제목으로 붙였으며, 〈워싱턴 포스트〉는 행사의 프로그램들에 관해 매일 기사를 실었다.

발명된 언어들에 대한 대중의 관심은 언론뿐 아니라 생활 속에서도 드러났다. 스코틀랜드의 어느 담배 회사는 에스페란토 담배를 제조했고, 영국의 제과 회사 캐드베리에서는 에스페란토 초콜릿을 생산했다. 에스페란토 국제 대회가 바르셀로나에서 열렸을 때 에스파냐 국왕은 자멘호프가 도착하면 탈 수 있게끔 마차를 보냈다. 그리고 자멘호프가 남부 도시 발렌시아로 여행할 때는 지나는 역마다 사람들이 나와 그를 환영했다.

시간이 흐르면서 에스페란토 사회의 독특한 요소가 두드러지자, 공적인 이미지에 신경을 쓰는 사람들은 에스페란토 사회와 관계 맺기를 망설이게 되었다. 그리고 발명되는 언어의 수가 늘어나자, 한 신문 사설은 언어 발명자들이 '다시 바벨탑을 세우는' 것에 집착한다고 비판했다. 이후 신문들과 과학 단체들의 관심이 서서히 줄었다.

20세기 초에는 수백 개의 언어 프로젝트가 책으로 출판되었고 그들 중 대부분은 그 결과에 만족하지 못하고 다시 만든, 두 번째 또는 세 번째 시도였다. 아무래도 언어 발명가들은 개혁이나 개선의 충동에 충실한 사람들이었으며, 대부분은 일단 시작하면 멈출 수가 없었

다. 그들은 자신의 계획에 불만을 느끼고 지속적으로 그것을 수정·
보완하면서 그 결과를 출판했다.

　에른스트 베어만은 그가 만든 노빌라틴^{Novilatin}(1895)에 만족하지
못하고 노빌라틴^{Novilatin}(1907)을 새로 만들었다. 한때 볼라퓌크 아카
데미 원장이었던 볼데마르 로젠베르거는 중립어^{Idiom Neutral}(1902), 이
어 개정 중립어^{Idiom Neutral Reformed}(1907), 그 후 다시 개정 중립
^{Reform-Neutral}(1912)을 발표했다. 다작을 하는 사람들도 있는데 볼라퓌
크 사용자 율리우스 로트는 린구아 인테르나치오날(1890), 문도린게
(1890), 링게 인터내셔널(1899) 등을 내놓았다. 또 근대 언어학의 아
버지 소쉬르와 한 핏줄인 르네 드 소쉬르는 에스페란토 사용자로 노
브·에스페란토(1925), 몬디알로(1929), 유니버설·에스페란토
(1935), 에스페란토 II(1937) 등을 만들었다.

　여기에 꾸준히 언어를 만들어 발표한 일라이어스 몰리가 있다. 그
는 미국어^{American Language}(1888), 순수 색슨 영어^{Pure Saxon English}(1890),
투토니시(1902), 니우 투토니시(1906), 알투토니시(1911), 알테우토
닉(1951), 역동적인 언어^{Dynamic Language}(1921), 토이토 스파이크(1923)
등을 만들었다.

　몰리의 부모는 노르웨이에서 미국으로 이주해 온 사람들이었고,
몰리는 미국 위스콘신주 머스키고에서 태어났다. 그는 자서전《몰리
의 방랑》(그가 '잔인하고 비윤리적·비과학적'이라고 생각한 대문자는 사용되
지 않았다)에서 자신의 어린 시절을 회상했다. 통나무집에서 북유럽
신화를 듣고, 우유·달걀·버터를 듬뿍 넣고 반죽하여 구운 팬케이
크를 먹으며, 다른 어린이들과 함께 들판을 누비며 싱싱한 산딸기와

자두를 따던 행복한 시절이었다. 이웃 사람들은 대부분 노르웨이 출신이었지만, 독일인도 있었고, 한두 집은 영어를 사용하는 미국인이 있었다. 아이들은 그들만의 말을 만들어 서로 주고받았다.

"하루는 헨리와 메리 애덤스로부터 영어를 듣고, 다른 때는 오토와 에마 슈마커로부터 저지 독일어를 들었으며, 트바이트와 몰리에게 노르웨이어를 듣기도 했다. 노르웨이어와 독일어를 하는 아이들이 대다수였으므로, 새로 통일된 우리의 언어는 튜턴 계통으로 기울어졌고 라틴 계통의 말은 거의 없었다."

그들은 자기들의 말을 '투티투Jutitu'라고 부르면서 그것을 사용해 부모들에게 통역을 했다.

몰리는 나중에 아이오와주의 루터 대학에 들어갔고, 앨비언 아카데미와 위스콘신 대학교에서 언어학을 공부했다. 라틴어와 그리스어를 배워야 하는 것이 불만이었고, 라틴어와 그리스어 때문에 영어가 필요 이상으로 어려워졌다고 생각했다. 한때 설교문을 읽다가 cacophonous의 뜻을 몰랐던 그는 충격을 받았다.

"미국에서 대학을 졸업했고 언어학을 공부하고, 라틴어를 상당히 배우고 그리스어도 약간 익혔는데도 설교문 같은 대중적인 글을 이해할 수 없다는 것에 분노와 수치심을 느꼈다."

그는 노르만 정복으로 인해 영어가 위대한 언어가 되지 못했다고 생각했다. 그러면서 왜 영어는 독일어처럼 좀 더 '튜턴적인' 언어가 될 수 없었는지 궁금했다. 그리스어를 바탕으로 하는 cacophonous 대신에 독일어에는 그 자체의 게르만어 어원에서 유래하는 그 자체의 말 übellautend('좋지 못한 소리가 나는'이라는 뜻의 형용사)가 있다.

몰리는 공통된 게르만어를 바탕으로 일관성 있는 철자법과 규칙적
인 문법을 가진 언어를 개발하기 시작했다. 맨 처음에 나온 것이 다
음과 같은 미국어 또는 게르만 어족 영어(1888)였다.

> jen drod nr untū hṛm ol dṛ tœlṛra and sündṛra for tα
> hör hṛm
> "Then drew near all the publicans and sinners for to hear him(모
> 든 세리와 죄인이 말씀을 들으러 가까이 나아오다)." (누가복음 15장 1절)

이것은 이어 다음과 같은 순수 색슨 영어(1890)가 되었다.

> yur heili welkom brṛf was bringen tu mṛ yesterdai
> "Your highly welcome letter was brought to me yesterday(네 반
> 가운 편지는 어제 내게 도착했다)."

이것은 10여 년 뒤 다음과 같은 투토니시(1902)로 이어졌다.

> dau shal not kil,
> dau shal not stiel
> dau shal not baer falɛh vitnɔɛu gɔgn dauo nabor.

이것은 다음과 같은 니우 투토니시(1906)로 바뀌었다.

m seen eena d likt af ds velt een kold vintri morgn an
d 3a dag of eenam.

"I saw first the light of this world one cold wintry morning on
the 3rd day January(나는 1월 3일의 추운 날 아침에 이 세상의 빛을 처음
보았다)."

몰리는 '50년 이내에 모든 튜턴계 민족을 하나의 언어로 재통일'하
는 것을 추구했지만, 그의 목표는 다른 민족을 지배하려는 것이 아니
라 위협받고 있는 언어 유산을 지키려는 것이라고 했다. 그는 에스페
란토나 라틴어를 바탕으로 하는 다른 언어들이 국제어로서 인기를
끌고 있는 것이 적절하지 않다고 생각했다.

그는 에스페란토나 라틴어를 '상업 언어'라고 부르며 국제적인 사
업을 하면서 번역자를 고용할 수 있는 여유가 있는 사람들을 위한 언
어라고 했다. 몰리는 자신이 만든 언어가 가난하고 교육을 제대로 받
지 못한 미국의 노동자들에게 도움이 되기를 바랐다. 훌륭하고 높은
가치를 지니는 글은 대학 교육과 값비싼 사전을 필요로 하는
cacophonous 같은 그리스어로 가득 차 있기 때문에 '싸구려 신문이
나 가벼운 로맨스 소설'밖에 읽지 못해 뒷전으로 물러나 있는 노동자
를 위한 언어를 만들고자 한 것이다.

몰리가 니우 투토니시를 발표할 때의 나이는 61세였으며, 실망을
거듭하면서 많은 고통을 겪은 뒤였다. 그는 결혼했지만 어린 아들을
잃고 이혼했다. 미네소타, 남·북 다코타, 아이오와 등지를 옮겨 다
니면서 토지에 투자하기도 했지만 항상 가격이 오르기 직전에 팔아

치웠다. 한때 재산이 많은 과부와 동거하기도 했으나, 그녀가 몰리를 후원하지 않았으므로 둘은 헤어졌다. 노르웨이인들의 집단 거주지를 마련할 계획으로 남부를 여행했지만 아무런 결실을 맺지 못했다. 나중에는 워싱턴주 라크로스라는 소도시에서 그 계획을 다시 시도했고 이번에는 중서부의 노르웨이어 신문에 광고를 냈다. 그리하여 다수의 노르웨이인들이 모여들었고 그 집단 거주지는 결국 성공을 거두었지만, 이는 그가 타코마로 옮긴 뒤의 일이었다.

1907년에는 조금 남아 있던 토지를 팔아 유럽으로 건너가, 그곳에서 몇 해 동안 여행하면서 언어학 교수들을 만나 자신이 가지고 있는 튜턴 어족 언어에 관한 발상들에 대해 논의했다. 오슬로에서는 어느 교수의 주선으로 노르웨이 국왕 호콘을 알현할 수 있었다. 몰리는 자서전에 다음과 같이 적었다.

"언어를 배우는 학생에 불과한 내게 국왕은 매우 자상했다. 그는 내게 값비싼 의자에 앉게 했고 우리는 약 30분 동안 주로 스웨덴어 · 노르웨이어 · 덴마크어를 통합시키는 것에 관해 이야기를 나누었다."

몰리는 미국으로 돌아온 뒤 알투토니시와 그 뒤에 몇 가지 언어를 더 발표했다. 1919년에 완성한 자서전 마지막에, 만약 자신이 사회에 더 이상 쓸모가 없는 사람이라고 느낀다면 스스로 목숨을 끊을 수 있는 권리를 지지한다고 밝혔다. 나이 80대에 접어들자 그는 자신이 할 수 있는 일을 다 했다고 느낀 것이 분명했다. 1928년 그의 사망 기사가 실렸다.

"9월 28일, 몰리는 지난 10년 동안 머물렀던 타코타 호텔에서 총으로 목숨을 끊었다."

노르웨이 국왕의 정중한 태도를 제외하고는 그가 만든 언어가 어느 누구의 관심도 끌지 못했지만, 그럼에도 불구하고 그의언어에 대한 헌신은 한결같았다. 그는 20세기의 여명기에 커다란 계획을 갖고 등장한 사람들 가운데 하나이자, 또한 그 계획이 결실을 맺지 못한 채 끝난 사람들 가운데 하나였다.

언어 발명의 열풍은 온갖 상인·사기꾼·몽상가를 끌어들였다. 그 세 가지 모두에 해당되었던 에드먼드 섀프츠베리는 1903년 《아담·인간의 말Adam–Man Tongue》을 발표했다. 섀프츠베리의 본명은 웹스터 에절리Webster Edgerly이지만, 그는 미국 비주류 사회 운동의 하나인 랠스턴주의 창립자인 랠스턴 박사로도 알려졌다. 그는 또 순밀로 만든 시리얼도 권장했는데 시리얼 회사 퓨리나가 그들의 제품 순밀 시리얼을 지지해 달라고 요청했다. 그러자 자신의 이름을 붙이는 조건으로 수락했다. 그런데 이 제품이 성공을 거두자 그 회사는 랠스턴 퓨리나로 이름을 바꾸었다.

그는 '성의 자기력'에서부터 '불사'나 '랠스턴 뇌 요법' 등에 이르는 다양한 주제로 50권 이상의 자기 계발서를 쓰기도 했고, 그다지 성공하지는 못했지만, 부동산 투기와 연기演技에도 관심을 가졌다. 감정의 카탈로그이자 그것을 표출하는 방법에 관한 그의 저서 《연기술 교습》에서 설명하는 '미친 듯이 화를 내는' 연기는 '머리를 뒤로 젖히고 위를 올려다보며 머리카락을 두 손으로 움켜잡는 모습으로'라고 했다. 에절리가 대본을 쓰고 연출과 주연까지 맡은 연극에 대해 〈뉴욕 타임스〉의 비평가는 이렇게 말했다.

"이 헛된 작업의 기획자, 제작자, 재정적 후원자는 잘못 생각하고

있다. 그는 자신이 시인 · 극작가 · 배우라는 착각에 빠져 있는 것이
분명하다."

그가 만든 아담 · 인간의 말은 '세계어는 태초(아담)의 말을 바탕으
로 하는 인간의 언어'라는 이름이 붙은 이상한 영어에 지나지 않는
다. 그는 다음과 같은 대화를 예문으로 소개했다.

> MR. GENTLE: It bɜ preti wqm tsdɑ.
>
> (It be pretty warm today.)
>
> MR. BLUFF: Wut bɜ preti wqm?
>
> (What be pretty warm?)
>
> MR. G: W4, du wedu.
>
> (Why, the weather.)
>
> MR. B: Wut wedu?
>
> MR. G: Dis wedu?
>
> MR. B: WΔl, hθ bɜ dis wedu eni difrunt frqm eni udu?
>
> MR. G: It bɜ wqmer.
>
> MR. B: Hθ ds ys no it bɜ?
>
> MR. G: Ik just supoz'd it bɜ'd.
>
> MR. B: Bɜ nqt du wedu du sæm evriver?
>
> MR. G: W4 nqn, it bɜ wqmer in ɜom plaɜcɜ Ʌnd kolder in uduɜ.

이런 식으로 계속 이어진다.

두 번째 언어 발명의 시대(단순화된 국제어의 시대)에는 언어의 수정·보완 계획안을 가지고 있는 사람 중에는 강직하고 존경받는 사회 구성원(화학자 빌헬름 오스트발트, 수학자 루이 쿠튀라와 주세페 페아노, 언어학자 오토 에스페르센 등)도 있었다. 하지만 언어 창조에 대한 대중의 인식에 악영향을 미친 섀프츠베리 같은 괴짜들이 두세 배나 많았다. 한때 언어 발명에 관심, 흥미, 약간의 당혹감을 나타내던 사람들은 반감을 느끼기 시작했다. 어느 저명한 심리학자는 이 같은 반응에 대해 프로이트적인 해석을 내놓았다. 언어 발명의 충동은 '(궁극적으로 배변이나 방귀로 얻는 만족감에서 유래하는) 잘못된 항문애'로 볼 수 있다고 했다. 언어 발명가들이 벽에 똥을 문지르자 대중은 혐오감을 느꼈다는 것이다.

위엄 있는 사람들은 언어 발명의 영역에서 가능한 멀리 떨어진 곳으로 움직였다. 이제 언어 발명의 성화는 오직 언어 발명의 사명감을 위해 자신에 대한 존중심을 개의치 않거나 아예 현실감과 거리가 먼 용감한 사람들에게로 전해졌다.

이리하여 세 번째 언어 발명의 시대가 시작되었다. 그것은 앞의 두 시대보다 훨씬 모호하다. 그들 언어의 배경에는 통일된 주제나 관념도 없고, 발명가들이 해결하려고 하는 특정한 문제도 없다. 오로지 각자가 별개의 외로운 과업을 지닌 채 사회의 변두리에서 노력을 기울이는 개인들이 있을 뿐이다. 그들은 라틴어나 영어, 또는 에스페란토 식의 규칙을 정리한 잡종을 가지고 나오기를 되풀이했다. 일부는 그런 것을 생각해 낸 것은 자신이 처음이라고 믿고 철학적인 언어를 만들기도 했다. 하지만 사용할 수 없음이 명백했기 때문에 결코 시도

되지 않았던 전혀 새로운 방법을 찾아낸 몇몇도 있었다.

　사회적으로 인정받지 못하는 사람, 자신만의 세계에 갇혀 상식에 귀를 기울이지 않는 사람들은 회화적 기호 언어를 시도하면서 흥분했을 것이다. 이러한 사람들 가운데 한 명인 찰스 블리스는 의외의 상황과 만나 큰 성공을 거두기도 했다. 그러나 그것은 그가 바랐던 종류의 성공이 아니었다. 그는 그 성공과 그것으로 얻게 된 존경심을 버리기 위해 여생을 보냈다. 그러면서 그를 도와준 사람들을 파멸시키기도 했다.

12

블리스가 지나간 자리,
회오리바람이 지나간 자리

유통업자들이 블리스는 물론 그의 책과도 관계를
맺고 싶지 않다고 했을 때 알아봤어야 했다.

정신은 맑은데 몸이 불편해서 자신의 생각을 표현하지 못하면 어떻게 될까? 불편한 게 있지만 그것을 말로 할 수도, 글로 쓰거나 몸짓으로 나타낼 수도 없다면 어떻게 될까? 만약 여러분이 식물인간이라서 아무것도 모르기 때문에 여러분에게 어떤 짓을 하더라도 상관없다는 등의 말을 알아듣지만 그것을 표현하지 못한다면 어떻게 될까?

나는 2007년 토론토에 있는 장애인 집단 수용소에서 중증 뇌성 마비 상태의 30대 여인 앤 러닝을 만났다. 우리는 이렇게 의사소통을 했다.

나는 그녀의 휠체어 옆에 붙은 약 800개 단어가 적혀 있는 도표를 손으로 여기저기 가리켰다. 그 단어는 식품, 스포츠, 색깔 등 주제별로 나뉘어 있고 한곳에는 대명사, 다른 곳에는 전치사 등 문법적 기능을 하는 단어로 배열되어 있었다.

나는 각 부분에서 손가락으로 가리키면서 그녀의 눈동자가 움직이는지 확인했다. 눈이 움직이지 않으면 그녀가 하고 싶은 말이 없는 부분이다. 그러면 다음 부분을 가리키고 앤의 눈이 위로 올라가면 그 줄에 그녀가 말하고 싶은 단어가 있는 것이므로 그 줄의 맨 위 단어부터 하나씩 그녀의 눈 신호를 확인하면서 단어를 가리킨다. 우리는 앤이 하고 싶은 말을 모두 할 때까지 그 과정을 되풀이했다.

대화를 나누기에는 엄청 느리고 힘든 방법이었다. 불규칙적으로 그녀의 몸이 흔들렸기 때문에 그녀가 신호를 하지 않았는데도 신호한 것으로 착각할 때도 있었다. 그러면 이전으로 되돌아가 다시 확인해야 했다. 그리고 그녀가 하려는 말을 내가 눈치챘어도 그녀 대신 문장을 마무리하는 것을 거절했다. 그녀는 또 지름길을 택하지 않았다. 그녀의 문장은 완벽하고 문법적으로도 정확했다. told를 말하고 싶을 때, 내게 tell을 말하게 하는 데 그치는 것이 아니라 과거 시제까지 가리키게 했다. 그리고 도표에 없는 이름이나 단어를 원할 경우에는 알파벳이 배열되어 있는 부분으로 나를 이끌었다. 심지어 내가 그 단어를 올바로 짐작했어도 글자를 모아 단어를 만들었다. 결코 편의에 양보하지 않았던 것이다.

그 편의는 그러니까 내 편의였다. 그녀의 인생은 불편투성이였으며 그녀는 그것에 익숙해져 있었다. 다른 사람들에게 의지해야만 식사를 하고 옷을 입으며 침대에서 잠들고 일어날 수 있었다. 스스로 아무것도 할 수 없는 상태였다. 하지만 정신은 너무나도 멀쩡했으며, 언어의 사용을 통해 그것을 입증했다. 그래서 내 편의에 맞추어 내가 그녀의 의도를 짐작하는 것을 허용하지 않았다.

그녀는 비록 힘들고 시간이 걸리지만 말하고자 하는 것을 원하는 대로 정확하게 말할 수 있는 능력, 우리가 대부분 당연히 갖고 있다고 생각하는 능력을 가지고 있었다. 그 능력이 없으면 어떻게 될지를 알고 있었으므로 앤은 그것을 결코 당연한 것으로 여기지 않았다.

나는 찰스 블리스Charles Bliss가 발명한 회화적 기호 언어인 블리스 기호Blis symbolics에 관해 더 많은 것을 알기 위해 토론토에 갔다. 워싱턴의 어느 중고 서점에서 블리스가 1949년 그의 체계에 관해 발표한 책을 발견했다. 거기에는 무한정 퍼져 나가는 유토피아적 사상과 순진한 과학 이론(참고 문헌으로 〈리더스 다이제스트〉의 기사를 인용할 정도)으로 가득 차 있었다. 나는 내 세계어 수집 품목에 그것을 덧붙이면서 잊혀져 있던 언어를 혼자 힘으로 구해 냈다고 생각했다. 하지만 좀 더 조사해 보니 블리스 기호는 내가 생각했던 것만큼 잊혀진 것이 아님을 알게 됐다. 캐나다의 어느 장애아 학교가 그것을 사용해 실제로 의사소통을 하고 있었다.

과연 어떻게 하고 있는 것일까? 그처럼 잊혀진 언어가 어떻게 유용할 수 있었을까?

앤은 1970년대에 블리스 기호을 사용하기 시작했던 온타리오 장애아 센터(현재 블루어뷰 어린이 재활 센터)에서 그 과정을 수료한 학생이었다. 그러나 내가 센터를 방문했을 때 만났던 다른 수료생들과 마찬가지로 앤도 영문을 통해 의사를 표현했다. 내가 만난 학생들 모두 블리스 기호가 그들의 삶을 바꾸었다고 이야기한다. 앤도 마찬가지였다.

"블리스가 내 마음의 문을 열어 주었어요."

나는 왜 그 이상한 기호 언어를 배우는지 궁금했다. 바로 영어로 시작하면 되는데 말이다. 나는 앤과 비슷한 방법으로 의사소통을 하는 물리학자 스티븐 호킹을 떠올렸다(그의 컴퓨터가 그 앞에서 페이지를 넘겨주며, 그는 원하는 단어에 이르면 손으로 클릭해 그것을 선택한다). 호킹은 블리스 기호와 무관하게 쉽게 의사소통을 했던 것이다.

나는 블리스 기호 과정을 시작했던 교사 셜리 맥노턴에게 그 점을 조심스럽게 물었다. 그녀의 대답은 간단했다.

"스티븐 호킹은 성인이 된 뒤 말하는 능력을 잃었지요."

호킹은 퇴행성 신경 장애를 가지고 있다.

"그는 이미 영어로 자신의 뜻을 표현하는 방법을 알고 있었어요. 읽는 방법도 알고 있었고요. 앤은 우리와 함께 시작할 때 대여섯 살이었어요. 읽을 줄도 쓸 줄도 모르는데 영문이 무슨 소용이겠어요? 말할 줄도 모르고 몸도 움직이지 못하는 아이에게 어떻게 읽기를 가르치겠어요? 그들이 무엇을 알고 있는지, 무엇을 이해하는지 어떻게 알겠어요?"

맥노턴은 1968년 온타리오 장애아 센터에서 아이들을 가르치기 시작했을 때 장애아에 대해 아무것도 몰랐다. 부임한 첫날 센터를 돌아보다 어린 소녀가 목발을 놓친 것을 보았던 일을 이야기했다.

"나는 그 애를 도와주려고 했지만 다들 말렸어요. '저 애는 일어서는 법을 배워야 한다'는 거였지요."

그 후 맥노턴은 어린이들이 혼자서 할 수 없는 일을 부탁할 때 이를 들어 주었으며, 그들의 능력과 장점을 살리는 법을 익혔다.

그러나 말을 하지 못하는 어린이들을 어떻게 해야 할지는 확신이 없었다.

"변기 그림, 식품 그림 몇 개 등 아이들이 필요한 그림이 그려진 자그마한 판이 있었지요. 첫 해에 나는 '이거?' '저거?' 하고 물으며 보냈어요. 아이들이 먼저 할 수 있는 것은 아무것도 없었지요."

하지만 아이들은 말을 알아듣는 것 같았으며, 무엇인가 할 말이 있는 것 같았다고 했다.

"아이들의 눈이 반짝거리는 것만 봐도 알 수 있어요."

맥노턴은 그 어린이들에게 읽기를 가르치는 방법에 대해 다른 선생님들과 궁리하기 시작했다. 그녀는 다른 선생님 마그릿 비즐리와 함께 센터 운영진에게 말 못하는 어린이들과 함께 한나절을 지낼 수 있도록 해 달라고 요청했다.

"운영진에서 동의를 했기 때문에 우리는 지하에 있는 세탁실에서 실험을 할 수 있었지요."

먼저 그들은 아이들이 알고 있는 것과 이해하는 것이 무엇인지 짐작할 필요가 있었다. 그들은 아이들이 의사를 표현할 수 있도록 손으로 가리킬 수 있는 기호를 만들기로 했지만(대부분의 아이들은 앤과 달리 손으로 사물을 가리킬 수 있었다), 훨씬 추상적인 개념을 기호화하는 방법을 생각하는 데는 시간이 많이 걸렸으므로, 이미 만들어진 기호체계가 없는지 알아보기로 했다.

그들이 찾은 것이 바로 찰스 블리스가 쓴 800페이지의 책 《시맨토그래피》였다. 이 책에 수록된 약간의 기본적인 기호를 조합하면 수천 가지의 관념을 표현할 수 있다고 그는 주장한다.

다음은 감정을 표현하는 보기이다.

명사는 다음과 같이 '행동'을 나타내는 기호를 덧붙임으로써 동사로 만들 수 있다.

그리고 다음과 같이 '평가'의 기호를 덧붙임으로써 형용사를 만들 수 있었다.

다른 말들은 훨씬 복잡한 조합으로 만들어졌다.

이런 종류의 조합 체계는 매우 바람직한 것처럼 보였다. 아이들은 휠체어에 앉아 손이 닿는 것만 가리킬 수 있었으며, 하려는 말이 있

어도 이를 가리키는 기호가 없다면 나타낼 수 없다. 두 가지 기호를 결합시켜 세 번째 말을 만들 수 있다면, 아이들은 앞에 있는 적합한 기호를 골라 훨씬 많은 말을 만들 수 있을 것이다.

맥노턴이 일단 아이들에게 몇 가지 기호의 의미를 가르치고 그들 기호를 결합시킬 수 있는 본보기를 보여 주자, 아이들은 기다렸다는 듯 하고 싶은 말을 끊임없이 풀어놓았다.

변기의 그림을 가리키거나 아니면 다른 사람이 올바른 질문을 해줄 때까지 기다릴 수밖에 없었던 아이들이 아버지와의 자동차 여행, 오빠의 새로운 자전거, 애완 고양이가 침대 밑에 숨는 버릇 등에 대해 이야기하기 시작했던 것이다. 중증의 정신박약이라고 여겨지던 아이들이 자신의 생각을 전하는 데 놀라운 솜씨를 보였다.

어느 어린 소년은 할로윈 때 무엇이 되고 싶으냐고 묻자 '창조물', '마시다', '피', '밤' 등을 뜻하는 기호를 가리켰다. 그는 드라큘라가 되고 싶었던 것이다. 카리라는 아주 영리한 소녀는 이 새로운 표현 방법에 얼마나 빠져들었는지, 아버지가 집으로 데리고 가는 동안 계속 울기만 하더니, 집에 가서 기호들을 보자 비로소 울음을 그치고 기호를 사용해 그날 있었던 일들을 가족들에게 이야기했다.

맥노턴과 동료들은 기호들에 둘러싸인 채 휠체어에 앉아 있는 카리의 사진을 찍었다. 소녀의 눈은 반짝거렸고 입은 활짝 웃고 있었으며 보조개가 여간 사랑스럽지 않았다. 마침내 오스트레일리아에 거주하는 블리스의 소재가 파악되자, 그들은 사진을 보냈다. 블리스는 사진을 본 소감을 이렇게 전했다.

"그 사진을 받기 전까지 나는 죽기 전에 내 노력의 결실을 못 볼 것이라고 체념한 상태였다. 그런데 맥노턴이 보내 준 사진을 본 순간, 내 마음에서 하늘이 활짝 열리고 어두운 하늘 사이로 황금빛 햇살이 내비쳤다. 나는 기쁨에 취해 어쩔 줄 몰랐다."

그는 토론토로 장기 여행을 하기 위해 집을 담보로 대출을 받았다. 모든 사람이 흥분했다. 그가 도착하자 회합과 대화의 자리가 마련되고 파티가 열렸다. 블리스는 농담을 하고 만돌린을 연주하면서 만나는 사람 모두에게 인사를 했고 어린이들도 그를 좋아했다. 그는 마술을 보여 주기도 하고 노래를 부르며 아이들에 대한 깊은 애정을 나타냈다. 그리고 최근 남편을 당뇨병으로 잃은 간호사의 이야기를 듣고는 슬픔의 눈물을 흘리며 그녀의 불행을 위로한 뒤 그녀에 대한 깊은 사랑을 고백하며 청혼을 하기도 했다.

다른 직원들은 당황했다. 그것은 화기애애하기도 하면서 어이없는 일이었다. 그의 나이는 일흔다섯이고 전쟁에서 살아남은 오스트리아계 유대인이었으며 야단스럽고 감정적이었다. 그들은 약간 놀라 멈칫했다. 특이한 인물의 회오리바람에 휩쓸렸던 것이다.

블리스는 떠나기 전, 맥노턴에게 그가 최근에 출판한 저서 《우리의 삶을 바꿀 발명과 발견》을 선물했다. 책을 본 그녀는 고개를 절레절레 흔들었다.

"그 책을 읽어 봤는데 운영진에게는 비밀로 하자고 했어요. 그 책에는 원자 폭탄이 모두 신화라는 얘기도 있었어요. 그리고 교사들이 세계의 문제에 책임을 져야 하고, 교사들은 모두 비겁자이며 변태 성욕자라고 되어 있었죠. 우리는 운영진이 그 책을 보면 그를 다시 볼 수 없을 거라고 생각했어요."

직원들이 염려한 것은 아이들 때문이었다. 그들은 블리스 기호 학습 과정을 계속 발전시키기를 원했으며 블리스의 도움이 필요했다. 그는 기이한 인물이었지만, 또한 그것은 천재의 표시이기도 하지 않을까? 그들이 블리스의 모든 이론에 따를 필요도, 그럴 생각도 없었다. 단지 그의 기호가 필요할 뿐이었다. 그리고 그도 돕기를 원했다.

블리스는 그곳에 있는 것을 즐거워했고 어린이들에게도 온갖 정성을 기울였다. 아이들의 학습 과정에 도움이 되는 일은 무엇이나 하려고 했다. 그는 훌륭한 사람이었다.

맥노턴은 원래 《세계의 부호와 기호》라는 책에서 간단히 언급되는 블리스의 기호를 발견했다. 거기에 《시맨토그래피》에 관한 이야기가 조금 있었다. 하지만 그들은 어디에서도 그 책을 찾을 수 없었다. 이윽고 그들이 오타와 국립 도서관에게 의뢰해 캐나다 전국에서 책을 수소문했고 서드베리의 어느 대학교에서 한 권이 발견되었다. 그들은 이제 그 책을 구입할 수 있는 방법을 모색했다. 우선 출판사에 편지를 썼지만 아무런 답신이 없었다. 그래서 그 책의 유통업자에게 연락했더니 답장이 왔다.

"우리는 그와 관련을 맺고 싶지 않고, 몇 년 전부터 그의 책은 취급하지 않습니다."

다른 유통업자들로부터도 모두 같은 회답이 왔다. 당시 맥노턴은 그 책을 발견했다는 사실에 흥분한 나머지 이를 이상하게 여기지 않았다. 그리고 블리스가 방문했을 때 벌어진 사건들과 유통업자들이 한 이야기를 연결시키지 못했다.

13

완벽해서 신비한 한자(漢字), 정말 그럴까

한자는 결코 마법의 지팡이를 휘둘러 순수한 관념의 나라로 데려가지 않는다.
말들의 도시로 힘들게 이끌어 갈 뿐.

지금은 우크라이나에 속하는 지역이지만 1897년에는 오스트리아 · 헝가리 제국의 일부였던 체르노프치에서 찰스 블리스가 태어났다. 태어날 때 이름은 카를 카질 블리츠^{Karl Kasiel Blitz}였다.

그의 가족은 매우 가난했다. 그는 어느 소책자에 '뮤지컬 〈지붕 위의 바이올린〉을 봤다면 우리 부모의 이야기를 알 수 있을 것'이라고 밝혔다. 아버지는 안경점 주인, 기계공, 전기 기사, 목제 선반 제조공 등으로 일했으며, 찰스는 공구, 회로, 화학 등에 흥미가 있었다. 1908년 오스트리아 · 헝가리 제국이 부구 탐험에 관한 강연을 듣고 극한 상황에 처한 사람들의 용감한 이야기에 매혹되었다. 그는 이때의 기분을 이렇게 회고했다.

"인생이 지식을 탐구하는 데 겪는 고난을 극복하라고 나를 보냈다고 생각했다. 나는 공학 기술자가 되겠다고 결심했다. 생활을 개선할 수 있는 물건을 발명하고 싶었다."

학교에 들어간 그는 고전했다. 철학, 논리학, 특히 문법이 그를 괴롭혔으며, 그는 가끔 자신이 되고 싶은 위대한 사상가가 되기에는 지성이 모자란다고 생각했다.

"고등학교에 입학했을 때 나는 외톨이가 되었다. 다른 친구들은 커다란 책을 들고 다니면서 아주 거창한 이야기를 나누는데 나는 그들이 하는 말을 이해할 수 없었다."

제1차 세계대전 때 보병으로 싸운 뒤 그는 빈 공과대학에 들어가 화공학을 전공하고 1922년 졸업했다. 그는 학습 '기계'(지면의 한쪽에 문제가 적히고 다른 한쪽에 답이 적혀 있었으며 공부할 때는 다른 종이가 답을 가리게 되어 있었다)를 발명했으니 교수 자리를 얻어야 한다고 주장했지만, 결국 전자 제품 공장에서 특허품 검사를 맡았다.

1938년 독일군이 오스트리아에 진주하자 찰스는 다카우와 부헨발트에 수용되었다. 그보다 20세나 나이가 많고 가톨릭 교도였던 아내 클레어는 그를 석방시키기 위해 백방으로 노력했고 가까스로 영국 비자를 얻을 수 있었다. 찰스는 당장 출국하는 조건으로 석방되었지만 클레어는 독일에 남아야 했다. 1939년 전쟁이 발발하자 그녀는 체르노프치로 가서 찰스의 가족과 함께 지냈으며, 전쟁의 불길이 그곳에까지 미치자 그리스·터키·러시아·시베리아 등지를 전전했다. 한편 찰스는 캐나다를 거쳐 반대쪽으로 지구를 돌았고, 1940년 크리스마스이브에 그들은 마침내 상하이에서 상봉했다. 영국에서 찰스는 공장에 취직했는데, 그곳에서 동료가 블리츠라는 이름으로는 다니기 힘들 것이라는 말을 듣고 이름을 찰스 블리스로 고쳤다.

블리스 부부는 상하이의 번잡한 유대인 사회에서 사진 및 영화 제작 사업을 시작했다. 다른 곳으로 갈 수 있는 비자를 얻지 못한 2만 명 이상의 유대인들이 전쟁 초기 상하이로 몰려들었다. 그들은 유럽의 생활 방식을 가지고 왔고 그 거리를 카페와 음악당, 이디시어 신문들로 가득 채웠다. 하지만 찰스는 그 반대로, 자신의 표현에 따르면 '동양화되었다.'

그는 '수천 개의 다채로운 네온사인이 하늘을 가득 채우면서 동화 속의 아름다운 광경을 만들고 있는 밤'에 보게 된 '그 기이하고 신비로운 한자'에 매혹되었다.

그는 한자를 배웠다. 그러다 상점의 간판이나 신문의 기사 제목에서 아는 한자를 볼 때 중국어로서의 한자가 아니라 그 자신의 언어로 읽게 된다는 사실을 알아차리고 놀랐다.

"차츰 시간이 지나면서 그 간판의 한자가 가리키는 사물을 직접적으로 시각화할 수 있었다."

그는 개념으로 직접 이어지는, 잠재력 있는 세계어를 발견했다고 생각한 것이다. 하지만 중국어 체계는 너무 복잡하고 임의적이었다. 대부분의 한자들은 그들이 나타내기로 한 사물들처럼 보이지 않았으므로 배우기가 더욱 어려웠다. 1년 정도 더 배우고 나서 공부를 포기하고 더 훌륭하고 간단한 和和저 기초 체계, '비논리적인 세상을 위한 논리적인 글자'를 만들고자 마음 먹었다.

이러한 언어는 서로 다른 말을 쓰는 사람들끼리 의사소통을 쉽게 해 줄 뿐 아니라, 사람들을 말의 힘으로부터 자유롭게 해 줄 것이라고 생각했다. 블리스는 히틀러의 구호를 통해 말의 힘이 얼마나 엄청난 것이었는지를 생생하게 경험했던 것이다. 단지 말에 지나지 않는 선전이 엄청난 일을 선동하면서 거짓을 진실로 믿게 하는 거짓말 같은 광경을 보았다.

자연적인 진실을 나타내는 '논리적인' 기호 체계에서 언어의 오용은 불가능할 것으로 생각했다. 논리적인 체계에서 일관되지 못하면 바로 오류가 나타나기 때문에 언어 조작은 불가능할 것이고 자신의 발명은 이전의 어느 발명보다 인류에게 더 많은 이득을 가져다주리라는 것이 그의 생각이었다.

전쟁이 끝나 갈 무렵 찰스와 클레어는 오스트레일리아 시드니의 교외에 정착했다. 그들은 그들의 핑크빛 미래를 생각하며 잔뜩 흥분했다.

"서구의 학자들이 두 팔 벌리고 내 작업을 받아들일 것이다. 그리고 시드니 대학교에서는 이 멋진 발상의 입문서와 교과서를 만들 장소를 마련해 줄 것이다."

하지만 아무도 관심을 보이지 않았다.

찰스는 그동안 저축했던 돈으로 생활하면서 독자적인 작업에 들어갔다. 자신이 발명한 것의 가치를 입증하고 세상이 관심을 가질 만한 책을 쓰기로 결심했다. 그는 3년 동안 열심히 노력했으며, 얼마나 많은 말이 급하게 쏟아졌는지 편집도 못한 채, 바로 인쇄할 수 있도록 인쇄용 밀랍판에 직접 타자를 했을 정도였다. 1949년 생활비가 바닥을 드러냈을 때 그 책이 완성됐다. 클레어는 전 세계의 대학과 정부 기관에 6000통의 편지를 보내 그의 환상적인 새로운 발명이 출판되었음을 알렸다. 그리고 주문이 쏟아져 들어오기를 기다렸다.

반응은 없었다. 나치의 공포와 상하이 난민 생활의 궁핍까지 겪은 찰스에게 가장 큰 절망의 세월은 《시맨토그래피》를 출판하고 난 뒤였다. 결국 그는 어느 자동차 공장의 용접공으로 취직했지만 그의 발명품을 포기한 것은 아니었다. 밤에는 그의 기호 작업에 계속 매달렸다. 세상의 인정을 받기 위한 그의 갈망은 더욱 커지고 더욱 간절해졌다. 미국의 저명한 교육자가 강연차 시드니를 방문한다는 소식을 들은 그는 공항에서 겨우 그 교육자를 만나 함께 택시를 탔고 호텔로 가는 택시 안에서 자신의 작업을 장황하게 늘어놓았다.

그리고 철학자 버트런드 러셀이 시드니에 왔을 때도 가까스로 그와 면담할 기회를 얻었다. 이런 그의 행동은 강연을 주최하는 측의 눈살을 찌푸리게 만들었지만, 간혹 그들이 찰스에게 성과를 만들어 주기도 했다. 러셀이 그를 정중하게 지지하는 편지를 보냈던 것이다. 블리스는 그 후 그가 출판하는 모든 책에 그것을 인용하거나 전부를 재수록했다. 이런 노력 덕분인지 간혹 블리스의 이름과 그의 기호가 지방 신문에 소개되기도 했다.

그는 힘든 생활을 꾸려 나갔지만 자신을 불러 주는 단체가 있으면 어디든 달려가 《시맨토그래피》에 대해 강연을 했다. 그러다가 1961년 클레어가 심장마비로 세상을 떠났다. 그는 절망 상태에 빠졌으며 아무 의욕이 없었다 하지만 '3년 동안 적막하게 지낸 뒤 투쟁 정신을 되찾고' 다시 연구에 몰두했다. 그가 생각하기에 클레어를 죽인 것은 정부 관리와 대학 교수들의 무관심이었다. 그는 이들을 타도하기로 마음 먹은 것이다.

오스트레일리아에 관광객이 늘어나면서 정부 기관들은 도로와 공항의 표지판 등에 사용되는 기호를 표준화하고 개선할 방법을 모색했다.

참견하기 좋아하는 학계의 사람들은 학술 재단을 찾아가 수백만 달러의 연구비 지원을 요구했지만 그들은 결코 블리스의 작업을 언급하지 않았다. 그래서 찰스는 그가 만든 체계의 이름을 '블리스 기호'로 바꾸어 다른 사람들이 표절하지 못하게 했다.

블리스 기호는 어떤 측면에서 볼 때 17세기의 철학적 언어로 되돌아간 것이었다. 블리스는 세상을 본질적인 의미 요소로 분해하고, 다른 모든 개념을 그들 요소의 조합으로 만들었다. 하지만 그의 기호는 윌킨스 식의 개념도나 달가노 식 시를 참조한 것이 아니라 그림을 통해 의미를 얻었다. 다음은 기본적인 그의 기호들 가운데 일부이다.

블리스는 그보다 복잡한 개념들을 이들보다 덜 직접적인 방법으로 전달한다. 비는 비의 그림이 아니라 '물'과 '아래'의 조합으로 나타내는 것이다.

비

물을 가리키는 기본 기호는 액체와 관계있는 모든 개념들의 기호
에 나타난다.

| 증기 | 강 | 샘 | 동결 | 섬 | 잉크 | 침 뱉기 |

이 조합은 엄격하게 회화적이라고 할 수 없지만, 기호의 의미와 그
것의 모양 사이에 관련이 있다. 그래서 블리스는 이렇게 설명한다.

"시맨토그래피의 단순하고 거의 설명이 필요 없는 그림 문자는 어
느 언어로도 읽을 수 있다."

하지만 구체적 대상들로부터 멀어질수록 그 주장은 점점 의심스러
워진다. 다음의 조합이 무슨 뜻인지 짐작해 보시라.

(⌒ = 마음, ― = 부정적인 뜻)

이것이 부정적인 생각 때문에 슬픔을 느끼는 '절망'의 뜻일까? 아
니면 불행을 느끼면서도 그것을 정신적으로 거부하는 '강요된 낙관
주의' 같은 것일지도 모른다. 또는 좋은 생각이 떠오르지 않을 때 생
기는 나쁜 감정 같은 것은 아닐까? 포기 같은 것?

블리스의 설명에 따르면, 이 조합의 뜻은 "자신이 한 일에 대해 마
음(⌒)이 아니라고 (―!) 생각하기 때문에 불행해질(♡↓)" 때 느끼는
감정인 '수치심'이라고 한다.

195

글쎄, 그럴 수도 있을 것이다. 그것도 '수치심'을 그림으로 나타낼 수 있는 한 가지 방법이다. 하지만 그것이 유일한 방법은 아니다. 기호를 바탕으로 하는 또 다른 언어인 아우이^{aUI}(공간어)는 블리스가 인정받기 위해 고전하던 1960년대에 존 웨일거트^{John Weilgart}가 만든 언어이다. '수치심'에 해당하는 존 웨일거트의 표현은 다음과 같다.

향하다   부정적인   빛   느낌

('부정적인 빛' 은 '어둠' 으로 이해될 수 있다)

'수치심'에 대한 웨일거트의 이미지는 '부끄러움을 느끼는 소년은 몸을 감추기 위해 어둠 속으로 도망치기' 때문에 '어둠을 향하는 느낌'이다. 수치심에 대한 블리스의 기호와 웨일거트의 기호는 모두 어떤 점에서 그들의 뜻이 '비슷해 보이지만', 그 둘 모두 아무 설명이 필요 없는 것은 아니다. 형태와 의미의 관련성을 들은 뒤에야 그럴듯해 보인다('그럴듯해진다' 는 말을 넓게 해석할 경우).

관념을 기호로 나타내는 데는 여러 가지 방법이 있으며, 기호의 뜻을 해석하는 데도 여러 가지 방법이 있다. 회화적 이미지는 투명하고 보편적인 의사소통의 기준과 거리가 멀고, 자신의 뜻을 전달하기가 매우 힘든 방법이다.

17세기의 언어 발명가들까지도 그 점을 이해했다. 비록 말이라기보다 관념을 나타내는 기호를 개발했지만, 그들은 문자와 그 문자가 나타내는 관념과 비슷하도록 만들 생각은 하지 않았다. 그런 방식은 원시적이며 추상적·논리적 사고에 적합하지 않다고 생각했다. 그들이 그렇게 생각한 데는 그때까지 해독되지 않았던 이집트 히에로글리프의 선례도 있었다.

사람들은 히에로글리프의 문자가 그와 비슷한 모양의 대상을 뜻한다고 생각했다. 다른 모든 의미는 복잡한 연상 작용에 의해 짐작할 수밖에 없었다. 입에 꼬리를 물고 있는 뱀은 해가 반복되기 때문에 '해'를 나타내며, 독사는 어미의 배를 헤치고 나오는 동안 가로막는 것을 먹어치우기 때문에 어머니의 뜻에 반하는 음모를 꾸미는 자식을 나타낸다고 생각했다. 그러나 수사슴과 함께 있는 독사 그림은 수사슴이 달아날 때 움직이는 것처럼 생각 없이 재빨리 움직이는 사내라고 추측했다. 사물에 대한 이 같은 해석은 르네상스 시대에 신비로운 이집트학의 열풍에 휩싸였던 많은 사람들을 흥분시켰다. 그러나 윌킨스와 같은 과학적인 사람들은 그렇지 않았다. 히에로글리프는 애매모호한 종교적·정신적·마법적 의미를 나타낼 수 있을 뿐, 명쾌하고 합리적인 언어의 필요성에 적합하지 않다고 생각한 것이다.

물론 히에로글리프에 대한 이러한 해석은 잘못된 것이었다. 히에로글리프의 성격은 1822년 로제타스톤이 해독될 때 비로소 밝혀졌다. 그 그림들은 모호하고 신비로운 개념을 나타낸 것이 아니라 일반적으로 사용되는 말을 나타냈다. 그처럼 자주 나타나 그 의미에 대해 온갖 엉뚱한 해석을 불러일으켰던 독사는 다름 아닌 'ㅍ'의 음을 가리키는 기호였을 뿐이었다.

히에로글리프는 소리를 나타내는 글리프와 의미를 나타내는 글리프가 조합되었다. '울다'를 나타내는 다음의 기호에서 처음의 두 기호는 'ㄹ'과 'ㅁ'의 소리를 나타내며, 세 번째 기호는 세 개의 선이 아래로 내려오는 눈을 묘사한다. 단어의 자음과 그 의미에 가까운 그림이 합쳐져 '렘'이라는 말을 나타낸다. 여기에 이미지와 관념의 직접적인 관련성은 없다. 개념이 아니라 말을 이루는 한 다발의 정보일 뿐이다.

이집트의 히에로글리프를 기록하는 체계는 소멸해 버렸지만, 만약 살아남았다면 어떻게 되었을까? 아마도 언어의 발음이 변화하면서 글리프의 '소리' 측면은 분간하기 더욱 어려웠을 것이다. 그리고 글리프의 이미지는 훨씬 세련되어 인식하기 어려워졌을 것이다. 즉, 소리와 의미의 신호가 약해지고 사람들은 글리프를 암기할 수밖에 없게 되었을 것이다. 이 시나리오를 상상해 보면 중국어의 한자가 어떤 길을 걸어왔는지 알 수 있다.

한자는 그림 문자의 원칙에 따라 운용되지 않지만, 많은 사람들이 한자는 그림문자로 운용된다고 착각했다. 블리스도 마찬가지였다. 하지만 그가 그렇게 생각했다고 해서 그를 비난할 수만은 없다. 그를 가르친 교사도 다른 교사들처럼 아주 대표적인 문자부터 가르쳤을 것이기 때문이다.

人	木	口	馬
런	무	커우	마
사람	나무	입	말

그 후 블리스는 다음과 같이 문자들이 결합해 복합 문자를 이루는 시적인 방법에 대해 배웠을 것이다.

明 好

해+달
밝다

여자+어린이
좋다

이처럼 간단한 한자의 설명에서 블리스는 개념을 나타내는 기호와 그것을 결합해 다른 개념을 만드는 방법을 만드는 데 영감을 받았을 것이다.

하지만 그 후 그는 의미와 모양이 다르며 멋진 시적 설명이 없는 수많은 복합 문자를 배우기 시작했을 것이다. 그 때문에 그는 한자를 암기할 수밖에 없었으며, 글자가 많아질수록 암기하기가 힘들어졌을 것이다. 사실 1년 뒤 한자 배우기를 포기했는데 이것도 무리는 아니다.

그러나 만약 그가 중국어를 쓰기뿐 아니라 말하기까지 배웠다면 더 멀리 나아갔을지도 모른다. 한자를 그 자신의 언어가 아니라 중국어로 발음했다면, 예컨대 쬘 수 있는 연장인 쬠쇠를 나타내는 한자가 橋인 까닭을 아는 데 도움이 되었을 것이다.

이 형태가 된 것은 그 어휘가 개념적으로 말과 관계가 있기 때문이 아니라 '말(馬)'을 가리키는 말과 똑같이 '마'로 발음(그러나 성조는 다르다)되기 때문이다. 그 한자의 나무 부분(木)은 그 뜻을 해석할 때 모호하지만(쬠쇠가 나무에 사용될까?), 말 부분(馬)이 '쬠쇠'를 가리키는 데 훨씬 더 도움이 된다. 왜냐하면 어떤 개념이 함축되어 있는지는 알 수 없지만 대신 읽을 수 있다는 점에서 '말(馬)'은 멋진 지름길로 안내하면서 그 단어를 이끌어 간다.

하지만 안타깝게도 한자의 소리 측면이 항상 쉽게 드러나는 것은 아니다. 수천 년에 걸쳐 이루어진 변화와 보수적인 기록의 전통이 합쳐져 이루어진 결과이다. 영어는 수백 년의 변화에도 light, knee 같은 단어에 발음되지 않는 철자가 있지만 형태는 그대로 유지된다. 그런데 중국어 표기는 그보다 훨씬 더하다.

그래도 90퍼센트 이상 대부분의 글자에는 발음에 대한 힌트가 있다. 그 힌트가 절대적이지는 않지만 그래도 수천 개의 글자를 배우고 외우는 것을 훨씬 수월하게 해 준다. 중국어 표기는 복잡하지만 실제 생활에서 사용하는 언어이다.

그렇다면 이렇게 복잡한 한자 표기가 아시아 거의 전 지역에서 이해된다는 점은 어떻게 해석해야 할까? 서로 전혀 다르고 알아들을 수 없는 말을 사용하는 사람들이 어떻게 복잡한 글자를 통해 서로 이해할 수 있을까? 사실은 서로 이해하지 못한다. 적어도 '문자가 언어를 초월해 바로 개념으로 들어간다'는 방식으로는 이해하지 못한다는 것이다.

중국어의 표기 체계는 북경관화北京官話를 바탕으로 한다. 광둥어처럼 중국에서 사용되는 다른 언어들은 서로 다르더라도 역사적으로 관계가 있다. 프랑스어와 이탈리아어의 관계와 비슷하다. 그렇다면 광둥어 사용자가 북경관화로 적힌 신문을 그 자신의 언어로 줄줄 읽을 수 있을까? 아니다. 본질적으로는 북경관화로 읽는다. 문자를 해독하기 위해서는 북경관화식 문법과 북경관화식 문장 구조를 알아야 한다. 어쩌면 모든 단어의 북경관화식 발음은 배우지 않더라도, 광둥어의 발음과 비슷한 단어가 많으므로(프랑스어의 jour와 이탈리아어 giorno의 경우처럼) 글자 속 소리에 관한 힌트가 때때로 도움이 된다. 하지만 많은 도움이 되는 것은 아니기 때문에 아주 힘들게 외워야 한다. 이 때문에 광둥어 사용자가 글자를 해독하기 위해서는 북경관화 사용자보다 시간이 더 걸린다.

일본어 사용자는 북경관화의 신문을 전혀 이해하지 못한다. 일본어와 북경관화의 비슷한 정도는 헝가리어와 영어의 유사한 정도이다. 하지만 역사적인 이유 때문에 일본어는 부분적으로 한자를 사용한다(소리를 나타내는 다른 문자도 함께 사용된다). 그래서 일본어 사용자는 북경관화 신문을 볼 때 많은 글자를 알아볼 수도 있지만, 정확하게 무슨 뜻인지는 알지 못한다. 이는 헝가리어 사용자가 영어 문장을 보고 추측하는 것과 비슷하다.

I saw the information about the crime on television.

(나는 그 범죄에 관한 정보를 텔레비전을 통해 보았다)

이 문장을 본 헝가리어 사용자는 국제적인 차용어인 informacio, krimi, televizio를 사용하기 때문에 그는 information, crime, television 등을 알아차리고는 그 문장의 의미를 정확히 짐작할지도 모른다.

하지만 다음 문장은 어떨까?

I took the information about the crime and hid it behind the television.

(나는 그 범죄에 관한 정보를 입수한 뒤 그것을 텔레비전 뒤에 감추었다)

헝가리어 사용자는 위 두 문장을 보고 같은 뜻으로 짐작을 할 수도 있고, 그렇다면 전혀 엉뚱한 것이 되어 버린다. 게다가 krimi가 헝가리어에서는 범죄가 아니라 범죄소설이나 탐정소설을 의미하기 때문에 애초부터 범죄의 해석이 틀릴지도 모른다. 일본어 사용자가 중국어의 글을 가지고 할 수 있는 가장 먼저 할 수 있는 일은 단어들의 뜻을 뒤섞어 보는 것이다. 그러면 그들 다수는 중국어의 뜻과 약간 또는 전혀 다른 뜻이 될 것이다.

그렇다. 중국어의 한자는 마법의 지팡이를 휘둘러 순수한 관념의 나라로 데려가지 않는다. 말들의 도시로 힘들게 이끌어 갈 뿐이다.

14

우주인이 내려와 소년을 만났다

우주인이 지구의 말을 배우면 지구인들의 비뚤어진 사고방식에 감염될 것이라서
그 소년에게 공간어를 가르쳤다. 바로 아우이(aUI).

블리스의 첫 번째 토론토 방문 이후 세상은 블리스 기호를 향해 움직이기 시작했고 블리스는 실제의 성공 사례를 그의 서류철에 덧붙일 수 있게 되었다. 그가 자신의 언어와 그 성공사례에 대해 열심히 편지를 보내자, 〈타임〉에도 기사가 나는 등 국제적인 주요 언론에서 그를 다루었다. 전 세계의 사람들이 온타리오 장애아 센터와 접촉해 그 프로그램에 대한 더 많은 것을 알고자 했다. 맥노턴과 그녀의 동료들은 다른 사람들도 이 새로운 의사소통 방법을 이용할 수 있도록 교육 자료와 교사 양성 방법을 개발하기 시작했다.

그러나 그 프로그램이 많은 사람들의 관심을 받을수록 블리스는 더 많은 불평을 터뜨렸다. 기호의 선이 충분히 굵지 않았다거나 비례가 잘못되었다거나 그가 '사물'과 '행동'이라고 부르는 것을 센터의

교사들은 '명사'니 '동사'니 하는 엉뚱한 말(어린 시절에 그를 괴롭혔던 해로운 문법 교사들이 사용한 용어)을 사용한다는 것이었다. 맥노턴이 검토를 받기 위해 자료를 보낼 때마다 그는 자신의 체계를 엉망으로 만들고 있다며 지루한 연설을 늘어놓았다. 그는 교사들이 만든 교과서에서 채소 기호 ♉가 토마토 같은 채소 그림 옆에 있다며 화를 냈다. 교사들이 자신의 체계를 완전히 오해했다는 것이다. 이것은 땅속에서 자라는 먹을 것의 기호이다. 토마토는 땅속에서 자라지 않는다. 이들 채소의 기호는 ♀이다!

블리스는 그 프로그램의 궁극적인 목적이 어린이들에게 영어로 그들의 의사 표현을 할 수 있도록 가르치는 것임을 깨닫지 못했다.

처음에는 기호의 상징성이 중요했다. 어린이들은 글을 읽을 수 없으므로 단어를 가르쳐 줄 수 있는 방법이 필요했던 것이다. 교사들은 아이들에게 새로운 기호를 소개하면서 그것이 나타내는 대상과 닮은 것을 가리켜 설명하고 추상적인 기호는 그 연관성을 설명했다. 그런 다음 각 어린이의 기호판에 그 기호와 그 아래 영어 단어를 적어 놓는다. 어린이들은 다른 아이들과 함께 어울리면서 기호를 가지고 이야기하면서 그 기호의 의미를 알아차리게 된다. 아이들과 이야기하는 사람은 그 아래쪽에 적힌 영어를 읽음으로써 아이들이 하는 말을 이해할 수 있는 것이다. 시간이 지나 아이들이 단어를 알게 되면 기호의 시각적인 표현은 제 역할을 다 하고 물러나는 것이다.

vegetable이라는 영어 단어는 토마토를 포괄하는 것이고 이 단어를 사용하는 어린이들에게 ♉는 단지 알파벳을 사용하지 않으면서 그 말을 얻는 하나의 방법일 뿐이었다.

교사들은 블리스의 비판을 수용하기 위해 최선을 다했다. 하지만 블리스가 요구하는 것은 교사들이 실제 기호를 사용하는 문제와 전혀 다른 것이었다. 교사들이 어린이들에게 접시 밑에 숟가락 그림을 그려 주면서 식품에 해당하는 기호로 ⌣ 를 설명했을 때 그는 격노했다. (블리스의 '논리적' 체계에 의해) 그 참된 의미는 접시와 숟가락이 아니라 '대지의 어머니로부터 우리의 입이 받아들이는 모든 '식품'이므로 '입'이 '대지'의 위에 있는 것으로 설명하는 것이 그의 체계에서는 매우 중요했던 것이다. 교사들이 만드는 소식지에서 "토론토 메이플리프스가 피츠버그 펭귄스를 격파"라는 뜻의 문장을 기호로 나타내자 그는 한탄했다. 자신은 운동 경기를 비난하는데 이 소식지에서 자신의 기호를 이용해 운동 경기 소식을 전했다는 것이다. 또 '소풍'을 '식품+밖'의 조합을 사용하자 그는 틀렸다고 지적했다. 이것은 '소풍'이 아니라 '식당에서 음식을 가지고 나가는 것'을 뜻한다는 것이었다.

센터의 교사들이 새로운 기호를 부탁하는 편지를 쓰면 답장이 오는 경우가 드물었지만 이들이 기호를 만들어 확인하는 편지를 보내면 반드시 비판하는 내용으로 답장이 왔다.

그는 다른 사람들이 사용법을 짐작할 수 없는 세계어를 만들고 있는 셈이었다.

센터 교사들은 블리스에 대한 이야기를 센터 운영진에게 알리지 않기로 했지만 이 계획은 오래가지 않았다. 블리스는 교장, 박사, 그리고 보건 장관에게도 편지를 썼다. 그의 기호가 남용되고 있는 방식에 대해 불평하기도 하고, 각계 각지에서 자신의 기호를 사용하고 있다고 확신하며 금전을 요구하기도 했다.

그러다 해마다 봄이 되면 센터에 찾아와 모든 사람에게 선물을 주고 키스를 퍼부었으며, 그의 거친 편지를 받은 사람들에게 깍듯하게 사과했다. 그리고 오스트레일리아에 돌아가면 다시 편지를 보냈다.

"왜 선물을 고맙게 생각하지 않습니까? 내가 당신들을 위해 얼마나 많은 지출을 했는지 모르는 겁니까? 내가 하루하루 간신히 살아가는 데 필요한 완두콩 통조림, 수프를 살 돈도 없는 것을 알고 있습니까? 내가 평생을 바친 작업 덕분에 당신들이 풍족한 급료를 받고 있는 것입니다."

사실 센터 교사들도 프로그램을 발전시키기 위해 자원과 지지를 끌어들이려고 애쓰고 있었다. 그들은 이 새롭고 실험적인 교육 방식이 지니는 가치에 대해 정부 기관과 관리들에게 알려야 했다. 맥노턴은 아이들에게 변기나 컵, 샌드위치 같이 간단한 그림 몇 장이면 충분하다고 생각하는 사람들의 주장에 반대하면서, 다른 한편으로는 아이들에게 철자를 가르쳐야 한다는 주장에도 반대했다. 한편 찰스는 캐나다를 돌아다니면서 센터 교사들이 발전시켜 놓은 것을 허물어뜨렸다. 심지어 그들의 모든 '실수'를 조목조목 비판하는 공개 강연을 하기도 했다. 그는 온타리오 장애아 센터의 교사들이 자신의 체계를 부정확하게 사용함으로써 어린이들에게 나쁜 영향을 주고 있으니 이를 중지시켜 달라고 정부 관리들에게 요구하기도 했다(한 번은 온타리오 주 보건 장관을 자택 밖에서 습격한 적도 있었다). 블리스는 자신이 그 센터를 돕고 있으며, 그래서 그 센터가 자신에게 고마워 해야 한다고 생각했다.

그러던 중 블리스가 1974년에 센터를 방문하자 그 센터장이 다시는 찾아오지 말라고 했을 때 그는 깜짝 놀랐다. 그들은 더 이상 참을 수 없었던 것이다. 이때 다른 층에서는 오스트레일리아와 캐나다의 영화 제작진이 블리스에 관한 다큐멘터리의 촬영 준비를 하고 있었고 맥노턴이 블리스를 찾으러 올라갔다. 그는 충격을 받았는지, 초조한 듯 기침을 했지만, 방금 일어난 일에 대해서는 아무 말도 하지 않았다. 그는 물을 한 잔 마시고는 맥노턴과 함께 계단을 내려오면서 관중석의 맨 앞에 있는 사람처럼 즐겁고 유쾌한 사람으로 되돌아갔다. 그는 카메라와 어린이들을 위해 연기하면서 지구의를 들고 오스트레일리아와 캐나다가 얼마나 멀리 떨어져 있는지를 설명했다.

내가 처음 그 다큐멘터리 〈기호를 만든 사람(Mr. Symbol Man)〉을 보았을 때 그 장면에서 그가 달라진 점을 알아차리지 못했다. 그러나 맥노턴으로부터 이야기를 듣고 난 뒤 다시 보았다. 그가 지구본을 내려놓았고 그 다음은 카리가 교사에게 자신의 기호판으로 단어를 이야기하는 모습이었다. 이때 화면에 그의 옆모습이 보였는데 그답지 않게 우울해 보였고 약간 당황스러워하는 것 같았다. 그의 표정에서는 활기가 사라졌으며 갑자기 허약해진 느낌이었다. 다시 화면이 바뀌고 오스트레일리아에 돌아간 그는 자신의 책상에 앉아 미소를 지으면서 극적인 분노를 나타내는 것처럼 두 손을 들어올렸다.

"사람들이 내 말을 듣지 않아요! 나를 왜 못 본 체하는 거야! 어쩌지? 어쩌면 좋아?"

그러고는 절망적이라고 느꼈는지, 쓴웃음을 지으며 고개를 돌렸다.

언젠가 블리스는 시드니의 어느 병원에서 강연을 부탁 받았다. 나중에 그는 간호사들만 참석했다고 투덜댔다.

"의사는 한 명도 없었어!"

그는 고위급 의사들이 참석하지 않으면 다음 강연을 취소하겠노라고 주최측을 위협했다. 그러자 다음 강연은 취소되었다. 그의 이야기를 다룬 다큐멘터리, 강연 초청, 그를 찾아오는 기자들에도 불구하고 그는 무시 당하고 존경 받지 못하는 것처럼 느꼈다. 의사, 대학 교수, 국가 원수 등의 관심을 원했는데 고작해야 간호사, 사회운동가, 교사 등의 관심밖에 얻지 못했던 것이다.

그나마 관심을 얻은 그는 행운아였다. 제2차 세계대전 이후에 나타난 회화적 기호 언어는 카를 얀손Karl Janson이 만든 픽토Picto(1957), 존 윌리엄스John Williams가 개발한 픽토Pikto(1959), 안드레아스 에카르트Andreas Eckardt의 자포Safo(1962) 등이 있었다. 그러나 사람들은 그 언어를 사용하지 않았다.

블리스가 두 번의 세계대전을 겪은 곳은 직함이 없으면 제대로 인정 받지 못하던 오스트리아였다. 그는 그곳에서 자라 성인이 되었다. 그는 가난한 시골뜨기였던 자신이 박사, 공학사, 박사 겸 교수 등을 만났을 때 느꼈던 경외감을 다른 사람이 자신을 만났을 때도 느끼기를 바랐다. 사람들이 그의 말을 신경 쓰지 않는 것은 제대로 된 직함이 없기 때문이라고 생각했고 그래서 직함을 얻으려고 끊임없이 노력했다. 그는 오스트레일리아의 모든 대학에 편지를 썼다. 토론토의 장애아 센터의 기호 언어의 성공적인 사례를 근거로 교수직, 적어도 철학 박사 학위라도 달라고 요청했지만 반응은 없었다(그는 죽기 직전에 마침내 우편 주문으로 철학 박사 학위를 구입했다).

하지만 그에게 직함이 있었다고 하더라도 상황은 크게 다르지 않았을 것이다. 블리스가 인터뷰와 강연(비록 '간호사 대상의' 강연이었지만)을 하는 동안, 또 다른 언어 발명가이자 박사 겸 교수였던 존 윌프강 웨일거트는 그가 만든 세계어에 관심을 가질 사람을 찾아 헛된 노력을 기울이고 있었다.

웨일거트가 1968년에 《아우이: 공간어》를 발표했을 때 아이오와 주에 있는 루터 대학의 심리학 교수였다. 그 역시 오스트리아 출신이었지만, 블리스보다 넉넉한 환경에서 성장했다. 그의 조부는 헝가리의 귀족이었다. 아버지 아르파트 바익슬게르트너는 영국의 사법 · 행정기관인 추밀원 의원이자 교수였고 빈 예술사 박물관 관장을 역임했다. 숙부 리하르트 노이트라는 유명한 건축가였다. 그들은 한때 쉰부르크 궁에서 지내기도 했으며, 빈의 저명인사들과 교류했다.

웨일거트는 소년 시절에 평화의 메시지를 전하기 위해 찾아온 날개 달린 존재를 보았다. 부모에게 그 환상에 대해 이야기하자 그들은 정신과 의사에게 그를 데리고 갔다. 의사는 지능 지수가 높은 것 말고는 아무 증상이 없다고 진단하면서, 웨일거트에게만 살짝 그런 환상을 이야기할 때는 꿈이나 시라고 말하라며 충고해 주었다. 그가 말 · 소리 · 의미 등에 관심을 보인다고 생각한 그의 아버지는 언어학을 권했다. 그래서 그는 언어학을 전공했고 제2차 세계대전이 발발하기 몇 달 전에 학위를 받았다. 그리고 전쟁 동안 미국에서 지내면서 오리건 · 캘리포니아 · 루이지애나 등지의 여러 대학에서 독일어 · 에스파냐어 · 라틴어 · 프랑스어를 가르쳤다. 전쟁이 끝난 뒤에는 유럽으로 돌아가 심리학을 공부해 학위를 받았다.

그는 1964년부터 루터 대학에서 학생들을 가르치면서 그곳에서 아우이에 관한 책을 완성했다. 그 책은 다정한 우주인이 방문한 소년에 관한 시로 시작한다. 그 우주인은 그들의 지혜를 지구인들에게 전하고 싶지만 지구의 언어로는 그렇게 할 수 없다. "우리가 수백만 개나 되는 지구의 말을 배우면 지구인들의 비뚤어진 사고방식에 감염될 것"이기 때문이다. 그래서 우주인은 소년에게 공간어 아우이를 가르친다.

아우이는 모든 개념이 불과 33개의 기본 요소에서 나온다. 그 기본 요소는 각각 이유가 있는 회화적 표현과 이유가 있는 음성적 표현을 지니고 있다.

공간

'공간이 우리 주위에 빙 둘러 있기' 때문에, 그리고 넓은 공간을 만들려면 입을 크게 벌려야 하고 어머니의 자궁이 '우리의 첫 공간'이기 때문에 mama에서의 a로 발음

빛

'광원과 광선이 퍼져 나가고' i가 가장 빠른 모음이며('빛은 가장 빨리 움직인다') 혀를 높이 입 앞쪽에 놓아 소리내기('우리는 빛을 하늘의 앞쪽 높은 곳에서 본다') 때문에 lit에서의 i로 발음

소리 / 음파

i(light)와 성질이 같지만 더 길고, '우리가 듣는 소리는 우리가 보는 빛보다 오래 걸리기' 때문에 shr*ieek*ing pol*i*ce siren에서처럼 ee로 발음

정신
성령의 삼위일체

높고 뒤에 있는 모음이며 '성령은 높이 오르지만 그 신비를 오래 감추기' 때문에 true에서와 같이 oo로 발음

아우이[aui]라는 말은 언어가 '우리의 마음이 소리를 내는 것'이므로 '공간'(a), '마음'(U), '소리'(I)를 결합한 것이며, '공간어'라는 뜻이다.

웨일거트는 아우이가 중립적 국제어로서의 역할을 하는 것과 동시에 언어 때문에 생긴 정신 질환을 치료할 수 있을 것으로 기대했다. 그것이 평화를 가져오고 이기심을 해소하며 의식과 무의식을 나란히 놓을 수 있는 우주적 진실의 언어라고 주장했다. 그는 환자들이 꺼리는 개념을 이해 시키기 위해 그 말을 아우이로 번역하게 하는 심리 요법을 개발했다. 한때 해군의 약물 재활 프로그램에서 약물 중독자들을 다루면서 이 요법을 썼는데 그의 상관이 쓴 추천서에 의하면, "이들 '의미의 요소'를 명상하는 것이 약물에 대한 욕구를 대신했다."고 한다.

웨일거트는 교수라는 직함에도 불구하고 그의 말을 들어주는 사람은 없었다. 자비 출판한 그의 책에는 기이한 선화線畵, 시, 신비적인 철학으로 가득 차 있었다. 루터 대학에 함께 재직하고 있던 그의 동료들은 당황했지만 루터파 교도답게 그를 받아들였으나, 대학 당국에서는 그를 박대했다. 대학에서 그의 저서를 배포할 수 없게 되자, 그는 몇 년 동안 여름이면 혼자 밴을 몰고 전국을 돌아다니면서, 우주의 예언자로서 길 가는 사람들을 불러 세워 아우이에 대한 이야기를 했다. 그리고 힘 있는 사람들에게 그의 계획을 지지해 달라는 편지를 썼다. 오스트리아 정치가 쿠르트 발트하임, 심리학자 B. F. 스키너, 《대지》의 작가 펄 벅, 과학자 알베르트 슈바이처, 언어학자 노엄 촘스키, 이란 국왕 등에게 편지를 썼다. 토크쇼 진행자 자니 카슨에게는 그의 쇼에서 소개해 달라고 부탁했다. 또한 소설가 커트 보니 것에게는 '필요한 번역은 기꺼이 해 드리겠으니 귀하의 단편들 속에서……예컨대 우주인이 이 말을 하도록 함으로써' 아우이를 소개해 달라고 요청했다. 늘 편지를 받는 상대가 좋아할 만한 접근 방식을 택했지만, 때로는 황당한 결과를 낳기도 했다. 여성의 권익을 위해 노력했던 문화인류학자 마거릿 미드에게 보내는 편지는 "자식이 태어난 뒤 말을 가르치는 데는 어머니가 필요한 법이므로……저는 미드 여사를 모성의 예언자로 생각하오니……"라는 문구로 시작했다. 또 미국 흑인 가수 해리 벨러폰티에게 보낸 편지에서는 아우이를 '편견 없는 언어'라고 하면서 불행히도 흑인을 연상시키는 niggardly라는 소리에 대해 이야기했다.

블리스가 편지를 쓴 사람에게 웨일거트도 편지를 보냈고, 그 둘의 편지를 받은 누군가 블리스에게 웨일거트의 작업을 이야기했음이 틀림없다. 블리스는 바로 웨일거트에게 편지를 썼으며 매우 정중한 태도를 유지했다. 자신의 보편적 기호 언어를 무시하지 않고 포용해 줄 박사 겸 교수라고 생각했던 것이다. 어쩌면 블리스 기호를 지지하도록 설득할 수 있다고 생각했을지도 모른다. 웨일거트도 마찬가지로 정중한 답장을 보내면서 블리스의 생각에 찬사를 나타냈지만, 블리스의 작업에 대해 '매우 흥미로운 노력'이라는 말 외에 다른 말은 하지 않았다. 편지의 나머지 부분은 자신의 저명한 친척들, 그가 받은 학위, 비정상적으로 높은 지능 지수 등 배경을 자랑하는 음흉한 공격이었으며, 블리스에게 이것은 비수로 가슴에 남았을 것이다.

블리스가 웨일거트의 편지를 받은 것은 1972년 4월, 그가 토론토로 처음 여행하기 직전이었다. 그는 인생에서 절정기를 맞이하려는 상태였고, 웨일거트의 작업은 블리스가 알고 있는 〈타임〉같은 매체 어디에서도 다루어지지 않고 있었으므로 블리스는 크게 신경 쓰지 않았고 다른 문제에 관심을 가졌다.

15

괴짜 본좌 블리스의 언어,
기호가 필요한 아이들의 희망이 되다

블리스가 조금만 덜 괴짜였더라면 그의 기호는 더 널리 알려졌을지도 모른다.

블리스와 웨일거트 모두 그들의 언어가 사물에 관한 근본적인 진실을 표현한다고 주장했다. 또한 언어가 그들이 가리키는 사물과 모습이나 소리가 비슷한 형태를 사용하기 때문에 그들의 언어가 투명하고 보편적으로 이해될 수 있다고 주장했다. 하지만 무엇이 '진실되고' 무엇이 '자연적인지'에 대한 그들의 관념은 전혀 달랐다.

예컨대 물을 나타내는 블리스의 기호는 소리를 나타내는 웨일거트의 기호와 같다. 웨일거트에게 물은 원시적인 것이 아니라 복잡한 개념이다.

평평한 물질 수량
j   E   n

위의 설명은 물은 가장 양이 많은 액체(jE, '평온할 때 평평한 상태를 이루는' 물질)라는 것이다.

블리스의 경우 소리가 기본적 · 원시적인 개념이 아니라 복잡한 개념 2(지구의 맨 위에 있는 귀)으로서 "공기 분자의 진동을 나타낸다"고 설명한다.

웨일거트의 물 이미지는 그것이 평평할 때 어떻게 보이는지를 가리키고, 블리스는 파도가 있을 때 물이 어떻게 보이는지를 나타냈다. 블리스의 소리 이미지는 그것을 받아들이는 신체 기관, 웨일거트의 소리 이미지는 그것이 전해지는 '파'의 물리학을 가리킨다.

누가 진실을 지니고 있는가? 누구의 표현이 더 '자연적'일까?

만약 같은 지역 출신으로 같은 언어를 말하는 두 사람이 사물의 '참된' 표현에 대해 서로 의견이 다르다면 누구의 표현이 보편적이라고 말할 수 있을까?

어느 체계에서나 문장을 이해하는 것은 한 사람의 의견을 짐작하고 의도를 추측하는 행위이다. 특히나 블리스나 웨일거트의 언어는 보편적인 것과는 정반대이다. 그들에게는 독심술이 필요하며, 그것은 프랑스어를 배우는 것보다 훨씬 더 어려운 일이다.

이미지를 나타내는 기호를 사용해서 의미를 전달할 수는 있지만, 의미가 모호하거나 여러 가지로 해석될 수도 있기 때문에, 이미지를 원칙으로 언어를 만들기란 어렵다. 그래서 그 같은 원칙으로 운용되는 언어나 기록 방법은 없다.

이미지로 만든 언어에 수화手話가 포함된다. 사실 수화는 나라마다 다르고, 그 때문에 1950년대에 새로 결성된 세계 농아 연맹에서는 국제적인 규모의 행사에서 사용할 수 있는 보조적인 수화 체계의 개발을 검토하는 위원회를 구성했다. 그리고 1975년에 발표된 그 결과가 바로 수화의 에스페란토라고 할 수 있는 제스추노Gestuno였다.

수화도 구어가 달라지는 것과 같은 이유로 달라진다. 즉 사람들이 서로 어우러져 사용하면서 자연스럽게 진화되는 것이다. 듣지 못하는 사람들이 모여 사는 곳이나 학교나 단체에 농아들이 많거나, 어쨌거나 그들이 무리를 이루면, 자연히 수화가 만들어진다. 수화는 '행동으로 나타내는' 몸짓(모호하게 부분적으로 이루어지는 일종의 소통)을 바탕으로 만들어진 것인지 모르지만, 세월이 흐르면서 의미가 발달하고 문법적인 차이까지 표현하면서 완전한 소통이 이루어지는 실제의 언어 체계가 되었다.

수화는 인습적인 동의에 의해 그 뜻이 정해지며, 수화를 하는 사람들이 달라지면 그 동의도 달라진다. 예컨대 미국의 수화에서 아래의 동작이 모자를 의미하는 것은 그것이 머리 위에 모자를 쓰는 모습과 비슷하기 때문이 아니라 미국 수화 사용자

모자를 뜻하는 미국의 수화

들의 사회가 그 뜻을 모자라고 정했기 때문이다.

네팔 수화의 사용자들은 그것을 다른 뜻으로 정했다. 즉 똑같은 수화가 잘했다는 뜻이 되는 것이다.

잘했다는 뜻의 네팔 수화

이 수화가 잘했다는 뜻으로 머리를 쓰다듬는 것이나 머리 위에 모자를 쓰는 것과 '비슷해 보이는가?' 그것은 중요하지 않다. 중요한 것은 네팔의 수화 사용자들이 그것을 잘했다는 뜻으로 동의하고, 미국의 수화 사용자들은 그것을 모자라는 것으로 동의했다는 사실이다. 그 의미는 시각적인 모습에 따르는 것이 아니다.

많은 수화가 그 동작이 나타내는 의미와 비슷해 보이지만, 그러나 그 동작이 왜 그 뜻인지 설명하는 것은 무의미하다. 이것은 구어에서도 마찬가지이다.

아침식사를 뜻하는 영어 breakfast는 여덟 시간 정도 음식을 먹지 않고 아침에 음식을 먹는 fast(단식)를 break(깨뜨리다)에서 유래한 이유 있는 단어이다. 하지만 breakfast가 단식을 멈춘다는 뜻은 아니다. 그것은 아침에 먹는 식사 또는 아침식사를 어느 때나 하는 사람이 달걀과 팬케이크 정도를 먹는 식사를 뜻한다. breakfast는 이 말이 사용되는 방식으로 의미를 얻는 것이며, 과거의 어느 때 break와 fast라는 말에서 만들어졌다는 사실은 중요하지 않다(따라서 breakfast의 break가 brek으로 발음하게 된 것도 중요하지 않으며, 단어의 뜻을 이해하기 위해 유래까지 알 필요도 없다).

그와 마찬가지로 소녀를 나타내는 미국 수화(뺨에 대고 선을 긋는 것처럼 한다)는 관습적인 사용을 통해 그 뜻이 생긴 것이지 소녀들이 많이 쓰는 끈 달린 모자 보닛의 끈이라는 시각적 모습으로부터 유래한 것이 아니다(따라서 소녀들이 보닛을 쓰지 않더라도 아무 문제가 되지 않는다).

소녀를 뜻하는 미국의 수화

제스추노는 대부분 국제어 계획과 마찬가지로 실패했다. 그것을 만든 위원회는 기존의 수화들 중 가장 의미가 그럴듯한 수화를 고르면서 어느 한 나라의 것이 너무 많지 않도록 했다.

농아들은 선정된 수화를 이해하기 어렵다고 불평했다. 게다가 제스추노는 문법이 아니라 어휘의 목록만 있어 문장을 만드는 데 필요한 지침이 없었다. 최초로 제스추노 통역이 이루어진 1979년 불가리아 세계 농아 대회 때 통역자들은 제스추노의 수화를 단지 구어의 불가리아어 문장 구조에 맞추었다. 그런데 수화는 주위의 구어와 똑같은 어순이나 문법을 따르지 않는다. 그래서 아무도 제스추노로 설명하는 내용을 이해하지 못했고 대회가 어떻게 진행되고 있는지 아는 사람이 한 명도 없었다. 제스추노는 참담하게 끝났다.

제스추노를 대신한 다른 것이 있다. 바로 국제 수화라는 일종의 자발적인 혼성 수화였다. 사실 이것은 제스추노 이전부터 오랫동안 존재했다. 1920년대부터 시작된 농아 올림픽 같은 국제 행사에서 서로 다른 수화를 쓰는 농아들은 함께 어울릴 때마다 재빨리 서로 소통할 수 있는 방법을 찾아낸다. 수화를 훨씬 천천히 하고 몸짓을 덧붙이며 여러 가지 방식으로 정보를 반복함으로써 곧 일종의 소규모적이며 불완전하지만 관습적인 동의에 이르는 것이다. 그들은 표준을 정하려고 하지만, 한 나라에서 사용하는 수화보다는 의존도가 떨어진다.

그러나 수화의 표준을 만드는 것은 서로 다른 언어를 사용하는 사람들이 만나 표준을 만드는 것보다 훨씬 빨리 그리고 수월하게 이루어진다. 그것은 눈에 보이는 동작을 하는 것이 수화의 주된 원칙은 아니더라도 수화의 중요한 특징이며, 탐구할 만한 잠재력이 있기 때문이다. 구어에도 이 잠재력이 있지만(어떤 것은 '오래' 또는 '오오오오오오오래' 지속될 수 있다) 훨씬 적다.

수화에서나 기호에서나 시각적 형태는 그 자체만으로는 소통에 적합하지 않다. 그 뜻을 해석해야 하기 때문이다. 하지만 그 해석이 단순해져 두 사람이 맞다, 아니다를 확인하면서 의미를 해석할 수 있다면 그것은 매우 유용하다. 온타리오 장애아 센터의 교사들은 바로 그것을 깨닫고 이용한 것이다.

한 어린이가 '꿈'이라 말하고 싶지만 기호판에 그 기호가 없으면 '잠자다＋생각하다'를 가리켰다. 그러면 교사는 '꿈'이라고 짐작하고, 아이는 그것이 맞다고 확인했다. 만약 교사가 추측을 틀리게 했다면, 교사가 다시 추측 하거나 그 어린이가 다르게 조합할 수도 있다. 이들 어린이들은 항상 추측으로 의사소통을 했지만 그 추측을 확인할 길이 없었다. 블리스 기호를 알기 전까지 말이다.

만약 한 어린이가 자신의 의사를 전달할 수 있는 그림 몇 개를 가지고 있었다면 그는 침대의 그림을 가리켜 '꿈'이라는 말을 하려고 했을지도 모른다. 그러면 어른은 "졸려? 베개 줄까? 침대에 뭐가 있니?" 하고 물을 것이며, 그 어린이는 아니라고 표현할 방법이 전혀 없다. 그 어린이들이 블리스 기호와 그것의 조합을 통해 추상적인 개념도 표현할 수 있게 되었고, 비로소 적극적으로 해석의 범위를 한정시키는 방법을 갖게 되었다.

그리고 이것이 그들의 삶을 엄청나게 변화시켰다. 토론토에 갔을 때 나는 다른 학생에게 블리스 기호를 배우기 전에 어떻게 소통을 했는지 물었다. 그러자 그는 컴퓨터에 'Kick(발로 찼어요)'이라는 한 단어를 입력했다.

비록 블리스 기호가 어린이들의 대화를 크게 개선시켰지만 그래도 완벽한 것은 아니었다. 어린이들은 블리스 기호에서 정해진 특별한 약속을 알고 있는 교사나 부모와는 어떤 소통이든 가능했지만 모든 사람과의 소통이 가능한 것은 아니었다. 소통에 다가갔지만 완전한 접근은 아니고, 매우 유용한 도구였지만, 언어는 아니었다.

그래서 온타리오 장애아 센터의 직원들은 블리스 기호가 영어를 배울 수 있는 중간 다리 역할을 할 수 있도록 그 체계를 조정했다. 기호판에 알파벳을 덧붙임으로써 어린이들은 철자를 다 몰라도, 말하려는 단어의 첫 글자를 가리킴으로써 기호를 한정시킬 수 있었다.

교사들은 또 자기가 쓰는 언어의 형태에 맞춰 기호를 이용했다. 헝가리에서는 헝가리어의 어순을 반영해 기호들의 순서를 바꾸고 필요한 문법적 부호에 해당하는 기호를 덧붙였다. 이스라엘에서는 기호를 오른쪽에서 시작해 왼쪽으로 적어 나갔다. 이런 변형은 모두 블리스를 격분시켰다. 블리스 기호는 자신이 발명한 세계어였기 때문이다.

온타리오 장애아 센터의 운영진이 블리스에게 더 이상 찾아오지 말라고 통보하자 그의 간섭은 이전에 비해 열 배가 늘었고 심지어 소송을 제기하겠다고 했다. 두 번이나 센터에서 그의 기호를 사용할 권리를 인정하는 합의에 이르렀으나(그 합의 내용 중 하나는 센터 간행물의 모든 기호에 그가 직접 승인한 것은 아니라는 ⓑ 표시를 붙여야 한다는 조항이 있었다), 그는 항상 핑계거리를 찾아내 그 합의를 깨고는 새로운 공격을 퍼부었다.

그는 '무책임하고 비합리적인 여성인 셜리 맥노턴 여사가 내 작업에 가하는 교묘한 술책과 왜곡에 대한 내 항의를 표하기' 위한 것이라면서 유럽의 모든 장애아 단체에 편지를 보냈다. 그리고 '내가 토론토에서 당한 데리'라는 글을 써서 정부 기관, 언론, 그리고 관심 있을 것으로 생각되는 모든 사람에게 편지를 보냈다. 그래서 맥노턴은 간혹 모르는 사람들에게 '당신이 뭔데 그르느냐?'는 식의 편지를 받기도 했다. 그러면서 블리스는 그녀에게 자신이 많이 사랑하며 '더욱 큰 영광을 함께할' 수 있기를 기대한다는 편지를 썼다. 그리고 다큐멘터리 〈기호를 만든 사람〉을 본 뒤에는 다음과 같은 전보를 보냈다.

> 영화에서 할리우드 미인들보다 더 아름다운 귀하의 클로즈업 보았음 어느 때보다 사랑함 보브 케빈 데이비드에게 안부 전해 주실 것

블리스는 존경을 원했고, 존경보다 사랑을 더 원했다. 그래서 사람들이 그에게 화를 내거나 그와 관계를 끊으려고 할 때, 그 원인이 바로 그 자신의 비이성적인 행동 때문임에도 불구하고, 진심으로 충격과 상처를 받았다. 그는 자신이 매력적인 사람, 재미있는 사람, 이기심 없는 인류애의 소유자라고 생각했다. 그가 자주 말했지만 사실인지 의심되는 이야기가 있다. 부헨발트에서 석방될 때 만돌린 연주로 나치 간수들의 심금을 울렸다는 것이다. 그는 자신의 관대한 정신이 지니는 마력에 대해 한 치도 의심해 본 적이 없다.

그래서 때로는 그가 너무 지나쳤다고 여겨질 때면 사랑을 되찾기 위한 노력을 기울였다. 하지만 그 노력은 결코 오래 가지 않았다. 때로는 울고불고 한 번만 봐달라며 매달리지만 바로 그 다음 날, 격렬한 분노를 느끼고 맹렬하게 비난한다. 그 자신도 어쩔 수 없는 일이었다.

다음은 그 다음 해에 온타리오 장애아 센터에 보낸 크리스마스카드의 내용이다.

> 여러분의 즐거운 성탄과 지상의 평화, 모든 사람에게 선의를 기원합니다.
> 그래요, 모든 사람에게 선의를 기원하지만, 한 사람의 여인 맥노턴 여사에게는

아닙니다. 그 사람은 나를 죽이려 하고, 내가 죽어 자신이 마음대로 하기를 바라지만 나는 죽지 않을 것입니다. 여러분은 착한 여인을 보호하고 있다고 생각하지요. 하지만 그 여자는 착하지 않습니다. 그 여자는 검은 머리카락과 검은 마음씨를 지니고 있습니다.

한때 맥노턴은 모든 것을 그만두려고 생각했지만, 학생들을 두고 떠날 수 없다고 생각했다. 그래서 블리스와 상대하는 것을 일로만 생각하기로 했다. 그는 해마다 봄이 되면 찾아왔고, 그녀는 여전히 따뜻하게 그를 맞이했다. 많은 일이 있었지만 그녀는 그에 대한 존경심을 유지했으며 정말로 그가 기뻐하기를 바랐다. 그런 모든 일을 겪은 뒤에도 그녀가 평정을 유지한 것은 효과가 있었지만 엉뚱한 상황을 야기하기도 했다. 블리스에게 보낸 다음과 같은 그녀의 편지에서도 그것이 드러난다.

> 찰스 선생님
> 이 편지는 '셜리 맥노턴이 내 논리적인 기호 체계에 대해 무지하다는 세 가지 참담한 증거와 그녀의 무지로 인한 파국적 결과'라는 7월 19일자 편지와 그 뒤에 쓰신 7월 21일자 편지에 대한 답신입니다. 두 번째 편지를 받기 전 저는 선생님께서 요청하신 5000달러에 대해 센터의 운영진과 논의했습니다. 앞으로 선생님의 비용에 관한 문제는 그분들과 직접 연락하시기 바랍니다.
> 화살표의 굵기에 관한 저희 전보에 빨리 답장해 주신 것에 대해, 그리고 9월에 가서 기호들에 대해 작업하시고 싶다고 밝혀 주신 7월 21일자 편지에 감사를 드립니다.

가을에 이루어질 더 많은 기호 개발에 선생님의 참여가 있으시기를 기대합
니다.

셜리 맥노턴 올림

이윽고 둘은 더 이상 공존할 수 없게 되었다. 블리스는 변호사들을
고용했고 센터는 그를 쫓아내기 위해 그와 합의를 원했다. 그리하여
온타리오 장애아 센터는 블리스 기호를 독점적으로 영구히 사용할 수
있는 권리를 얻었고, 블리스는 16만 달러를 받았다. 당시 그 학습 과
정을 주관하고 있던 자선 단체 이스터 실스가 그 대금을 지불했다.

그렇다, 자칭 인류의 구원자였던 블리스가 장애아들로부터 16만
달러를 훔쳤다고밖에 다른 표현 방법이 없다.

나는 맥노턴이 남편과 함께 살고 있는 작고 조용한 마을 온타리오
주 겔프에서 그녀를 만났을 때 그 합의 내용의 세부적인 사항에 대해
알 수 있었다.

그들의 집 곳곳, 피아노 위 거울이나 자수를 놓은 쿠션 등에 블리
스 기호가 보였다. 주방의 뒷벽에는 '사람들을 돕는 사람들을 돕는
사람들을 돕는 사람들을 돕는 사람들'이라는 뜻의 블리스 기호가 적
힌 타일이 붙어 있었다.

나는 블리스가 그 합의에 따라 얼마나 많은 돈을 받았는지 이야기
를 들었을 때 참을 수가 없었다. 블리스는 이기적이며 맹목적이고 미
친 사람이라고 말했다. 그런데 그녀의 반응은 의외였다.

"그래요, 처음에는 힘들었지요. 하지만 모두 궁극적으로 그 기호가

필요한 어린이를 위한 일이었어요. 나는 지금 블리스가 처음 우리를 찾아왔을 때 나이가 되었어요. 그래서인지 그 사람을 좀 더 이해하게 됐어요. 시간이 얼마 남지 않았다고 생각하니 점점 어떤 일은 참기가 어렵더라고요."

그녀가 가장 유감스럽게 생각하는 것은 그 때문에 학습 과정이 타격을 받은 점이었다. 블리스 기호를 이용하는 학습 방법은 캐나다와 스웨덴, 기타 몇몇 나라의 여러 학교들에서 산발적으로 사용되고 미국이나 영국 등지에는 소개되지 못했다. 만약 그들 나라에 소개가 되었다면 좀 더 많은 나라에서 사용될 수 있었을 것이다.

오늘날 다른 기호 체계들도 사용되고 있지만, 블리스 기호보다 그림이 많고 덜 추상적이며 유연성도 떨어진다. 그리고 의사소통에는 도움을 주지만 완전한 언어로 이어지도록 하는 가교 역할을 하는, 적어도 자신의 의사를 표현하기 힘든 정도의 장애를 가진 어린이들에게는 적합하지 않다. 그녀는 이들 다른 기호 체계가 더 많이 쓰이는 것에 대해 이렇게 말했다.

"사회가 장애아에 대해 '그림 몇 장이면 충분하다'고 생각하는 것이 반영된 것이지요. 장애의 정도를 고려해 개선하려는 배려가 전혀 없어요. 완전한 언어를 구사하게 할 생각을 전혀 하지 않아요."

토론토에서의 마지막 날 저녁, 나는 블리스 기호를 배웠던 학생으로 지금은 블리스 기호의 학습 과정에 관한 일에 종사하는 폴 마셜과 식사를 함께했다. 그의 뇌성마비는 그다지 심하지 않았다. 동작이 어색하고 균형이 잡히지 않지만, 걸을 수도 있고 한 손가락으로 가리키거나 타자도 칠 수 있다. 그러나 말은 하지 못한다. 열두 살 때까지 대부분 어머니의 추측으로 의사를 전했다. 그런 그가 블리스 기호 학습 과정과 만났다. 당시 그는 절망에 빠져 화를 내기도 하고 우울 증세를 보이기도 했다. 18세에 이르러서야 완전한 영문을 공부하게 되었다. 지금은 토론토에서 북쪽으로 120마일 정도 떨어진 곳에 있는 그 자신의 아파트에서 지내면서 웹마스터로 일하고 있다. 그는 '블리스 기호는 내게 일어난 가장 커다란 일 가운데 하나'라고 이야기했다.

그날 저녁 식사 후 그는 집으로 가는 버스를 탔다. 그날 밤 엄청난 폭설이 내려 5시간 동안 길이 폐쇄되었고 그는 같이 타고 있던 승객에게 어머니에게 전화를 걸어 걱정하지 말라는 소식을 전해 달라고 부탁했다. 그는 자신의 말을 사용해 생각을 전했던 것이다. 모호한 해석이나 짐작은 없었다. 단지 버스에 타고 있던 다른 승객들과 마찬가지로 꼼짝할 수 없게 된 것에 분통을 터뜨렸을 뿐이었다.

블리스는 종종 '블리스 기호에게 가장 커다란 장애물은 내가 아직도 살아 있다는 사실'이라는 말을 했다. 대부분 그 말은 천재가 살아 있으면 사회가 그 천재를 알아차리지 못한다는 비난의 뜻이었다. 하지만 때로는 스스로 자신의 가장 해로운 존재임을 인정하고 자책하는 말처럼 들렸다. 그는 자신을 위해 무엇인가를 해 줄 수 있었던 거의 모든 사람을 화나게 만들었고 떠나보냈다.

그럼에도 불구하고 몇 사람에게는 헌신적이라 할 만한 충성심을 불러일으켰다. 그것은 그의 격정적인 카리스마 때문이기도 하고 동정심 때문이기도 하다. 맥노턴은 그에 대해 소박한 분노 말고 다른 표현을 한 적이 없었다. 그가 마지막으로 토론토에 왔을 때 그들은 센터의 운영진과 변호사들이 가득 찬 방에서 그녀가 블리스 기호를 가지고 하는 작업에 대한 법적 문제를 따졌다. 그러나 밤이 되면 그녀는 블리스의 누추한 호텔방으로 찾아가 그가 의사의 처방에 따라 귀에 약을 넣는 것을 도와주었다. 그게 무슨 의미가 있는 일이었느냐고 묻자 그녀가 대답했다.

"글쎄, 그 사람에게는 아무도 없었거든."

블리스는 센터에서 받은 돈을 블리스 기호에 대한 교본을 출판하는 데 쏟아 부었다. 그것은 그가 낸 간행물 가운데 가장 훌륭한 것이었다. 선홍색 단단한 표지에 두 개의 고리를 철한 바인더 형태로 고급 용지를 사용한 본문은 564페이지에 달했다. 교본 안의 모든 기호는 그림 전문가가 그의 지시에 따라 그렸지만 그 내용은 여전히 거칠고 터무니없는 고전적인 블리스 그대로였다. 다음은 증기의 기호를 가르치는 법에 대한 그의 설명이다.

불 위에 냄비나 솥을 올려놓고 김이 나올 때 장애아의 손가락을 김 가까이에 가져가도록 한다. 물론 약간 뜨겁겠지만, 증기가 정말 무엇인지 그리고 그것이 차갑거나 약간 미지근한 것과 왜 반대인지 평생 잊지 못할 교훈이 될 것이다.

그 책의 대부분은 1985년 블리스가 세상을 떠나고 일어난 화재 때 파손되었다. 시드니의 의사이자 정치가였던 더글러스 에버링엄이 남아 있는 유산의 집행인 가운데 한 사람으로 지명되었다. 국제어 문제에 관심이 있었던 에버링엄은 블리스의 작업 초기의 지지자였으며 그가 오스트레일리아의 보건 장관으로 재직했던 1970년대에는 그 자신의 명성에 대한 위험을 무릅쓰고 블리스 기호를 널리 알리기 위해 최대한 노력했다. 물론 블리스는 에버링엄이 열심히 노력하지 않는다고 생각했으며, 한번은 그가 재선을 위해 선거 운동을 하고 있던 집회에 나타나 "에버링엄 물러가라!"라고 하거나 그보다 더 심한 말까지 하면서 그를 공격했다.

에버링엄은 내게 이메일을 보내 자신은 블리스에 나쁜 감정은 없다고 하면서 내게 블리스를 불쌍히 생각해 달라고 했다. 그리고 블리스가 홀로코스트의 생존자, 난민, 이민자라는 점을 상기시켰고, 블리스는 그 같은 일이 다시는 일어나지 않도록 하기 위한 단 하나의 해결책을 자신이 발명했다고 정말로 믿었다고 했다.

하지만 나는 블리스의 글을 보다가 그에게도 회의가 든 순간이 있었음을 발견했다. 그의 책에 있는 내용 중 심리학자가 어떻게 사물을 해독하는지에 대한 글에는 다음과 같은 구절이 있다.

이 책의 저자인 블리스를 보라. 그는 그의 작업이 인류를 위해 애쓴다는 생각에서 이루어지는 것으로 믿는다. 하지만 그것은 어쩌면 대중의 인정을 받고자 하는 열망일 뿐인지도 모른다. 교사들을 공격할 때 그는 인류의 자녀를 방어하기 위한 것이라고 생각했다. 하지만 어쩌면 그것은 그들이 검토해 보려고도 하지 않았던 그의 작업을 거부한 사람들에 대한 질시·원한·분노일 뿐인지도 모른다.

그는 21세기에 자신의 발명이 혁명을 일으킬 것이라 생각한다. 그럴 리가 있나! 교사들은 요지부동일 것이다. 그래서 그는 자신이 선구자이자 순교자라고 느끼면서 '불가능한 꿈을 꾸고, 물리칠 수 없는 적을 물리치고 기타 등등 기타 등등' 하고 외친다.

자, 과연 정말 무엇이 그를 움직이는 것일까?

그의 말은 거기서 끝난다.

ei do cusku le do se skudji
너는 말해지기를 열망하고 있는 말을 해야 한다.

i mi go'i i y ju'oru'e y i mi skudji le mi se cusku i ka'u la'e d'u mintu
나는 마지막 제안이 방금 언급한 것을 하고 있다. 나는 말해지기를 열망하는 말을 하고자
열망하는 사람이다. 나는 문화적으로 마지막 말이 가리키는 것이 똑같음을 알고 있다.

na mintu
같지 않다.

___ 로지반으로 번역한 〈이상한 나라의 앨리스〉

"그럼 너는 하려는 말을 해야 돼." 하고 토끼가 말을 계속했다.
"그럴게."
앨리스가 재빨리 대답하고는 덧붙였다.
"적어도 내가 말하려는 것 말이야. 알다시피 똑같은 것이지만."
"전혀 똑같은 게 아냐!"
모자 장수의 말이었다.

___ 루이스 캐럴의 〈이상한 나라의 앨리스〉

6

카리스마
제임스 쿡 브라운,
언어 안에 논리를
세우다

16

워프의 가설, 언어가 진실을 위해
봉사하게 하라

언어를 "현실과 나란히 서게 하고, 연장에서 때와 녹을 벗겨"내면 된다고?
뭐라는 거야?

어 스페란토 이후 블리스 기호와 아우이, 기타 몇몇 그림 문자를
사용하는 언어들이 등장했다. 이들이 큰 반향을 일으키지는
못했지만 이는 1938년의 베스트셀러 가운데 하나가 말한 것처럼, 대
중들 사이에 널리 퍼진 '말의 독재'라는 관념을 반영한 것이었다.

블리스와 웨일거트 모두 그들의 작업은 다른 언어 배경을 가진 사
람들이 서로 소통할 수 있으며 나아가 자연어가 감추거나 왜곡시키
는 진실을 드러내는 방법이라고 주장했다. 그들은 언어가 정신을 비
틀어놓는다고 가정하고 언어를 만들었는데 그 가정은 음모론자들의
생각이 아니었다. 이는 블리스와 웨일거트가 그들의 언어를 만들던
1930년대부터 1950년대까지 당시 지식 사회의 분위기 가운데 일부
이기도 했던 것이다.

물론 나치와 소련의 선전 조직이 언어의 힘을 최대한 나쁘게 이용한 증거이지만 '말의 독재'라는 관념은 때때로 나쁜 사람들이 나쁜 목적으로 언어를 이용한다는 주장을 넘어서는 것이었다. 그것은 우리의 언어가 지니는 그 구조 때문에 우리의 사고 습관이 잘못되고 있다는 것이다.

이 관념은 세계대전 이전부터 유행한 것이었다. 언어학자 오그던과 문예 평론가 리처즈가 함께 쓴 《의미의 의미》(1923)에서 그들은 온갖 혼란은 "말이 어떤 식으로든 사물의 일부이거나 또는 그들에 대응되는 사물을 항상 보여 준다는 미신" 때문이라고 비난했다. 훗날 오그던은 이 '말의 마술' 문제를 그의 기본영어로 해결하려고 했다.

10년 뒤 알프레드 코르집스키 백작이 《과학과 분별》을 내놓았다. 이 책은 언어가 우리 두뇌에게 잘못된 현실을 인식하도록 길들인다고 주장하면서 우리를 '노예로 만드는' 방법까지 소개한다. 난해한 전문 용어로 가득 차 있는 이 책은 아마 실제로 읽은 사람보다 그 책을 읽었다고 주장하는 사람이 더 많을 것이다. 하늘색 표지의 그 책은 그의 추종자들조차도 '푸른색 위험물'이라 부를 정도였다.

코르집스키의 생각들은 문화 전반에 잔잔한 파문을 일으켰다. 이는 앞서 언급한 《말의 독재》를 쓴 스튜어트 체이스나 《행동의 언어》를 쓴 S. I. 하야카와 등 대중적인 저자들이 코르집스키의 생각을 분석한 것이 큰 영향을 미쳤다. 당시 아는 척하기를 좋아하는 칵테일 파티의 손님이라면 한쪽에서는 '일반 상대성'으로, 다른 쪽에서는 '신경 의미론 반응'으로 아는 척을 하다가 '코르집스키'를 한두 번 언급하면 그 대화를 서로 결합시킬 수 있었다. 그러면 아는 것이 많은 사람들은 그 이야기에 호응해 진지하게 고개를 끄덕였다.

　　　　　　　　하지만 주류 학계에서는 달랐다. 코르집스키는 무소속 학자로서 모든 것에 관해 이론을 전개해 나가는 데 그 어느 분야에서도 전문적으로 인정받은 적이 없었다. 그는 저서를 출판하면서 설립한 일반 의미론 연구소에서 세미나를 개최했다. 그는 세미나를 통해 언어에 의해 야기되는 사고의 오류를 극복하는 기법을 홍보했다. 이를테면 be 동사를 주의하라("is는 미친 것"이라는 말을 달고 살았다), 말하는 대상에 숫자를 붙여라(예컨대 모든 것을 총칭하는 추상적인 연필은 없으며 오직 연필1, 연필2, 연필3 등뿐이라고 했다), 그리고 자주 '기타 등등'을 삽입하라(이야기에는 자신이 하는 말보다 항상 더 많은 것이 있음을 알려야 한다고 주장했다) 등이었다.

그의 세미나는 감정적이고 부흥회 같은 느낌이 있었는데 이 역시 학계에서 그가 인정받는 것을 방해하는 요소였다. 그가 세미나에서 감정적 조종을 보여준 재미있는 사례가 있다. 여학생을 무대에 오르게 해서 그녀의 뺨을 때리고는 청중을 향해 이렇게 말했다고 한다.

"이것은 정당화의 메커니즘을 과학적으로 시범을 보인 것입니다. 여러분이 이렇게 놀라는 반응은 정당하지 않습니다."

여러 직업을 가진 많은 사람들은 코르집스키의 수련법인 일반 의미론이 놀라울 정도로 다양한 문제를 해결할 수 있다고 주장했다. 기업가들은 이 수련법으로 고객의 돈을 절약시켰다고 말했으며, 정신과 의사들은 알코올 중독·동성애·불감증·색정증 등을 치료하고, 교사들은 난독증·말더듬·무대 공포 등을 치료한다고 말했다. 심지어 어느 치과 의사는 충치 치료를 위해 봉합한 금속이 제자리에 있게 하는 데 도움이 된다고까지 말했다.

스스로 언어를 제어할 수 있으면 자신의 정신을 제어하고 자신의 문제를 해결할 수 있다는 발상은 많은 사람들을 매혹시켰다(이 생각은 신경언어 프로그래밍 같은 자기계발 벤처기업의 형태로 오늘날에도 인기를 누리고 있다). 그리고 그들은 새로운 디스토피아 문학에서 제기되는 언어와 정신의 관한 경고를 심각하게 받아들였다.

1938년에 간행된 에인 랜드의 소설 《송가^Anthem》 속에서는 미래의 집단 사회에서 살아가는 시민들은 대명사 I가 없기 때문에 그들 자신의 개성을 인식할 수 없다. 조지 오웰의 《1984년》(1949년에 처음 출판되었다)에서는 어느 전체주의 국가가 뉴스피크의 도입을 통해 국민들을 통제한다. 체제를 바꾸는 엄청난 일이 벌어지지만 이를 나타내는 말이 없어 국민들은 이것이 어떤 일이라는 생각을 아예 못하는 것이다.

불쌍한 언어 같으니.

사람들은 항상 이러니저러니 언어를 비난해 왔지만, 1930년대와 1940년대에 언어는 심각한 타격을 받았다. 에스페란토 시대에는 언어가 사람들을 서로 적대시하게 만든다는 비난을 받았다. 문제는 언어가 상호 이해를 방해하는 것이었으며, 해결책은 모든 사람이 이해할 수 있는 언어를 발명하거나 선택하는 것이었다. 에스페란토 이후의 시대에는 치아 부식부터 대학살까지 모든 것이 언어 때문이라는 비난을 받았다.

이제 언어의 문제는 사고를 지배한다는 것이다. 하지만 해결책은 무엇인가? 분명한 것은 새로운 언어의 발명은 아니라는 것이다. 이제 아무도 언어를 발명한다는 생각을 진지하게 하지 않는다. 블리스 기호는 조롱의 대상이었다(블리스는 어느 저명한 일반 의미론자가 그의 기호를 평가하며 '전혀 훌륭한 것이 아니었다'는 말을 했다고 고백한 바 있다). 이 해결책은 언어를 현실과 나란히 서게 하는 것, 언어라는 연장에서 때와 녹을 벗겨내 현실을 그대로 보여 주는 것, 사람들에게 언어를 적절하게 사용하는 법을 가르쳐 언어가 진실을 위해 봉사하게 하는 것이었다.

하지만 진실을 어떻게 판단할 것이냐는 문제는 둘째 치고, 그 때와 녹이라는 것이 무엇일까? 그리고 그것은 어디에 있으며 어떻게 제거할 것인가? 물론 견해의 차이가 있다. 오그던은 의미 있는 말처럼 보이는 추상적인 말이 문제라고 생각했다. 즉 '야기'니 '정치적'과 같은 '허구'가 '의자'나 '붉은색' 같은 훌륭한 말의 작용을 흉내 내는 것이다. 해결책은 훌륭한 말에 의지하는 것이었다. 하지만 코르집스키는 다르게 생각했다. '의자'니 '붉은색'도 마찬가지로 문제라고 했다. 해결책은 우리 자신에게 의자라는 것은 없으며(단지 의자1, 의자2, 의자3, 내가 1934년 경험한 의자3, 내가 지금 경험하는 의자3 등등 뿐이라는 것), 그리고 붉은색은 오로지 어느 빛의 파장에 대한 주관적·개인적 경험이라는 것을 깨닫는 것이다. 그리고 오웰이 생각한 때와 녹은 1946년에 발표한 〈정치와 영어〉라는 글에서 짐작해 볼 수 있다. 바로 따분한 비유, 길고 엉뚱한 말, 수동태 등이었다.

비평가들이 언어의 질병을 치료하기 위한 여러 가지 요법을 다루기는 했지만, 어느 누구도 언어가 사고에 나쁜 영향을 미친다는 것에는 의문을 품지 않았다. 하지만 1950년대가 되자 학자들은 이 가정을 더욱 면밀히 검토하기 시작했다. 심리학·인류학·사회학 등의 여러 분야들은 경험론적 관찰, 측정, 실험 등과 같은 과학의 메커니즘을 이용해 언어를 정신 · 의미 · 문화 등 인간 행동의 부드러운 영역에 적용시키는 방법을 찾아 나섰다.

그리고 언어가 인간의 사상에 영향을 미치느냐는 문제에 이르렀을 때 현대의 사회학자에게는 두 가지 선택이 있었다. 하나는 전성기를 누리고 있던 행동 심리학의 관점에서 직접 관찰할 수 없으므로 모든 사고의 논의를 비과학적이라고 거부하거나, 다른 하나는 냉정하고 견고한 데이터를 사용해 자신의 가설을 시험하는 방법을 찾는 것이었다. 언어와 사고에 대해 생각하는 것은 더 이상 안락의자에 앉아 생각하는 것은 용납되지 않았다.

그와 동시에 벤저민 워프의 논문이 사후 재간행되면서 학계에서는 언어와 사고의 문제가 새로운 관심을 끌고 있었다. 워프는 화공 기술자였으며 화재 보험 회사에서 검사관으로 일하다가 취미로 언어학 연구를 시작했다.

그는 인류학자이자 언어학자였던 에드워드 사피어와 함께 연구를 계속했고, 미국 원주민의 언어에 대한 연구는 매우 높은 평가를 받았다. 논문들이 전문지에 발표되고 예일 대학교로부터 특별 연구원으로 연구비를 받았음에도 불구하고 그는 여전히 이방인이었다. 여전히 보험 회사에서 일했으며, 석 · 박사 학위가 없었다. 게다가 그의 언어학적 탐구의 내용 중에는 많은 학계 인사를 거북하게 만드는 종교적 시각도 있었다(그는 기이한 신지학 교파의 추종자였다).

사고에 미치는 언어의 영향에 대한 워프의 생각도 언어학적으로 순진한 대중들 사이에서 인기를 끌고 있던 '말의 독재'에 관한 논쟁에 가까웠다. 이런 점들은 주류 언어학자들을 더욱 거북하게 만들었다.

　그러나 워프는 다른 식으로는 순진했을지 몰라도 언어학적으로는 순진하지 않았다. 언어와 사고에 관한 그의 생각은 언어의 문법 구조에 대한 전문적이고 정교한 이해로부터 나온 것이었다.

　워프는 '새로운, 그리고 의미론에서 대부분 잘못된 관심'이라고 한 내용에 대해 다음과 같이 설명했다.

　"언어라는 말을 들으면, 영어만을 떠올리는 지역주의적인 견해에 의해 손상된 부분을 말하는 것입니다."

　그는 말이 지니는 잘못된 성질에 관해 여러 가지 인기 있는 진부한 표현으로부터 본인 스스로를 분리하려고 애썼다.

　그는 애리조나에서 사용되는 우토아즈텍 어족의 언어인 호피어의 문법적 설명을 정리하고 난 뒤 자신이 복수형을 만들 줄은 알지만 사용하는 법은 모른다는 것을 깨달았다. 그리고 그는 언어와 사고의 관계에 대한 생각을 정리하기 시작했다. 그것은 영어에서 단어가 s음으로 끝날 때 es를 붙여 복수형으로 만드는 것은 알지만, rice의 복수를 rices라고 하는 것이 부적절함은 모르는 것과 같다.

　"호피어에서 복수의 범주는 영어나 프랑스어, 또는 독일어에서와 같은 것이 아닙니다. 그들 언어에서 복수인 것이 호피어에서는 단수라는 것을 알게 됐지요."

　예컨대 '날(day)'은 한 번에 하루씩 경험되는 것이다. 따라서 한꺼번에 관찰될 수 있는 객관적인 무리를 이루어야 하는 호피어의 복수 기준을 충족시키지 못하므로 복수가 될 수 없다. 워프는 이 관찰을 호피족의 시간 관념이 일반적인 유럽어 사용자와 다르다는 것을 보여 주는 호피어의 다른 특징들에도 연관시켰다.

그렇다면 언어에서 사물을 분류하는 방법이 다르면, 실제 생활에서도 사물을 분류하는 방법이 다를까?

그는 그 질문을 제대로 연구하지 못하고 1941년, 44세의 나이에 암으로 세상을 떠났다. 그 문제에 관해서는 다수의 논문을 썼는데 일부는 발표되고 일부는 발표되지 않았다. 또 일부는 전문가를 위해 썼고 일부는 일반 독자를 위해 썼다. 이 논문들이 워프 가설(또는 사피어·워프 가설)의 바탕이 되고 있다. 과학적으로 분석하려는 경향이 있는 1950년대의 학자들이 언어·사고·문화 등 여러 가지 문제에 관한 워프의 복잡한 미완성 탐구가 경험론적으로 실험할 수 있는 주장이라고 재해석함으로써 워프의 가설이라 하게 된 것이다.

워프가 이야기한 언어학적 상대성 원리는 다음과 같은 내용이다.

"전혀 다른 문법 사용자들은 그 문법에 의해 서로 다른 관찰을 하게 된다. 비슷한 행동을 관찰하더라도 서로 다른 평가를 하게 되는 것이다. 그러므로 이들은 서로 다른 세계관에 도달할 것이다."

이 말이 정확히 무슨 뜻인지에 대해서는 워프의 이름이 언급된 글만큼이나 많은 해석이 있다. 여하튼 이 말은 추상적인 명사, 수동태 또는 is 같은 말들이 집단으로 우리를 공격하고 우리의 판단을 흐리게 한다는 것과는 거리가 있다.

워프의 이러한 생각은 언어가 사고를 지배한다는 시대적 분위기 속에서 무럭무럭 자란 것이다. 하지만 이렇게 언어와 사고의 문제를 공식화한 것은 언어가 실제로 작용하는 복잡한 방식에 대해 가장 민감한 부분이었고, 1950년대에 그 문제를 다루려고 했던 사회학자들에게는 가장 매력적인 것이었다.

위프의 가설을 과학적으로 실험하는 것은 매우 어렵다는 것이 입증되었다. 서로 다른 언어를 사용하고 있는 두 집단을 비교한다고 생각하면 그들 집단 사이에서 몇 가지 차이를 발견할 것이다. 그 차이를 가져온 것이 언어라는 것을 과연 어떻게 알겠는가? 어쩌면 그것은 문화의 차이일 수도 어쩌면 그 언어를 만든 것이 문화일 수도 있다. 모든 언어는 문화와 결합되어 있으며, 그것을 서로 떼어놓을 방법이 없다. 이것은 바로 정상급 언어학자 · 심리학자 · 철학자 등이 1953년에 모여 위프의 가설에 대해 논의할 때 제기된 문제적 쟁점 가운데 하나였다. 이 회의에서 발표된 논문들은《문화 속에서의 언어》라는 제목으로 출판되었으며, 곧 언어와 문화를 다루는 모든 분야는 야단법석을 떨었다.

그 직전에 게인즈빌 소재 플로리다 대학교에서 교수가 된 제임스 쿡 브라운James Cooke Brown이라는 사회학자도 언어와 사회의 관계에 깊은 관심을 갖고 있었다. 1955년 겨울, 연휴 때문에 시간이 남게 되자 그는 일을 시작했다.

"불꽃이 환하게 타오르는 난로 곁에 앉아 사피어 · 위프 가설의 사회 심리학적 의미의 실험 가능성에 대한 짧은 글을 시작하려고 했다."

그는 '현대 논리학의 규칙을 문법화한 소규모 모델 언어를 만들고, 여러 국적의 학생들을 연구실의 범위 내에서 통제하면서 그 언어를 가르친다면 결정적인 실험이 될 것'이라고 생각했다. 만약 위프의 가설을 시험하지 못하는 것이 자연어와 그 문화를 분리할 수 없어서라면, 인공어를 사용하는 것으로 그 문제를 해결할 수 있다고 생각했던 것이다.

이 '소규모 모델 언어'가 바로 로글랜(논리적 언어라는 뜻의 영어 logical language에서 각 단어의 앞부분을 따서 이어붙인 말)이며, 이 프로젝트는 그 후 브라운의 여생을 사로잡았다. 그 언어는 시를 짓거나 《이상한 나라의 앨리스》 같은 작품을 번역하고 어떤 경우에는 청혼하는 데도 사용될 만큼 발전했다. 그것은 브라운에게 명성과 실망, 숭배자와 적을 가져다주었으며, 그 언어의 소유권이 그것을 발명한 사람에게 있느냐 아니면 그것을 사용하는 사람에게 있느냐 하는 문제로 법정을 드나들게 되었다.

17

괴짜 소리 안 듣고 언어 발명하는 방법

"로글랜이 생각을 수월하게 해 줄 언어인지는 둘째 치고,
사고가 가능한 언어인지도 분명하지 않다."

19 60년 브라운은 과학 잡지 〈사이언티픽 아메리칸〉에 로글랜의 초안을 발표했다. 이것은 놀라운 일이었다. 새로운 언어 프로젝트에 대해서는 더 이상 어느 누구도 조롱조차 하지 않으려는 상황에서 주요 정기 간행물이 발명된 언어를 진지하게 받아들이면서 10페이지나 할애한 것은 믿기 힘든 일이었다.

브라운은 인공 언어에 과학적 요소를 가미시킴으로써 언어 발명을 존경받을 만하게 만드는 방법을 발견했다. 그는 자신의 언어가 전쟁을 멈추게 하거나 세상을 바꾼다고 하지 않았다. 단지 특정 가설을 시험하기 위한 도구일 뿐이라고 했다. 그리고 그 언어가 배우기 쉬운 언어라고 내세우지도 않았다. 그는 각 단어에 대한 '학습 가능성 점수'를 계산했으며(그 단어의 소리가 다른 자연어에 있는 그 단어의 소리와 얼

마나 많이 중복되는지를 바탕으로 했다), 학습 가능성 점수와 실제의 학습 가능성 사이의 상관성을 시험할 수 있다고 밝혔다. 그는 자신이 만든 언어가 삶을 바꾸어 줄 것이라는 등의 허황된 주장을 하지 않았다. 오히려 자신의 언어에 이의를 제기했다.

"로글랜이 생각을 수월하게 해 줄 언어인지는 둘째 치고, 사고가 가능한 언어인지도 분명하지 않다."

겸손하고 합리적이며 감정을 드러내지 않는 그의 자세는 언어 발명가들이 지금까지 해 왔던 이상주의적 바보짓과는 전혀 달랐다. 만약 여러분이 1960년에 새로 발명한 언어를 가지고 주목을 끌고자 한다면, 분명 과학적 객관성을 가져야 할 것이다.

인테르링구아Interlingua라는 언어도 1950년대와 1960년대에 그와 비슷한 태도를 취했고, 상당한 성공을 거두었다. 인테르링구아는 앨리스 밴더빌트 모리스Alice Vanderbilt Morris가 1924년 세운 국제 보조어 협회에서 만든 것이었다.

그 협회의 원래 목표는 경쟁적으로 발명된 언어에 대한 지적·객관적 논의를 증진시키고 보조어로서의 가장 좋은 형태와 가장 좋은 용도를 판단하기 위한 학술적 연구를 권장하는 것이었다. 그곳은 권위 있는 언어 발명가들과 국제어에 관심 있는 다른 전문가들(에드워드 사피어, 모리스 스와데시, 로만 야콥슨, 앙드레 마르티네 같은 언어학자들)의 회합 장소였다. 협회 활동은 1930년대 들어 점차 지지부진해지더니 결국 전쟁 때문에 더욱 엉망이 되었지만, 그래도 살아남아 결국 위원회에서 인테르링구아를 만들어 1951년에 발표한 것이다.

인테르링구아로 간행된 최초의 정기 간행물은 〈스펙트로스코피아

몰레쿨라르), 분자 분광학에 관한 여러 나라의 작업을 매달 개관하는 월간 잡지였다(그것은 물리학자·화학자·천문학자들이 무엇인가에 에너지를 가하고 그것이 되돌아오는지 살피는 것이었다). 그 다음에 나온 것은 과학계의 최근 소식을 요약하는 소책자 《스키엔티아 인테르나티오날》이었다. 인테르링구아는 서로 다른 언어를 쓰는 과학자들이 그들 분야의 현안을 파악하는 도구로 자리 잡았다. 그들은 그 언어를 구어로 사용할 필요도 없었다. 그들이 그것을 이해하는 한, 그것은 업무용 기능을 수행할 것이다. 스스로 과학에 밀착시키고 거창한 주장을 자제함으로써 인테르링구아는 조금 확산되었다. 1950년대와 1960년대에 몇몇 주요 의학 관련 대회나 간행물이 인테르링구아로 초록을 발표했다. 하지만 이런 관심이 계속되지는 못했다. 인테르링구아는 그리스어·라틴어의 영향을 가장 적게 받은 언어 중 하나였으며, 만약 인공 언어에 관심이 있었다면 아마도 이미 에스페란토를 하고 있었을 것이다. 보통 사람들은 그런 언어가 과학적이든 아니든 전혀 관심이 없었다.

하지만 로글랜은 전혀 다른 일을 하고 있었다. 과학적 객관성은 로글랜의 매력 가운데 하나일 뿐이었다(이는 사람들이 로글랜을 당장 무시하지 못하게 했다). 사람들에게 정말로 관심을 끈 것은 논리로 강화된 언어 배열이었다. 사실 그 원칙은 전혀 새로운 것이 아니었다. 그것은 라이프니츠와 윌킨스, 그리고 우리가 순수한 논리로 말할 수 있다는 17세기의 관념에까지 거슬러 올라가는 것이었다. 그 후 논리학 분야는 엄청난 발전을 이루었고, 그래서 '논리를 말한다'는 생각이 이제 상당한 경지에 다다른 것을 의미했다.

20세기 초, 고틀로프 프레게, 버트런드 러셀, 루돌프 카르나프 같은 철학자는 언어의 예비적 수학을 개발했지만, 그것이 개념의 수학은 아니었다. 그래서 '개'다움을 정의하는 기본 요소들로 '개'라는 개념을 해체하지 않았다. 그것은 오히려 언명의 수학, '개가 사람을 물었다' 또는 '모든 개는 푸른색'이라는 명제를 논리식으로 분해하는 방법이었다. 이들 논리식은 명사·동사·형용사 등으로 표현되지 않았다. 오히려 수식처럼 함수와 인수로 표현되었다. $x(x+5)$가 인수 x가 무엇인지를 알아내기를 기다리는 함수인 것처럼 $\mathrm{dog}(x)$는 특정한 x가 무엇일 때 개인지를 기다리는 함수이다. $\mathrm{blue}(x)$는 '무엇'이 푸른지 알아내기를 기다리는 함수이다. $\mathrm{bite}(x, y)$는 무는 것과 물리는 것 두 인수가 무엇인지를 기다리는 함수이다. $\mathrm{give}(x, y, z)$는 x가 y를 z에게 준다는 함수이다.

수학이나 논리학에서 그 같은 표기의 위력은 x가 무엇인지 몰라도 그 식들을 모두 전개할 수 있다는 것이다. $x(x+5)$는 그 자체가 더 큰 식에서 인수가 될 수 있으며, 방정식의 해를 구하거나 증명하는 데도 쓰인다. 그것이 해를 못 구할 수도 있지만, 그 식이 일부가 되어 종합적인 타당성을 평가하는 데 도움이 될 수 있다. 논리식도 똑같은 것이 가능하다. '모든 개는 푸른색이다'는 말은 논리식 $\forall x\, \mathrm{dog}(x) \rightarrow \mathrm{blue}(x)$로 나타낸다. 이를 말로 설명하면 그 말은 '모든 x에서 x가 개라면 x는 푸른색'이라는 뜻이다. 이 논리적 분해는 이 문장이 실제 세계에서 참인지 아닌지를 알려 주지는 못하지만(우리는 그것이 참이 아님을 알지만 논리는 모르고 있다), 원래의 문장보다 더욱 명료하게 그것이 참이기 위해 어떤 조건을 충족시켜야 하는지를 말해 줄 수 있다.

이런 종류의 논리적 표기는 훨씬 추상적이고 더욱 강력하다. 우리는 어느 특정한 x가 개인지 푸른색인지 알 필요가 없을 뿐 아니라 정확하게 개나 푸른색이 무엇인지도 알 필요가 없고, 단지 하나의 인수만 취하는 함수라는 것만 알면 된다(논리학 용어로 그들은 '일항 술어'라고 한다). 이것은 매우 유용하다. 그것은 아주 새로운 이론 수학을 가능케 했으며 또한 컴퓨터 프로그래밍 언어들이 등장하는 계기를 만들었다.

브라운은 논리적 형식을 말로 사용하려는 것이었다. 그러면 이 말을 배운 사람들에게 워프의 가설을 실험할 수 있었다. 논리적으로 말하면 논리적인 사람이 될까? 그것이 사고를 수월하게 해 줄 것인가? 물론 논리식은 '모든 x에서 x가 개라면 x는 푸른색'이라는 식으로 풀 수 있다는 점에서는 벌써 말로 사용할 수 있었다. 하지만 로글랜으로 번역하면 간단하고 다른 어떤 언어의 문법으로부터 독립적이다.

radaku	da	kangu	u	da	blanu
all-x-that	x	dog	if-then	x	blue

"모든 개는 푸른색이다."

브라운의 글은 〈사이언티픽 아메리칸〉의 독자들을 흥분시켰다. 그는 더 많은 정보를 요청하는 수백 통의 편지를 받았다.

1950년대 후반에 논리식이 언어의 역할을 할 수 있으리라 생각했던 것은 브라운만이 아니었다. 한스 프뢰덴탈이라는 네덜란드의 수학자는 그 생각을 외계의 존재와 소통하는 적절한 수단을 찾아내는 문제에 적용하려고 했다. 그는 1960년에 출판된 저서 《링코스: 우주적 교류를 위한 언어 설계》에서, 우주인이 링코스의 기호들이 어떤 관계로 의미를 나타내는지 짐작할 수 있게끔 했다. 처음에는 매우 단순한 수학적 문장으로 시작해 차츰 복잡한 문장으로 진행됐고 한 번에 하나의 논리적 단계씩 다양한 전파 파장을 이용해 내보내자고 제의했다. 그들은 '$\rangle$'가 '보다 크다'는 뜻이라는 것에서 시작해, '개를 부르기 위해 휘파람을 분다'는 뜻을 나타내는 다음과 같은 명제까지 알아차리게 되리라고 했다.

$^{\#}t_0$Ha Inq Bap ⋮

t_1Usd.Apu Ha · Ba Mov^{t_2} ⋮

Hb Inq Hc · ?$x.t_1$ t_2 Fit x ⋮

Hc Inq Hb ⋮ t_0 t_1 Ha Vul.PPN Ba Apu Ha ·

Pau Pst.Ha Vul Etc ⋮ Ba Ani · Utr.PAN Ha Vul Etc ·

t_1 Usq t_2 · t_1 Loc Ba.Usd.t_1 Loc Ha · Ba Mov$^{\#}$

《링코스》는 국제적으로 매우 명성이 높은 과학 전문 출판사를 통해 출판되었으며, 많은 연구자들이 프뢰덴탈의 발상이 흥미롭다고 생각했지만 그러나 그뿐이었다. 프뢰덴탈의 난해하고 전문적인 접근 방법은 일반 독자의 관심을 끄는 데 실패했다. 속편이 계획되었지만 완성에 이르지 못했다.

브라운은 〈사이언티픽 아메리칸〉에 글을 기고한 다음 해에 연봉 인상을 기대했지만, 대학 당국은 그럴 생각이 없었고 그는 기분이 상했다. 그는 로글랜 프로젝트로 연구에 대한 인정을 받았고 적은 액수지만 정부의 연구비 지원 형태로 자금을 끌어들였기 때문에 처우 개선을 기대했던 것이다. 이미 그 자신의 진보적 정치 성향과 보수적인 대학 수뇌부와 갈등도 있던 터였으므로(당시 미국 남부의 대학은 늘어나고 있는 민권 운동에 저항하고 있었다), 그는 몇 가지 불만을 문서화해 사직서를 제출했다. 그는 교수직에 연연할 필요가 없었다. 몇 년 전 게임 회사 파커 브라더스에서 출시한 그가 만든 보드게임의 성공으로 큰돈이 들어오고 있었던 것이다.

그 보드게임의 이름은 '커리어스'였다. 평생 사회주의자였던 브라운은 기존의 모노폴리 게임이 금전에만 초점을 맞추는 것이 불만이었다. 그래서 성공이 금전뿐만 아니라 금전·명성·행복의 조합에 의해 규정되는 게임을 개발한 것이다. 게임을 하는 사람들은 놀이판(보드)을 돌아다니면서 여러 가지 경력(커리어)을 쌓음으로써 이들 세 가지 영역의 점수를 차곡차곡 모으게 된다. 그들은 게임을 시작하기 전에 금전·명성·행복을 어떤 비율로 얻을 것인지, 각 개인의 '성공 방정식'을 정한다. 명성이나 행복의 비율을 높게 잡았다면 금전을 계속 벌어들이는 것은 소용없다(그러나 행복 점수를 얻기 위해 요트를 구입할 수도 있고, 명성 점수를 얻기 위해 자신의 동상을 구입할 수 있는 칸에 들어가는 경우도 있다). 그리고 자신의 성공 방정식을 만족시킬 때 그 게임에서 이기게 된다.

실생활에서 브라운은 40세가 되기까지 특별한 것 없는 인생을 살았다. 그는 1921년 미국 중서부 지방 출신의 부모 사이에서 태어났다. 그의 부모는 당시 필리핀에서 교편을 잡고 있었고 8세 때 부모가 이혼하자 어머니를 따라 미국으로 돌아왔다. 그는 지능지수가 높은 총명한 학생이었으며, 제2차 세계대전 때 영국에서 전투기 항법사로 복무한 뒤 미네소타 대학교에서 철학·수학·통계학·사회학 등을 비롯한 여러 과목을 공부했다. '협동하는 단체 형성'에 관한 논문을 썼고 인디애나에서 그 자신의 협동사회를 조직했다가 멕시코로 건너가 공상 과학 소설을 쓰기도 했다. 미니아폴리스에서 광고 대행사에 다녔지만 그 일을 싫어했던 그는 아내와 어린 두 자녀를 부양할 돈이 필요했다. 그래서 틈틈이 커리어스를 개발했던 것이다. 그러는 사이에 결혼이 파경에 이르고, 구매 동기 조사 연구소에 근무했던 뉴욕 생활과 짧은 재혼 생활을 끝내고 새로운 아내와 함께 게인즈빌에서 지냈다. 이때 돈을 벌기 위해 다른 사람 밑에서 일하지 않아도 될 정도로 소득이 꾸준히 늘어났다. 브라운은 커리어스로 벌어들인 돈으로 게인즈빌에 로글랜 연구소를 설립했고 모더니즘 건축가 프랭크 로이드 라이트 풍의 현대식 주택에 연구소 활동을 위한 별채까지 지었다. 그는 이제 마음껏 로글랜에 헌신할 수 있었으며, 항해와 여행의 열정을 탐닉할 수 있었다.

1962년 브라운은 그의 성공 방정식에 더 많은 것을 넣을 태세였다.

18

언어에 관한 지적 재산권과 재판, 그리고 판결

개인이 언어를 소유할 수 있을까?

19 87년 10월의 어느 화창한 날, 노라 탠스키와 밥 르슈발리에는 버지니아 주 페어팩스에 있는 그들의 집 뒤뜰에서 간소한 결혼식을 올렸다. 그들이 결혼 서약을 낭독할 때 들리는 부스럭거리는 소리는 낙엽 소리가 아니라, 각자의 서약을 인쇄해 내빈들도 읽을 수 있도록 나눠준 종이 소리였다. 웃고 있는 우람한 덩치의 사내 밥이 먼저 다음과 같이 말했다.

mi prami tu

"I love you(나는 당신을 사랑한다)"

.i mi djica lepo mi kansa tu

"I desire the state of being with you(나는 그대와 함께 있기를 바란
다)"

.i mi cuxna lepo mi speni tu
"I choose the state of being married to you(나는 당신과 결혼을 선
택한다)"

 아름답고 수줍음이 많으며 사람들 앞에서 말하는 것
에 익숙지 못한 노라는 그녀의 차례가 되었을 때 당황
한 나머지 한 줄을 빠뜨린 것도 몰랐다. 결혼식이 끝난
뒤 내빈 중의 한 사람이자 밥과 노라 집에서 이루어지던 로글랜 수업
을 받는 학생 하나가 그녀의 실수를 지적했고, 그 말을 듣고 그녀가
당황하면서 행복하게 웃는 모습을 누군가가 사진에 담았다.

밥과 노라를 만나게 해 준 것이 바로 로글랜이었다. 1975년 노라는
〈사이언티픽 아메리칸〉에 실린 광고를 보고 로글랜에 관한 책을 주
문했다. 이 책을 산 몇 안 되는 여자였다. 브라운이 마침내 로글랜에
관한 책 집필을 마쳤던 것이다.

컴퓨터 프로그래머로서 학교에 다닐 때 외국어 공부를 좋아했던
그녀는 남동생과 함께 그녀 자신의 언어를 발명하고 있었는데, 로글
랜을 본 순간, 표현이 명쾌하다며 자신의 계획을 제쳐 놓았다. 그녀
는 또 세인트루이스의 어느 철학 교수가 편집하던 잡지 〈로글래니스
트〉까지 정기 구독했으며, 곧 그 언어를 발전시키는 데 적극적으로
관여했다.

〈로글래니스트〉는 브라운이 끌어들인 통신원들이 새로운 말을 제안하고, 그 언어를 사용하려 할 때 생기는 문제들을 논의하는 곳이었다. 그리고 브라운이 특히 권장한 '그 언어를 배우고자 열망하는 사람들이 저녁 식탁에 앉았을 때 양식이 될 수 있는' 작품들을 만들 수 있는 곳이었다. 정기 구독자들이 제출하고 브라운 자신이 직접 그 정확성을 검사하는 이들 로글랜 원문은 예컨대 성경의 바벨 이야기 등을 번역하는 것이었다. 그것의 첫 줄을 재번역하면 'And point–all of the Earth was languaged by one something x and talked x(그리고 처음에 세상에는 언어가 하나뿐이어서 모두가 같은 말을 썼다)'가 된다. 또는 '로글랜디아'에 관광객이 방문한 것을 두고 다음과 같은 간단한 대화의 작문이 될 수도 있었다.

I uu no mi djano lepo ba sitfa be
"And I'm–sorry–that it–is–not–the–case –that I know the–event–of something –x being–the–location –of something–y."
(나는 어디에 무엇이 있는지 알지 못할까 두렵다.)

Tu danza lepo gotso ie da
"You wish the–event–of going–to what x?"
(어디로 가고 싶으냐?)

Mi cnida lepo sivdu la Tarc Kotl
"I need the –event–of location –discover the Star Hotel."

253

(나는 스타 호텔을 찾아야 한다.)

노라는 1979년 로글랜 연구소에 지원금 500달러를 송금함으로써 로글랜 연구소 최초의 유료 회원이 되었다. 이 일은 브라운이 로글랜 연구소를 회원들의 회비로 운영되는 법인으로의 전환을 생각하게 되는 계기를 만들었다. 서적 주문이나 잡지 구독으로 약간의 자금이 들어오기는 했지만, 프로젝트를 발전시키는 데 필요한 프로그래머 등의 인력을 채용하기에는 역부족이었다. 브라운은 여전히 커리어스로부터 소득을 얻고 있었지만 이전보다는 적었고, 그가 원하는 수준으로 로글랜을 발전시키려면 그가 개인적으로 자금을 대기에는 턱없이 부족했다.

노라의 500달러 수표는 연구소가 자금 위기에 몰려 있었을 때 도착했다. 브라운은 전국 과학 기금으로부터 자금 지원을 받기 위해 세 번째이자 마지막으로 제출한 제안서가 거부되자 충격을 받았다. 그는 그 프로젝트에 대한 완전한 무지를 여실히 드러낸 심사위원들에게 부당한 대우를 받았다고 느꼈으며, 그래서 재심을 요구했다. 그의 재심 청구는 검토자들의 잘못을 조목조목 따지는 내용을 넣음으로써 과학 기금에 관련된 학계 인사들과 브라운을 근근이 이어주던 가교를 무너뜨렸다.

그는 이런 검토 과정에 대한 지식이 전혀 없었다. 브라운은 제안서와 함께 문법책, 교과서, 사진, 그리고 그 동안 간행된 〈로글래니스트〉 전량을 제출하고, 검토자들이 이들 자료를 제대로 살피지 않았다고 화를 냈다. 첫 재심 청구 후 브라운이 받은 답신에는 간결하고 조심스러운 어구를 사용하면서, 심사위원들이 과학자의 프로젝트 관련 서류를 몽땅 읽는다고 해서 가치를 판단할 수 있는 것이 아니라고 적혀 있었다. 그리고 그 우수성이 측정되는 일반적인 기준은 과학적 성과물과, 저자가 발행하는 간행물을 제외한 나머지 간행물에서 전문가의 평가라는 것이다.

브라운은 로글랜에 대한 그의 첫 논문이 출판된 직후 소규모의 자금 지원을 받았기 때문에, 그 후 15년 동안 그 언어에 대한 노력을 기울인 이제는 대대적인 자금 지원을 얻을 수 있으리라 예상했다. 하지만 그가 대학을 떠났기 때문에 자금 지원을 얻을 수 있는 방법이 없어진 것이다. 비록 로글랜에 대해 작업할 때 충고와 조언을 구하기는 했지만(그는 **훌륭하고 활기 찬 논쟁을 좋아했다**), 그의 주위에는 숭배자만 모이는 경향이 있었다. 강력하고 고집 센 그의 기질을 이해하지 못하는 사람은 그의 주위에 오래 머물지 않았다. 때로는 매우 매력적이며 항상 지적 흥분을 자아내는 그의 주변에 머물기 위해서는 그로부터 욕설이나 비난, 때때로 분노의 폭발까지 받아들여야 했고, 이들은 평생 동안 그의 친구와 협조자가 되었다.

1960년을 로글랜에 전적으로 몰두한 브라운은 과학계의 검토를 받으려고 상당한 자료를 마이크로필름에 담았다. 그리하여 어느 정상급의 언어학 전문지에 그 비평이 수록되었지만, 그것은 지원금 심사위원회에서 내보일 만한 것은 아니었다. 그 비평가는 그 프로젝트의 야심과 그 독창성에 대해서는 찬사를 아끼지 않았지만, 어느 형태로든 과학적 도구로서의 유용성에 대해서는 심각한 의문을 던졌던 것이다. 로글랜에 대한 종합적인 판단은 그것이 흥미롭고 매혹적이며 열심히 수행된……취미라는 것이었다.

그 직후 브라운은 국외로 떠났고 그와 함께 작업했던 사람들과 연락이 끊어졌다. 그리고 그의 제자로서 로글랜 어휘의 '학습 가능성 점수'를 계산하는 작업을 많이 했던 그의 세 번째 아내와 이혼했다. 그가 떠난 것은 딸의 양육권 논쟁을 피하기 위한 것이었고 어린 딸을 데리고 유럽으로 떠난 그는 여러 해 동안 돌아오지 않았다(그래서 이혼한 아내는 딸이 십대 소녀가 되기 전까지 딸과 재회하지 못했다).

로글랜은 다른 일 때문에 뒷전으로 물러났다. 그는 유토피아적인 과학 소설을 쓰고 나중에 '인간 관계에 대한 통계적 연구'라고 지칭한 일을 했다. 그리고 이전 결혼 생활 동안 공개적으로 인정된 여러 애인 가운데 한 명과 다시 결혼했다(그의 진보적인 정치관은 다소 일방적이기는 하지만 성관계의 영역에까지 확장된 셈이었다). 그 결혼이 파탄에 이르자 그는 미국으로 돌아왔으며 로글랜의 문법책과 사전의 개정판을 내고 〈사이언티픽 아메리칸〉에 광고를 냈다.

그 책은 다시 관심을 불러일으켰으며(많은 독자들이 1960년의 기사 이후 그것을 기다려 왔다), 브라운은 곧 자신의 시간과 능력을 로글랜의 발전과 홍보를 위해 기꺼이 바치려는 일군의 추종자를 거느리게 되었다. 지원자 대부분은 로글랜이 인간과 컴퓨터의 소통을 위한 언어로서의 가능성이 있다고 느낀 '컴퓨터 가이'였다(노라는 그들 사이에서 가이가 아닌 희귀한 존재였다). 브라운도 역시 그 가능성에 흥미를 갖게 되었고, 전국 과학 기금에 대한 최초의 지원 신청이 기각되자, '로글랜 연구소와 미국 컴퓨터 산업 사이의 용역·지원 관계 수립을 위한 제안서'를 작성해 해마다 약 27만 5000달러를 지원해 달라고 산업계에 요구했다. 그는 산업계에서 그 돈을 지불할 것이라 예상했으며(그가 강조하다시피 인간과 기계를 연결하는 체계가 가능해지면 그들 모두에게 도움이 될 것이 분명했기 때문이다), 일체의 전문적인 정보의 독점적 사용권은 연구소에 귀속된다고 내세웠다. 그러나 산업계에서는 어느 누구도 나서지 않았다.

그래서 1979년 브라운은 그 연구소를 회원이 지배하는 법인으로 전환시켰으며, 약 100명쯤 되는 로글랜의 지원자 대부분은 흔쾌히 회비 50달러를 냈다. 이 자금은 브라운이 '상업적 성공 프로젝트'라고 명명된 작업을 하는 동안 정규직 비서 한 명 정도는 고용할 수 있는 비용이었다. 그리고 그는 그 작업이 완료되면 회원 모두가 수익금을 받을 수 있을 것이라고 단언했다.

로글랜의 지원자 사이에서는 브라운이 책임자라는 데 아무런 이의가 없었다. 그가 만든 언어였으므로 그에게 최종 결정권이 있는 것은 당연한 일이었다. 하지만 연구소가 회원이 지배하는 법인이 되자, 그들은 당연히 그 언어의 개발에 더 많은 발언권을 기대했다. 그들은 브라운의 지도 아래 로글랜의 단어 형성 규칙을 정비하기 시작했으며(로글랜의 전설에서는 아직도 형태론적 대혁명이라고 부른다), 최상의 진행 방법에 대해 각자의 의견을 발전시켰다. 그러나 자신을 무시한다고 생각한 브라운은 어떤 권리도 양보하지 않았고, 심지어는 그가 직접 승인하지 않은 어떤 사항에 대해서도 그들의 소식지에서 논의도 하지 못하게 금지시켰다. 그러다 1984년 브라운은 분노가 폭발하면서 그때까지 로글랜을 위해 대부분의 시간을 바쳤던 회원들에게 무자비한 인신공격을 가했다. 이사회가 반발하자 그는 이사회를 해체했다.

그리고 이사들에게 한 해 동안 로글랜에 관한 일체의 활동을 금지하며, 그 기간이 지난 뒤 적절한 사과를 할 경우에만 복귀를 허용할 것이라고 밝혔다.

연구소의 한 회원은 소식지에 짧은 글을 실었다.

"브라운은 그가 만든 훌륭한 것을 아끼는 우리들을 모두 몰아내고 있어요. 그가 로글랜디아에서 모든 사람을 내쫓고 있는데 그에게 정신을 차릴 기회를 주어야 하나요?"

이 질문에 모든 사람들의 대답은 그럴 필요 없다는 것이었다. 그는 다음과 같이 로글랜으로 지은 시로 결론을 내렸다.

le sitci fa nu kalhui ea nirve

i lo nu gunti vu darli

i la ganmre vi krakau

va lo nortei troku

이 도시는 파괴되고 공허해지리,

사람들은 멀리 떠나고,

왕은 한 마리의 짖는 개

듣지 못하는 돌들 곁에서.

회원들은 대부분 떠나고 정기 간행물 〈로글래니스트〉는 폐간되었다.

이런 일이 벌어지는 중에, 나중에 노라의 남편이 되는 밥 르슈발리에가 그 연구소의 회원이 되기 위해 수표를 보냈다. 밥은 브라운과 직접 만나 로글랜과 접한 터라 다른 회원들은 아무도 몰랐으며, 무슨 일이 일어나고 있는지도 전혀 몰랐다.

밥은 샌디에이고(브라운과 그 연구소가 1970년대 후반에는 그곳에 있었다)에 살고 있었고 로글랜에 관심을 가지고 있던 친구 하나가 그를 찾아왔다가 전화번호부에서 브라운의 번호를 알아내고 그에게 전화를 걸었다. 브라운이 만나서 이야기하자고 초대했기 때문에 밥은 그 친구를 차로 태워 주었다.

"나는 언어나 언어학에 대해 아무것도 몰랐고 관심도 전혀 없었어요. 그냥 운전을 했을 뿐이지요."

하지만 그날 저녁 대화는 흥미로웠고 그 후 브라운과 꾸준히 만나면서 때때로 그를 찾아가 로글랜에 대해 이야기하거나 당시에 그가 작업하고 있던 새로운 보드게임을 테스트하는 등 다른 프로젝트를 돕기도 했다. 그는 곧 연구소의 회원이 되었고 로글랜 전자 사전을 만드는 임무를 맡았다.

밥은 일자리를 찾아 워싱턴으로 이사했고 브라운은 게인즈빌로 돌아갔지만, 두 사람은 전화로 장시간 이야기를 나눴다. 밥은 그가 맡은 사전 일에 별다른 진전이 없는 이유를 설명했고, 브라운은 좀 더 열심히 하라고 그를 격려했다. 그러다 1986년 브라운은 감염증에 걸려 생명이 위독한 지경에까지 이르렀다.

"나는 브라운이 입원한 병원으로 전화를 했고 우리는 로글랜에 대해 이야기를 나누었어요. 그는 죽을 고비를 겪은 것 같았고 이것이 마지막일지 모른다는 식으로 그 프로젝트에 대해 걱정을 많이 했지요."

다행히도 브라운은 건강을 회복했고, 밥을 게인즈빌로 초대했다. 두 사람은 함께 그 언어에 관한 작업을 하면서 매우 바쁜 주말을 보냈다. 자신이 완전한 동업자처럼 대우받고 있다고 느꼈던 밥은 흐뭇했다.

브라운은 대서양 횡단 항해를 준비하고 있었으며, 밥은 로글랜의 유업을 계승해야 할 책임 같은 것을 느끼면서 헤어졌다. 그는 사전의 프로젝트를 이행할 원기를 찾고, 로글랜이 성공하도록 도움으로써 그의 스승을 기쁘게 만들기 위해 무엇이든 해야겠다는 각오를 다지면서 워싱턴으로 돌아왔다.

밥은 로글랜에 관심이 있는 사람들과 모여 발전적인 회의를 하고 프로젝트를 조정하며 함께 모여 공부할 수 있는 지역별 사용자 집단을 만들어야겠다고 결심했다. 그래서 사람들과 접촉하기 시작했다. 브라운이 그에게 몇 사람을 가르쳐 주었지만, 나머지 사람들은 옛 로글랜의 출판물에서 찾아냈다.

누군가 그에게 노라의 이름을 말해 주었다. 그녀는 여전히 회원이었으며(1984년 두 번째로 500달러를 납부했으므로 회원 자격은 적어도 10년 이상 남아 있었다), 그다지 멀지 않은 필라델피아에 살고 있었다. 그들은 전화로 오래 이야기를 나누었으며, 몇 주 뒤에는 그녀가 작성한 로글랜 단어장 프로그램을 함께 업데이트하기 위해 그녀가 워싱턴으로 찾아왔다. 약 1년 전부터 간행되지 않은 연구소 소식지의 이전 편집자와 연락한 밥은 다른 로글랜 사용자의 주소를 물었고 그 편집자는 가지고 있던 발송 대상자 목록을 보내 주었다.

밥은 그 목록에 있는 사람들에게 자신과 노라가 함께 작업한 결과

를 알리며, 그들에게 가까이 있는 사람들끼리 모여 로글랜을 발전시
키자고 호소했다. 그는 이제 더 이상 적극적으로 활동하지 않는 몇몇
회원으로부터 반쯤 완성된 컴퓨터 프로그램 등 여러 가지 작업 결과
를 얻었고, 그들 프로젝트를 재개하기 위해 지원자를 모집했다.

밥은 노동절과 주말이 이어진 연휴에 그의 집에서 최초의 로그페스
트를 열었다. 이 로그페스트는 그 후 해마다 열리게 되었다. 열 명 정
도가 침낭을 가지고 왔지만 잠은 거의 자지 않았다. 간식을 먹으면서
밤새도록 여러 가지 아이디어를 내고 토의하거나 로글랜으로 생생한
대화를 얼마나 오래 계속할 수 있는지(그다지 오래 이어지지 못했지만 그
때는 첫 시작이었다) 알아보기 위해서였다. 그들은 또 브라운이 지시한,
로글랜에 대한 설명의 수정 내용을 집단적으로 세세히 검토했다.

밥은 지금까지의 성과에 대해 100페이지가 넘는 보고서를 작성하
고 참고 자료와 함께 곧 항해 여행에서 돌아올 예정이었던 브라운에
게 자랑스럽게 우송했다.

약 1주일 뒤 돌아온 브라운은 전화에 대고 밥에게 고래고래 소리치
며 그가 발송자 목록을 훔치고 권력을 남용했다면서 화를 냈다.

"나는 자네에게 사전 작업을 하라고 했어! 다른 사람과 접촉하라고
는 하지 않았네! 그 초안을 검토하라는 말도 한 적이 없어."

그리고 '적들과 내통하면서 반란을 조성했다'고 비난했다. 밥은 당
황하고 실망하면서 단지 도움이 되고자 했을 뿐이라고 설명하고 4시
간 동안 사과를 거듭했다. 그런 다음 간신히 브라운의 용서를 받았지
만 아주 미약한 용서였다.

이마저도 오래가지 않았다. 밥과 노라(그들은 점점 함께 있는 시간이

많아졌다)는 단어장 프로그램 업데이트를 끝내고 브라운에게 그것을 무료 공유 프로그램으로 배포할 계획이라고 하자 브라운은 이를 반대했다. 로글랜은 연구소의 소유이기 때문이었다. 로글랜의 저작권이 연구소에 귀속된다고 인정하고 연구소에 로열티를 지급하는 데 동의한다면 그 프로그램 배포를 검토하겠다고 했다.

누가 로글랜에 대한 권리를 소유하는지, 또는 그것이 실제로 무슨 뜻인지 밥은 정확히 몰랐다. 그리고 저작권법에 관해 조사해 보니 그가 법적으로 브라운의 주장에 이의를 제기하면 브라운은 별다른 도리가 없는 것 같았다. 그는 법정까지 가고 싶지 않았지만 브라운의 주장에 동의하지 않겠다고 밝혔다.

1987년 초 몇 달 동안 갈등은 깊어졌다. 브라운은 밥에게 프로젝트를 그만두라고 했다.

"미안한 말이지만 그 일은 자네에게 적합하지 않았네."

하지만 밥은 이를 거절했다.

"우리의 분쟁에 해결책을 찾을 수 없다면 선생님의 도전에 응하겠습니다, 돈키호테 선생님. 하지만 저는 풍차가 아니며, 선생님도 그렇지요."

밥은 처음에 로글랜이 안정을 얻기 위한 법적 보호가 필요하다는 데 동의했지만(그는 로글랜을 위해 일하고 있는 회원들에게 더 많은 자유가 부여되어야 한다고 생각했을 뿐이었다), 논쟁이 거듭되면서 로글랜 공유 운동가로 바뀌었다. 그의 생각에 언어를 발전시키는 유일한 방법은 사람들이 로글랜을 계속 사용하는 것이었다. 그 일은 서서히 하나의 사명으로 바뀌었다. 밥은 그 창조물에 생명을 불어넣기 위해서라면 그 창조자의 뜻에 어긋나는 일이라도 하겠다는 결의를 다졌다.

그해 3월, 밥은 노라에게 로글랜으로 청혼했고 노라는 청혼을 받아들였다. 한 달 뒤, 밥이 가르치는 수업에 필요한 로글랜 교재를 주문하자 브라운은 그의 수표를 반송했다. 반송 이유는 로글랜 '비공개' 조항이 포함된 '열성 서약'의 서명자로부터만 주문을 받는다고 했다. 밥이 그의 학생들에게 사정을 설명하자, 학생 한 명이 자신들이 새로운 단어를 만들어 기존의 로글랜 문장에서 바꾸면 저작권 문제를 해결할 수 있지 않느냐고 물었다.

과연 그럴 수 있을까? 한 번 해 볼 만한 일이었다.

현충일을 앞둔 주말에 밥은 차를 가지고 필라델피아로 가서 노라의 짐을 꾸린 뒤 페어팩스에 있는 그의 집으로 함께 돌아왔다. 로글랜에 관심이 있는 친구 두 명이 찾아왔다. 그들 네 사람은 연휴 동안 함께 새로운 어휘를 만드는 체계를 세웠으며, 그 후 밥과 노라는 두 사람이 함께 보내는 첫 여름 동안 방대한 로글랜의 '어휘 교체'(그들은 그것을 로글랜-88이라 불렀다) 작업을 했다. 그리고 8월에 제2회 로그페스트를 개최했고, 그곳에서 참석자들은 그 작은 공동체가 자신들이 원하는 일을 할 수 있게끔 분리·독립할 것인지의 여부를 투표에 붙였다. 결과는 18 : 0이었다.

그래도 그 분리·독립은 완전하지 않았다. 밥은 자신이 브라운의 언어 로글랜으로 작업하고 있다고 생각했으며, 아직도 화해의 희망을 버리지 않았다. 10월에 밥과 노라는 결혼했다. 신혼여행지에서 두 사람은 로글랜과 상대방에 대한 서약의 표시로 2시간 동안 로글랜으로 대화를 나누었다. 그 시간의 대부분은 여느 결혼의 훌륭한 기반이 모두 그렇듯 각자 상대가 하는 말을 이해하려고 노력하는 데 소비되었다.

신혼여행에서 돌아온 밥은 사명을 완수하기 위한 더욱 힘을 기울였다. 어느 공상 과학 소설의 대회에서 로글랜-88을 발표하고, 새로운 지원자를 끌어들였으며, 그 자신의 소식지를 만들어 발송했다.

"브라운의 열성분자는 50명이지만 나는 300명의 발송 대상자 목록이 있었다."

1988년 3월 그는 브라운으로부터 편지를 받았다. 곧 등록할 로글랜의 상표를 밥이 침해했으며, 그 침해를 중단하지 않는다면 '이윤 등 손실 비용의 3배와 변호사 비용까지도 부담해야 하는' 소송이 제기될 것임을 통보하는 내용이었다.

그 편지는 선전 포고인 셈이었다. 공식적으로 로글랜-88은 로지반('논리'를 뜻하는 새로운 단어 logji와 '언어'를 뜻하는 bangu로부터 합성한 말)으로 이름이 바뀌었고, 로지반 사용자들은 그들 자신의 비영리 단체인 논리 언어 집단을 결성했다. 1년 뒤 논리 언어 집단은 로글랜의 상표에 이의를 제기했다. 거의 2년에 걸친 논란 끝에 상표 심사 위원회는 그 상표가 취소되어야 한다고 결론을 내렸다. 그러자 몇 달 뒤 브라운이 항소를 제기해, 이제 그 사건은 연방 순회 재판소에서 다루어지게 되었다. 밥과 브라운은 6년 동안 서로 보지 못하고, 5년 동안 직접 연락도 하지 않다가 1992년 법정에서 마주쳤다. 하지만 말은커녕 쳐다보지도 않았다.

"그처럼 완전히 무시당한 경험은 없었다. 브라운은 마치 내가 없는 사람처럼 나를 보려고도 하지 않았다."

브라운은 그 항소심에서 패배했다.

개인이 언어를 소유할 수 있을까? 법에서는 아직 이 문제에 대해 명확하지 않다. 로글랜 사건은 그 문제를 해결한 것은 아니었다. 단지 '로글랜'이라는 말은 (브라운이 그 말을 만들어 낸 지 30년 이상이 지난 뒤) 상표로 등록 신청이 될 때 이미 '흔한 용어'로 일반적으로 사용되고 있었기 때문에 상표가 될 수 없다고 했을 뿐이었다(로글랜 사건은 나중에 오토바이 제작사 할리·데이비드슨이 다른 회사가 오토바이를 뜻하는 'hog'를 사용하는 것이 상표 침해라고 주장했을 때 그 주장을 기각하면서 인용되기도 했다). 아무튼 로지반 사용자는 이제 그들의 프로젝트를 설명할 때 '로글랜'이라는 말을 마음대로 사용할 수 있었지만 그들은 계속 로지반으로 불렀다.

언어에는 그 이름뿐 아니라 많은 것이 있다. 법정 분쟁 이전부터 브라운은 자신이 로글랜의 어휘에 대한 권리를 소유하고 있다고 주장했다. 정말 그의 소유였을까?

브라운은 사전을 비롯한 그의 책에 대해서는 저작권을 소유하고 있다. 하지만 저작권은 저작권이 설정된 작품만 해당하는 것이지 단어까지 포함되지 않는다. 그가 로글랜의 각 단어에 개별적으로 저작권을 설정할 수 있었을까? 가능할지도 모르지만 그는 그렇게 하지 않았다. 그렇게 하는 데는 비용과 시간이 너무 많이 들었을 것이다 (게다가 로지반 사용자들이 이미 자신의 단어를 만들었으므로 아무 소용도 없었을 것이다). 여하튼 언어를 소유하기 위해 그렇게까지 하지 않았고 그랬다 하더라도 만약 법정에서 다투게 된다면 어떻게 판결이 날지 분명하지 않다.

언어는 또 문장을 만들거나 다른 말을 만들어 내는 데 필요한 일련의 규칙, 하나의 체계이기도 하다. 이 규칙은 로글랜의 경우 매우 분명했으며, 그 언어를 개발하는 데 가장 많은 노력이 소요된 부분이었다. 그렇다면 어법은 소유가 가능할까? 아마도 아닐 것이다.

어느 수식을 사용하는 기계를 특허 낼 수는 있지만 그 수식 자체는 그럴 수 없다. 어느 알고리즘의 완성품은 소유할 수 있지만, 그 알고리즘은 소유할 수 없다. 하지만 소프트웨어의 특허라는 세상에서는 이 점이 약간 모호하므로 능력 있는 변호사를 만난다면 글쎄, 모를 일이다.

발명된 언어 가운데 비록 그 소유 문제가 법정에서 다루어진 적은 없지만, 어느 민간 기업에 의해 소유되고 있는 것이 하나 있다. 바로 파라마운트 영화사의 상표에 의해 보호되고 있는 클링온이다. 제대로 라이선스를 취득하지 않으면, 예컨대 클링온으로 지은 독창적인 시를 시집으로 내면서 '클링온'이라는 이름을 사용할 수 없다. 하지만 '클링온'의 시라고 내세우지 않으면 그 시집을 판매할 수 있을까? 만약 라이선스 없이 '클링온'이라는 말을 쓴다면? 그 시집을 엄청나게 많이 팔아서 어마어마한 소득이 생겨 막강한 변호사 집단과 싸울 것이 아니라면 아예 하지 않는 것이 좋을 것이다.

실제적으로 파라마운트는 그들이 소유한다고 말하는 그 언어에 관한 일체의 권리를 소유한다. 법적으로는 어떨까? 누군가 변호사들을 끌어모을 만한 매우 설득력 있는 이유를 가지고 나서지 않는 한 그것은 모를 일이다.

〈사이언티픽 아메리칸〉에 발표된 최초의 글에서 브라운은 유토피아적 사명감을 가지고 터무니없는 말을 일삼던 광적인 언어 발명가와 달리 냉정하고 공정한 과학자로서 자신을 소개했다. 하지만 그는 분명 냉정하거나 공정하지 못했다.

로글랜에 대한 그의 마지막 저서, 1989년에 간행된 개정판 문법책의 마지막 장의 마지막 몇 페이지를 통해 우리는 그가 의식하지 못한 채 내비친 야심을 짧지만 분명하게 엿볼 수 있다. 바로 만약 여러 실험들을 통해 로글랜이 정말로 정신을 확장시키고 사고를 수월하게 해 주는 효과를 보여 준다면 과연 어떻게 될지를 다음과 같이 숨 가쁘게 묘사하는 부분이다.

사실 지금쯤 그 실험 계획이 제안한 새로운 교육 등은 모두 이용 가능하고 그래서 성공적이라고 평가되지 않았을까? 심지어는 '논리적 언어 한계'나 '불필요할 정도로 편협된 정신' 등 우리가 갖고 있는 줄도 모르는 질병에 대한 치료라고도 간주되었을 것이다. (……) 그리고 로글랜 자체가 저 오래된 인간의 병폐에 대한 점잖고 새로운 요법으로 여겨지지 않았을까? (……) '문명인들' 조차 지구촌의 이웃에게 가지기 쉬운 심한 편견의 해소책이 아닐까? (……) 이것은 워프 가설에 대한 우리 실험의 '긍적적 결과'라고 평가됐다면 일어날 가능성이 농후했던 일이다. (……) 그런 결과가 뒷받침된 로글랜은 아마 예컨대 국제 보조어의 역할에 이상적이라고 간주되었을 것이다. 전 세계의 학생들에게 가르치는 최초의 언어, 모든 사람의 두 번째 언어가 될 언어……우리가 만든 새로운 두 번째 언어는 정신을 넓혀 주는 것이자 사고·이성·발명·설명의 수단으로 여겨질 것이며……어쩌면 다른 문화를 연계해 주는 수단, 더욱 관대하고 평화로운 세상으로 나아갈 수 있는 문화 전반에 걸친 가교가 되기도 할 것이다.

이것을 읽으면 그가 상상하는 모습은 국제적인 기자 회견, 신문의 대서특필, 노벨상 수상식 등까지 이르고 있음을 느낄 수 있다. 로글랜과 그 자신에 대한 바람은 실제 영향보다 훨씬 웅대하다. 무심한 듯한 과학적 태도 아래에는 언어 발명가의 열정적인 영혼이 자리 잡고 있는 것이다.

미망인 에벌린 앤더슨은 재판에 패하고 난 뒤의 브라운의 모습을 이렇게 이야기했다.

"그 재판에 패했을 때 브라운은 그 사실을 믿을 수 없었어요. 그는 물론 그의 변호사도 승소를 확신했거든요. 하지만 몇 달이 지난 뒤 그는 더 이상 재판에 대해 이야기하지 않더군요. 잠자코 다른 일을 계속했을 뿐이에요."

그는 언어의 기원에 대한 그의 이론을 소개하는 《미래의 일자리 시장》이라는 유토피아적 경제 계획에 대한 책 등에 정열을 쏟았다. 그리고 소규모의 로글랜 사용자들과 작업을 계속했다. 그들 가운데 한 사람은 이렇게 말했다.

"계파의 분리 이후 남은 사람들의 제안과 비판에 대해서는 그의 태도가 부드러워졌어요."

브라운이 그 재판에 패했을 때 그의 나이는 71세였으며, 30년 넘게 로글랜을 다뤄 왔다. 그 일이 그에게 부와 명성을 가져다준 것은 아니었지만 상당한 행복 점수를 올렸다. 미망인 앤더슨 씨는 그의 마지막을 이렇게 기억했다.

"그는 그 일을 할 때 순수한 기쁨을 느꼈어요. 마지막 순간까지 아주 흥미를 느꼈고 그 일에 몰두했지요. 자신이 생각했던 것보다 성과를 거두지 못했다는 사실 때문에 멈칫거리는 사람은 아니었어요. 그는 그것을 자신이 세상에 내놓은 것 가운데 가장 훌륭한 것이었다고 생각하면서 세상을 떠났어요."

브라운은 로지반과 화해하거나 받아들이지 않았다. 하지만 계파가 분리된 다음에도 그 곁에 남았던 친구들 가운데 한 사람은 이렇게 말했다.

"그는 로지반을 사생아일지라도 자신의 지적 자식의 하나로 인정했으며, 성공해 가는 모습을 보고 흐뭇하게 생각했습니다."

어쩌면 그는 자신이 죽고 나서 언젠가는 그들 사이의 갈등이 봉합되리라고 생각했을지도 모른다. 하지만 그때라도 그 자신이 정해 놓은 조건에 부응해야 한다고 생각했고 유언에도 그렇게 남겼다. 즉 연구소는 밥 르슈발리에가 더 이상 관여하지 않을 경우에만 화해를 받아들일 수 있다고 했던 것이다.

브라운은 2000년, 아르헨티나의 남단 해안에 떠 있던 유람선에서 심장마비로 죽었으며, 그곳에 매장되었다. 그 후 약 1주일 동안 로지반의 게시판에는 재통합에 관한 논의가 제기되면서 어휘의 통합 방법 등이 언급되었지만 곧 사라졌다. 모든 활동은 로지반으로 이루어지고 있었다. 그리고 그것이 계속되었다.

19

언어의 의미, 궁지에 몰리다

언어와 논리의 사이가 가까운 것이 좋은 걸까, 먼 것이 좋은 걸까?

사람들은 논리적으로 말해야 한다고 주장하는 괴짜 언어 연구자들을 주의할 필요가 있다. 'Everyone clapped their hands.'처럼 완전히 정상처럼 보이는 문장에서도 everyone과 their 사이에 '논리적' 부조화를 일으킨다. 그리고 very unique와 sufficiently enough 같은 어구가 논리적으로 의미가 닿지 않는다고 주장하기도 한다. 자신의 정당한 분노를 옹호하기 위해 논리를 내세우면서도 hopefully와 literally나 the reason is because 등을 계속 입에 담는 것이다.

여러분이 나를 무엇이든 좋다고 생각하는 언어의 야만인이라 생각하기 전에 내가 어법의 기준에 반대하지 않는다는 점을 말해 둔다. 나는 교육받은 사람처럼 말하려고 할 때는 어법을 지킨다. 바로 점잖은 사람처럼 보이고 싶을 때는 장례식에 가면서 비키니를 입지 않는 것과 같은 이유이다. 우리가 행동하는 방식에는 사회적 관습이 있으며, 그들과 친숙해져 있는 것이 모두에게 이롭다. 하지만 논리는 그와 무관하다.

그리고, 아, 정말 얼마나 고마운 일인지. 언어와 논리의 거리가 멀다는 것이 우리에게 얼마나 다행이며 우리의 언어생활이 얼마나 수월해졌는지 알고 있는가?

and라는 말을 생각해 보자. 우리는 그것을 사용할 때 무슨 뜻으로 말하는지도 알 필요가 없다! 'I like ham and eggs' 라고 할 때, 그들 두 가지를 각각의 장점을 따로 평가한 뒤 그들을 각각 좋아한다는 것인지, 그들이 한꺼번에 먹는 것을 좋아한다는 것인지를 분명히 밝혀야 할 것인가? 아니다. 우리가 게으르게 단지 and만 툭 내던지면 나머지는 주위의 맥락에 따라 이루어진다. 우리가 I woke up and ate breakfast.라고 말할 때 먼저 잠을 깬 뒤 아침식사를 했다는 뜻으로 하는 말일까? 아니면 그 두 가지를 동시에 했다는 뜻일까? 또는 어쩌면 아침식사가 잠자고 있어 그것을 깨운 뒤 먹었다는 뜻일지도 모른다. 아무튼 그렇다. 독자는 내가 무슨 말을 하는지 알고 있고 어쩌면 나도 알고 있을 것이다. 어쩌면 모를 것이라고 로지반 사용자는 말한다.

로지반에는 and를 말하는 방법이 여러 가지가 있다. 만약 다음 문장과 같이 .e를 사용한다고 하자(.는 약간 멈추는 것을 나타낸다).

la djan. .e la .alis. pubevril le pipno

"John and Alice carried the piano."

그러면 두 가지 명제 '존이 피아노를 운반했다'와 '앨리스가 피아노를 운반했다'를 주장하는 셈이다. 존과 앨리스는 번갈아 가면서 그렇게 할 수도 있고 한 사람은 1963년에 옮기고 다른 사람은 어제 했을지도 모른다. 그러나 이 문장은 존과 앨리스가 그 피아노를 함께 운반했던 상황에는 적용되지 않는다. 그렇게 말하려면 다음과 같이 joi를 사용해야 한다.

la djan. joi la .alis. pu bevri le pipno
"John and Alice (as mass entity) carried the piano."

그렇지만 John and Alice are friends.라고 말하고자 할 때 joi를 쓰면 잘못이다. 그 같은 상황에서는 다음과 같이 jo'u를 사용해야 한다.

la djan. jo'u la .alis. pendo
"John and Alice (considered jointly) are friends."

만약 여기에 joi를 사용하면, 존과 앨리스가 한 덩어리를 이루어 친구라는 어떤 개체를 이루었다는 셈이 된다. 만약 .e를 사용하면, 존은 누군가의 친구이고 앨리스도 누군가의 친구이며, 그래서 어쩌면 그들은 서로 알지 못할지도 모른다는 뜻이다.

로지반에는 and를 말하는 방법이 적어도 스무 가지 정도는 된다.

그러나 or나 if의 경우와 비교하면 아무것도 아니다. 그리고 이 짧은 어구에 관한 많고 많은 규칙을 완벽히 숙지했다고 해도 로지반이라는 빙산 근처에 갔다고도 할 수 없다.

솔직히 말해 지금까지 여러 언어를 이야기하면서 지금까지 해 왔던 것처럼 여러분이 이해하기 쉽도록 로지반을 간단히 요약하려는 생각만으로도 끔찍하다. 그렇게 하기에는 너무 많다. 그 언어는 극히 일부만 명시되어 있는데도 문법책의 분량이 600페이지가 넘는다. 사전 부분은 제외된 것이 그렇다.

나는 그 전부를 읽었다. 맹세하지만 그랬다. 그리고 말하지만 그런데도 아직 로지반을 말하지 못할 뿐 아니라 영어의 이해력까지 잃어가기 시작했다.

"깨진 전등을 바꾸는 데 몇 명의 로지반 사용자가 필요할까?" 하는 오래된 로지반의 농담이 있다. 답은 두 명이다. 한 명은 그것을 무엇으로 바꿀지 결정하고, 다른 한 명은 부서진 빛을 내는 전구가 어떤 종류인지 결정한다는 것이다. 내가 차츰 로지반을 더듬어 알아 갈 수록 로지반은 버릇없고 상상력이 부족한 8세 소년의 말 같았다. 예를 들면 이런 것이었다.

"케이크를 좋아해? 그럼 왜 케이크와 결혼하지 않아?"

"화장실을 사용할 수 있냐고? 나는 몰라. 너는 알아?"

한 주일 내내 로지반의 문법에 몰두해 있던 어느 날 내가 아들과 함께 인형 엘모가 나오는 비디오를 보고 있을 때였다. 인형 하나가 다정하게 물었다.

"숫자 6 다음에 오는 두 숫자는 무엇일까요?"

나는 이상했다.

"저게 무슨 말이야? 6 다음에 오는 숫자는 무한하지."

나는 비디오에서 알려 줄 때까지 정말 답을 몰랐다. 답은 7과 8이었다.

이것이 일종의 워프 효과였을까? 아니, 오히려 프로이트적 효과였다. 프로이트에 관해 조금 읽으면 갑자기 모든 것이 페니스처럼 보이기 시작한다. 만약 누군가가 감추어진 의미나 의미의 구분 등에 관심을 갖게 되면, 우리는 그들을 파악하기 시작한다. 우리의 세계관은 많은 것의 영향을 받아 형성되지만, 워프 가설은 우리가 말하는 언어에 의해 형성되는 것만 알고자 하는 것이다.

나는 로지반을 말하지 않았다. 정말이지 그 문법을 공부했어도 어느 누구라도 그것을 말하기란 불가능하리라고 확신했다.

하지만 그것을 말하는 사람들이 있다. 글쎄, 그렇다고 할 수 있다. 나는 2006년 12명의 컴퓨터 가이와 노라로 이루어진 모임인 로그페스트(로지반으로는 jbonunsla라 한다)에 참석했을 때 그것을 직접 눈으로 보았다. 몇 년 전 밥과 노라는 그들의 집에서 열던 로그페스트를 중단했다. 하지만 밥과 노라가 원했던 것은 아니었다.

"새로운 회원들은 우리가 제공하는 숙식보다 조금 더 격식이 있는 것을 원했습니다. 그들은 호텔에 묵고 레스토랑에서 식사하는 등 공식 회의 같은 것을 원했어요."

이것이 로그페스트를 중단한 이유였다.

내가 참석한 로그페스트는 필라델피아 공상 과학 소설 및 판타지 회의인 필콘 때 개최되었다. 우리가 인파들 속에서 사람들을 헤치고 약속된 방으로 찾아갔지만 그곳에서는 이미 어느 저자의 사인회 및 공개 토론회가 예정되어 있었다. 우리는 결국 8층 홀의 구석에 있는 커피 테이블 주위에 모였지만 로지반에 관심이 있는 새로운 사람들을 끌어들이려고 준비한 발표는 할 수 없었다. 이들이 준비한 '로지반이란 무엇인가?'와 '로지반 학습 개론' 등과 같은 이야기를 들어 줄 다른 사람이 아무도 없었기 때문이다.

나는 발명된 언어들의 역사에 대한 이야기를 하기로 되어 있었다. 내가 참가 신청을 하자, 주최자는 내 홈페이지를 보고 내가 책을 쓰고 있다는 것을 알고는 그것에 대해 이야기해 달라고 요청했던 것이다. 나는 "분명히 우주의 분류는 임의적이고 추측으로 가득 차 있다. 이 까닭은 매우 단순하다. 바로 우주가 어떤 것인지 우리가 모르고 있기 때문이다"라는 보르헤스의 말을 로지반으로 번역한 것과 윌킨스의 언어로 번역해 놓았던 것으로 단단히 발표를 준비했다. 나는 로지반을 공부할 때 윌킨스의 도표들 사이에 깊숙이 파묻혔을 때와 똑같은 불안한 느낌이 들었다. 정확성을 추구한다고 해서 견고한 땅으로 나오는 것이 아니라 아무리 발버둥 치더라도 점점 더 깊이 들어가기만 하는 의미의 궁지 속으로 빠져드는 그런 느낌이었다.

하지만 로지반은 더 강렬한 느낌이었다. '분명히', '임의적', '까닭' 등과 같은 의미를 가진 말의 번역에 사용할 말을 찾아야 했을 뿐 아니라(임의적을 나타내는 가장 좋은 말이 정말 cunso — x는 조건 y에서 z의 개연성 분포를 지니면서 '임의적 / 우연한 / 예상할 수 없는 것'일까?), 또한 윌킨스의 경우에는 직접적인 대체어를 마련해 주었던 the, and, of, no 같은 사소한 기능적 단어까지도 해결해야 했던 것이다.

그런 다음에는 통사론도 다루어야 했다. 로글랜 이전의 발명된 언어들에는 문장이 어떻게 이루어지는지에 대해 다룬 것은 하나도 없었다. 윌킨스의 언어와 같은 철학적 언어들이나 블리스 기호 같은 기호 언어들에서는 일단 적절한 개념어를 찾아내는 힘든 일이 끝나면 영어와 라틴어가 뒤섞인 문법에 따라 적당히 배열만 하면 되었다. 이들 언어에는 규범화된 올바른 통사론이라는 것이 없었다. 에스페란토는 다소 훌륭하게 규정된 문장 구조 표준이 있지만, 발명가가 처음부터 그 규칙을 만든 것이 아니라 사람들이 언어를 사용하면서 자연스럽게 형성된 것이었다. 에스페란토의 규칙은 익히는 것이 아니라 본보기를 통해 직감적으로 알게 된다. 나는 에스페란토를 말할 때 유럽의 언어에 대한 익숙함으로 그것을 성공적으로 활용할 수 있었다.

로지반에는 그것을 활용할 수 있는 경우가 없다. 그 언어에는 피곤할 정도로 규정된 통사론이 있으며, 그것은 전혀 모호하지 않다. 다양한 표시를 사용해 문장 전체의 구조를 분명하게 규정해야 한다.

예컨대 로지반에는 'ancient(history teacher)'와 '(ancient history) teacher' 사이에 어떤 혼란도 있을 수 없다. 로지반으로 'I saw the man with the binoculars.'라고 말할 때도 우리도 쌍안경을 가지고 있는지, 그 사내가 그것을 어떻게 가지고 있는지 어떤 의문도 없다. 로지반의 문장들에는 단 하나의 구조 분석밖에 없는 것이다.

그러므로 자신이 정말로 하고 싶은 말이 무엇인지를 분명히 해 두어야 한다. 로지반으로 작문하는 것은 컴퓨터 코드를 작성하는 것과 같다. 잘못된 함수를 고르거나 변수를 하나 빠뜨리거나 괄호 하나를 잃어버리면 아무 소용이 없게 된다. 하지만 소용없는 것을 어떻게 확인할 것인가? 적어도 컴퓨터 프로그램을 작성할 때 실수를 저질렀다면 엔터키를 눌러 프로그램이 작동하는지 확인할 수 있다. 그러나 600페이지나 되는 문법책을 가지고 책상 앞에 앉아 그것이 제대로 된 것인지를 어떻게 판단할 것인가?

다행히 로지반을 영어로 바꾸어 주는 온라인 번역 사이트 www.lojiban.org/jboski의 도움을 받아 적어도 우리가 작성한 로지반 문장이 제대로 되어 있는지는 확인할 수 있다. 만약 우리가 커다란 오류를 범했을 때 또는 중요한 구성 요소를 누락시켰을 때는 오류 메시지가 나올 것이다. 그렇게 가까스로 타당한 로지반 문장을 만들었다. "분명히 우주의 분류에는 임의적인 것과 추측이 가득 차 있다"는 말의 번역을(여러 차례 시도한 끝에) 처음으로 성공했다.

이것이 바로 그것이다.

li'a ro da poi se ciste le munje fi'e zo'e cu cunso gi'e culno so'i smadi

li'a {clearly . . .} [$_1$($_2$[cunso1 (random thing(s)) , culno1 (full thing(s)) :] ($_3$($_4$ro every (of) da X)$_4$ <$_5$poi which [$_6$<$_7$se ciste being system structure(s)≫$_7$($_8$[ciste1 (system(s)) :] le the munje universe(s))$_8$ ($_9$fi'e created by zo'e unspecif it)$_9$]$_6$>$_5$)$_3$)$_2$ cu is/does ≪$_{10}$cunso being random≫$_{10}$ gi'e and ≪$_{11}$culno being full≫$_{11}$ ($_{12}$[culno2 (filler) :] so'i many smadi guess thing(s))$_{12}$]$_1$

나는 내 문장이 이런 분석 결과를 내놓자 전율했다. 그것은 대학원에 다닐 때 고속으로 데이터를 처리하는 프로그램을 작성하면서 밤새도록 키보드를 두드린 뒤 이윽고 아름다운 결과물이 마치 반짝거리면서 폭포처럼 뿜어 나오는 축하용 샴페인처럼 화면에서 쏟아졌을 때와 똑같은 전율이었다.

하지만 이 분석 결과가 축하할 만한 것이었을까? 나는 확신할 수 없었다. 내가 문법적으로 올바른 로지반 문장을 만든 것은 확실했지만 그것이 내가 의도한 뜻인지는 알 수 없었다. 로그페스트에 가서 로지반 사용자들에게 이 문장을 보여 주었을 때 내가 뜻하는 대로 작성되지 않았다는 것이 확실해졌다.

그들이 해석한 이 문장의 뜻은 '우주의 모든 분류는 임의적이며 추측하는 사람이 가득 차 있다'였던 것이다. smadi는 'x는 y가 주제 z에 대해 참이라고 추정한다'는 뜻이다. 내 문장 구조상 나는 추정하는 사람 x에 대해 말하고 있었다. 그렇지만 내가 말하고 싶었던 것은 추정 y에 대한 주장이었다. 그렇다면 그 대신에 se-smadi가 사용되어야 했다.

하지만 나는 의기소침해지지 않았다. 로지반 사용자들도 항상 이런 실수를 한다. 그들은 늘 온갖 종류의 실수를 저지른다. 로지반이 사용되는 게시판에서는 의문이 제기되거나 수정되지 않는 문장은 거의 없고, 때로는 그 문장을 쓴 사람 자신이 고치기도 한다. 나는 이런 사실을 알고 있었다. 사실 로지반으로 이루어지는 대화의 주된 화제는 로지반 그 자체이다. 웹 사이트에서 영어로 열띤 토론을 벌이다가 그 가운데 한 사람이 "이런, 제기랄!"이라는 뜻을 로지반으로 적었을 때는 왜 그가 의도한 말을 하지 않았으며 그 같은 감정의 표현에 대한 적절한 로지반은 무엇인지에 대한 오랜 토론으로 바뀐 경우도 있었다.

로그페스트에서는 생생한 대화가 많지 않지만 아예 없지는 않다. 그것은 아주, 아주 천천히 진행된다. 마치 사람들이 머리를 오래 쪼개고 있는 것 같다. 물론 로지반에 매력을 느끼는 사람들은 자신들의 머리를 오래 쪼개는 데 일가견이 있는 사람들이다. 거기에 모인 거의 모든 사람이 공학이나 수학과 관련되어 있다(불과 15세밖에 되지 않아 어떤 배경을 가지고 있다고 말하기에는 적합하지 않은 한 열성팬은 예외이다). 열성적인 로지반 사용자들이 느끼는 로지반의 어려움은 함수와 변수를 제대로 처리하는 데 필요한 정신적 노력이지만 이것은 일부일 뿐이다. 나머지 대부분의 어려움은 영어의 영향력에 대항해 그들의 로지반을 철저히 지켜야 하는 것이다.

이러한 유혹은 "This phone doesn't work(이 전화기는 작동하지 않는다)."는 문장에서 gunka(영어의 work)를 사용하는 데도 보인다. 그러나 gunka는 'x가 y에 대해 z의 목적으로 일한다'는 뜻이다. 기능을 발휘하다는 뜻의 영어 work의 의미까지는 포함하지 않는 것이다. 마찬가지로 기운이 없다고 할 때 dizlo(영어의 low)를 사용하는 것도 적절하지 않다. dizlo가 '기준 높이 z와 비교해' 낮다는 뜻이기 때문이다. 낮다는 것을 감정에까지 비유적으로 확장하는 것은 로지반에서는 이루어지지 않는다. 이 같은 상황을 가리키는 로지반 말이 있다. 바로 "빌어먹을 영어!"라는 뜻의 malglico이다. malglico는 영어의 가정과 추측이 로지반으로 파고들 때 일어나는 일을 가리킨다.

로지반에서 영어의 영향력을 피해야 하는 까닭은 로지반이 워프의 가설을 시험하는 데 타당성을 유지하기 위해 만들어진 언어이며 따라서 문화적 중립을 지켜야 하기 때문이다. 어휘 측면에서는 그 뜻이 다른 문화끼리 공유되거나 비유적 확대 때문에 모호해지지 않도록 해야 한다. 문법 측면에서는 영어에 없는 구분까지 포함해 여러 언어들이 표현하는 온갖 구분을 표현할 자원을 가지고 있어야 한다는 뜻이다. 예컨대 영어에는 양도할 수 있는 것과 없는 것 사이에 문법적 구분이 없지만 이 구분이 있는 언어도 있다. 오스트로네시아 어족의 메케오어에서는 다른 사람에게 넘겨줄 가능성이 있는 소유물을 표현하는 방법(e?u ngaanga: '내 카누')과 그럴 수 없는 소유물을 표현하는 방법(aki-u: 문자 그대로는 '동생-나의'이니까 바로 '내 동생'이라는 뜻)이 다르다.

영어와 메케오어 사이에 소유에 관한 문법의 차이가 두 문화 사이의 세계관에 어떤 차이를 일으키는 것이 사실이라면, 로지반은 메케오어 사용자에게 영어의 소유관을 강요하지 않는다. 로지반으로 그 차이를 만들 수 있지만, 그렇게 하도록 요구하지는 않는다(그렇게 하면 메케오의 세계관을 영어 사용자에게 강요하게 되기 때문이다). 그러나 로지반으로 중립적인 형태를 사용하고자 한다면, 누군가를 le mi bruna(나와 어떤 관계가 있는 형제)라고 소개할 경우 그 사람이 자기와 어떤 관계가 있는 형제(그 자신의 형제일 수도, 다른 사람의 형제일 수도 있다)라고만 말했을 뿐임을 인식해야 한다. 만약 그가 흔히 이해되는 영어의 뜻으로 '내 형제'라고 말한 것이라면 malglico인 것이다.

로지반은 모든 것이며 동시에 아무것도 아닌 것이기를 원한다. 즉 모든 세계관을 수용하는 언어이면서 특정한 세계관을 지지하지 않는 언어, 이 두가지 모두이기를 원한다.

그와 동시에 형식 논리의 규칙 속에 우리의 정신을 훈련시키는 특별한 언어가 되기를 원한다. 이 모든 목표를 한꺼번에 유지하기란 여간 힘든 일이 아니다.

그리고 어떤 면에서 쓸모없는 일이기도 하다. 우리는 우주가 어떤 것인지 모를 뿐 아니라 그것에 대해 어떻게 생각해야 할지도 모른다. 그리고 우리 자신의 세계관은 볼 수 없다. 우리는 양도할 수 있는 소유와 양도할 수 없는 소유 사이의 차이에 대해서도 생각해 본 적이 없다. 그것을 구분하는 언어와 우연히 마주쳤을 때 비로소 이 차이를 느끼는 것이다.

로지반 사용자들은 그 구분을 발견해 그것을 문법 속에 통합시키는 경탄할 만한 작업을 해 왔지만, 이러한 구분을 모두 발견했다고는 할 수 없다.

그들도 이 점을 알고 있다. 오늘날의 로지반 사용자 가운데 언어가 가치관을 지배한다는 형이상학적 가정에서 로지반이 자유롭지 않음을 알고 있다. 그들은 단지 가능한 문화적으로 중립적인 언어를 만드는 데 최선을 다하고 있을 뿐이다.

로지반 사용자는 바로 그들 자신에게 숨겨진 형이상학적 가정을 성실하게 분석하는 사람들이다. 그리고 누군가가 다른 언어에 감추어져 있는 특히 낯선 종류의 의미 또는 의미의 구분과 마주치면, 그들 모두가 크게 흥분하면서 그것을 어떻게 받아들일 수 있을지 파악하려고 노력한다. 바로 이런 종류의 활동이 활발해지면서 로지반은

분리 · 독립 이후 급속히 성장했다. 로지반은 발명된 또 다른 언어의
요소를 접목시켜 그들의 체계를 마련하기도 했다.

그 발명된 언어는 어느 언어도 적절하게 표현하지 못했다고 느끼
는 여성의 관점을 나타내기 위한 언어였다.

20

교과서 제1과 월경하기

여성의 언어가 나온다면 당신은 그 언어를 사용하겠습니까?

여성의 관점을 나타내는 언어를 만든 사람이 바로 《그레이스 고모를 위하여》라는 SF 소설을 쓴 여성 작가 수젯 헤이든 엘긴이다. 웹사이트에 수록된 전기에 의하면 그녀는 "1936년 미주리에서 태어나 60대 후반에 과부가 되었다가 재혼했다. 그리고 다섯 자녀를 둔 어머니이며 캘리포니아 대학교 샌디에이고 캠퍼스의 언어학과 대학원을 졸업했다."고 했다.

그녀는 돈을 벌기 위해 공상 과학 소설을 쓰기 시작했는데, 1970년에 처녀작을 냈다. 수년 뒤 북아메리카 인디언 언어 중 가장 많이 쓰이는 언어인 나바호Navajo어의 통사론에 관한 논문을 완성했으며, 이어 1980년까지 언어학 교수를 하다가 은퇴해 자신이 태어났던 오자크 산지로 귀향했다.

1년 뒤 그녀는 페미니즘적 공상 과학 소설 회의에서 연설해 달라는 초청을 받았다. 그녀는 여성 작가들의 허구 세계는 매우 한정적이라고 생각했다. 여성이 남성보다 우월하거나, 남자와 똑같다는 것이다. 그래서 여자가 남자와 완전히 다른 제3의 대안이라는 관점은 없다는 것을 이야기하기로 했다.

그녀가 나중에 만들게 되는 언어 라아단의 문법책 서문에서 설명한 것처럼 어쩌면 그것은 '여자들이 이용하는 언어가 제3의 현실을 배제했으며…… 어휘의 결여 때문에 그런 현실을 상상하기 어려웠기' 때문이었을지도 모른다.

그녀는 당시 서평을 요청받은 책에서 '기존 언어가 여자들의 인식을 표현하기에 적합하지 않다는 페미니즘의 가설'을 접하고, 그래서 그런 인식을 적절하게 표현하는 언어는 어떤 것일까를 생각했다.

만약 그런 언어가 있다면 그 사용자들을 어떻게 바꿀 것인가? 사회는 어떻게 바꾸게 될까?

그녀는 이들 문제를 더욱 탐구하고 싶었지만 어떻게 해야 할지 몰랐다.

"과학적 실험이나 학술 논문도 방법이었겠지만 나는 이 문제를 연구하는 데 지원금을 받을 가능성이 없다는 것을 알고 있었다."

그래서 그 문제를 가지고 소설을 쓰기 시작했다. 주류가 아닌 여성 언어학자가 주류가 아닌 사람들을 위해 언어를 만든다는 소설 《모국어》였다.

엘긴은 언어학자로서 자신이 소설에서 만든 언어가 정확히 어떻게 기능을 발휘할지 알고 싶었다. 그래서 언어를 만들기 시작하면서 조지 오웰의 소설 속 뉴스피크 같은 허구적인 사고 실험용 언어들처럼 대략적인 설명과 겉핥기식 어휘 소개에서 한 걸음 더 나아갔다. 그녀는 새로운 언어로 여러 가지 글을 번역하면서 시험을 했고, 그 과정을 통해 언어를 다듬고 확장시켰다. 그리하여 1982년 말에 라아단은 훌륭하게 규정된 통사론과 1000개 이상의 어휘가 만들어졌다.

엘긴은 현실 사회에서의 실험 가능성에도 눈을 돌리기 시작했다. 정말 기존 언어가 여자들의 인식에 부적합하다고 느끼는 여자들에게 여성용 언어가 주어진다면 어떤 일이 일어날까?

그렇게 된다면 여자들은 그것을 환영하고 발전시켜 나가거나, 아니면 최소한 그것을 대체할 더 나은 여성 언어를 만들 수 있는 동기를 부여할 것이라고 생각했다. 이리하여 라아단은 1984년 《모국어》와 함께 세상에 선보였다. 그리고 엘긴은 10년은 기다려 보기로 했다. 1994년에 그 실험의 성공 여부를 선언할 심산이었다.

일찍부터 라아단은 공상 과학 소설을 읽는 소규모의 여성 독자들이 받아들였고 그들은 라아단 네트워크라는 모임을 만들었다. 그들 가운데 한 사람이 편지, 논평, 라아단으로 쓴 시, 새로운 단어에 대한 제안 등의 기고를 받아 잡지를 만들었다. 그리고 1988년에는 판타지 및 공상 과학 소설의 발전과 연구를 위한 협회를 통해 학습용 문장과 연습 문제가 포함된, 라아단의 문법과 사전이 함께 수록된 책을 출판했다.

라아단은 몇 가지 명확한 장치를 통해 '여자의 언어'로 자리 잡고 있다. 내가 알기로 제1과에 월경하다는 뜻의 말이 나오는 교과서는 하나밖에 없다. 하지만 접근 방법은 성별이 없는 대명사나 womyn's herstory처럼 기존 언어의 기묘한 변형을 통해 새로운 말을 만드는 수준을 훨씬 넘어선다. 그 언어는 경험 세계를 언어 형태로 여성의 관점을 전하려는 의도를 가지고 있다.

예컨대 월경의 경험은 다음과 같이 나뉜다.

oshᅡ́ana	월경하다	hushᅡ́ana	고통스럽게 월경하다
áshᅡ́ana	기쁘게 월경하다	deshᅡ́ana	일찍 월경하다
elashᅡ́ana	처음으로 월경하다	weshᅡ́ana	늦게 월경하다

임신도 다음과 같이 일련의 어휘들로 다루어지고 있다.

lawida	임신하다	lóda	임신으로 피로하다
lalewida	임신해 기쁘다	widazhad	늦게 임신해 결과를 고대하다
lewidan	처음으로 임신하다		

그리고 다음과 같이 폐경에 대한 것도 있다.

zháadin	폐경하다
azháadin	별다른 일 없이 폐경하다
elazháadin	환영받는 시기에 폐경하다

단어들 속에 여성을 담으려는 노력은 여성의 신체적 특징에 국한되지 않는다. 다른 단어들은 남자들도 경험할 수 있다고 생각되는 일

련의 상황이지만, 대부분의 여자들이 절로 고개가 끄덕여지며 말하
고 싶은 상황까지도 다루고 있다.

> radíidin : 휴일이라고 하지만 실제로는 할 일도 많고 준비할 것도 많아
> 끔찍한 경우. 특히 손님들이 너무 많고 아무도 도와주지 않을 때.
>
> rathom : 자기를 믿고 의지하라고 말해 놓고는 전혀 도와줄 생각을 하지
> 않는 사람.
>
> rathóo : 자신이 방해가 되고 곤란을 일으킬 줄 뻔히 알면서도 찾아오는
> 불청객.
>
> ramimelh : 특히 다른 사람들이 질문해 주기를 간절히 바라는 사람이 있
> 지만 나쁜 의도로 질문을 삼가다.
>
> thehena : 부정적인 상황인데도 느끼는 기쁨.
>
> bala : 비난할 대상이 있고 이유 있는 그러나 아무 소용없는 분노.
>
> bina : 비난할 대상이 없고 이유 없는 그러나 소용없지 않은 분노.
>
> áayáa : 환영을 받는지 못하는지 아직 알지 못하는 묘한 사랑.
>
> áazh : 한때는 성욕을 일으켰지만 지금은 그렇지 않은 사랑.
>
> ab : 좋아하지만 존경하지는 않는 사람에 대한 애정.
>
> am : 혈육에 대한 애정.

이들 어휘는 감정 · 태도 · 이유 · 의도 등에 세심한 구분이 이루어
져 있다. 물론 엘긴이 살던 그때도 지금도 이런 내용을 말할 수는 있
다. 하지만 엘긴이 강조하듯 영어로 말하기에는 '길고 복잡하며 불편
하므로' 여자들이 그들의 생각과 관점을 표현하려고 할 때 종종 '말

이 너무 많다'는 비난을 받는다는 것이다.

여성의 관점은 단어 말고도 언어 구조의 측면들에서도 전해진다. 엘긴은 "하지만 내가 말한 것은 모두……." 등의 낡은 변명 뒤에 와야 하는 적대적인 언어에 여자들이 약하다는 점에 주목하고, 그들이 말할 때 그 의도를 분명히 할 것을 요구하는 어법을 만들었다. 모든 문장은 이 말이 단순한 사실을 말하는 것인지 명령하는 것인지 경고하는 것인지 등 문장 형태가 먼저 나타난다. 그리고 그 말을 하는 이유가 어떤 것인지 마지막에 나타난다. 그 말을 하는 사람이 중립적으로 이야기했는지, 아니면 분노, 고통, 애정, 축하, 두려움, 농담, 가르침인지, 그 의도가 마지막에 드러나는 것이다.

예를 들어 라아단에서는 '문제는 네가 한 말이 아니라 네가 그 말을 하는 방식'이라는 충고를 듣게 되기도 한다. 만약 누가 중립적인 뜻으로 말을 하다가 "이봐, 그냥 농담이었을 뿐이야!" 하고 한다면, 농담을 알아듣지 못한 사람이 잘못이 아니라 명확하게 말하지 못한 사람에게 책임이 있는 것이다.

라아단에서 말하는 사람은 또 말하는 내용의 타당성에 대한 책임도 져야 한다. 모든 문장은 다음과 같이 발화자가 그들이 말하는 것의 근거를 분명히 밝히는 '증거 형태소'로 끝난다.

다음은 '그들이 웃는다'를 나타내기 위한 방법의 예이다.

Bíi	mehada	ben	wa
진술	웃다-복수	그들	내 자신이 인식하기 때문에 나도 알고 있다

Bíi	mehada	ben	wi
진술	웃다-복수	그들	

모든 사람에게 분명하기 때문에

나도 알고 있다

we

꿈에서 그것을 인식했기 때문에

나도 알고 있다

wáa

그 출처를 신뢰하기 때문에

나는 그것이 참이라 생각한다

waá

그 출처를 신뢰하지 않기 때문에

나는 그것을 거짓이라 생각한다

wo

나는 그것을 상상한다, 그것은

가정이다

wóo

나는 그것이 참인지 아닌지

전혀 아는 바가 없다

증거 형태소가 여성의 관점 가운데 어떤 측면을 다루는 것인지는 잘 모르겠지만(그래서 엘긴은 "추워……." "아니, 너는 춥지 않아." 하는 따위의 대화는 불가능하다고 말한다), 언어에 그것이 있는 것은 좋다. 사실 이런 증거 형태소(언어학에서는 '증거성evidential' 이라고 한다)는 여러 언어들에 실제로 존재하고 있다. 엘긴은 라아단을 만들 때 여성의 관점을 표현하는 데 가치 있고 적절하다고 생각되는 여러 자연어들의 요소를 받아들였다고 했다. 하지만 내 생각에는 단지 매혹적이었기 때문에 수용한 것이라고 생각했다. 그녀도 말하다시피, 나바호어에 '영어에도 있었으면 하고 항상 바랐던 아주 유용한 표시어가 있었기 때문에' 그것을 본떠 '경멸'을 나타내는 어미 lh를 만들었던 것이다(그래서 '선물'을 뜻하는 bini를 '조건이 붙는 선물'을 뜻하는 rabinilh로 바꾸는 데 도움이 된다).

라아단은 여자들의 인식을 더욱 훌륭하게 표현하는 여자의 말이라기보다 여러 가지 자연어들이 먹음직하게 차려진 연회석상에서 맛있는 음식을 찾아낸 언어학자가 만든 말처럼 보인다. 흔히 몸짓이나 어조로 전해지는 태도를 말로써 분명하게 전하는 말을 만들고자 했던 그녀의 목표 때문에 나바호어의 경멸을 나타내는 표시어를 차용한 것이 정당화되기는 한다. 그러나 그녀가 그것을 본떠 그녀 자신의 언어에 집어넣은 것은 과학적 사명감에서가 아니라 예술적 감각인 것처럼 느껴진다. 그것은 여성의 언어에 필요한 요소가 아니라 흥미로운 것에 지나지 않는다.

라아단은 제대로 사용되지 못했다. 소규모의 '활동 모임'이 여기저기에 생겼지만, 사람들이 다른 일로 바빠지면서 자연히 해체되었다. 그리고 학계의 여성 동성애자들은 라아단에 대한 부정적인 반응을 보였다. 그들은 엘긴이 여성 동성애에 관한 것을 전혀 없고 그에 대해 편견을 가졌다고 비난했다.

"그 때문에 나는 매우 참담했고 슬펐어요. 여성 동성애에 관한 어휘나 내용이 없는 것은 내가 몰랐기 때문이에요. 나는 아칸소의 농촌 벽지에 살고 있었고 학계나 학계의 페미니즘과 거의 상관없이 지냈어요. 나는 여성 동성애에 대해 아무것도 몰랐기 때문에 설사 그 생각을 했다고 하더라도 다룰 수 없었을 거예요."

이메일을 통해 그녀가 한 말이었다. 그녀는 앞으로 사전의 개정판을 내게 될 때 동성애에 관한 어휘를 포함시키겠다고 약속하면서 비판자들의 조언을 바랐지만, 개정판은 간행되지 않았다(새로운 어휘는 온라인 사전에서 나온다).

10년 뒤 여자들이 여전히 라아단을 받아들이지 않고 그것을 대체할 언어도 내놓지 않았다. 그런데 클링온(지나치게 남성적인 '전사'의 언어)이 번성하고 있다는 것을 알게 되면서 엘긴은 다소 비통하게 자신의 실험이 실패했다고 선언했다. 하지만 그녀는 그 도전이 흥미로웠으며 '노력할 만한 가치가 있었노라고' 밝혔다.

공상 과학 소설계에 있는 지인을 통해 라아단을 알게 된 밥 르슈발리에는 그 언어의 몇 가지 요소에 흥미를 느끼고 그것을 로지반에 접목시키려고 했다. 엘긴과 연락해 라아단의 언어 요소를 사용해도 좋다는 이야기를 듣고 로지반 사용자들은 발화자의 감정·태도·의도를 표현할 수 있는 범위를 크게 확장시키는 특별한 표시어뿐 아니라 로지반 자체의 증거성 표시어 체계까지 개발했다. 물론 그들은 일반적인 로지반 방식에 라아단 언어 요소를 첨가하는 방식으로 개발했고, 결과적으로 수백 가지, 어쩌면 수천 가지의 감정을 나타낼 수 있는 체계가 마련되었다.

거기에는 .ui([행복] 앗싸!), .u'u([회개] 나는 죄책감을 느낀다),

.ii(〔두려움〕이크!), .o'u(〔안도〕휴!)와 더불어 .uecu'i(〔놀람〕〔중립〕
허)에서부터 .o'unairo'a(〔안도〕〔반대〕〔사교적〕나는 사교적으로 거북함
을 느낀다)와 잘 먹고 난 뒤에 말할 만한 .uiro'obe'unai(〔행복〕〔신체
적〕〔결핍/필요〕〔반대〕앗싸! 〔신체적〕됐어!)에까지 이르는 다양한 표
시어가 있다.

엄격하게 말해 이들 표시어는 형식 논리학의 영역 밖에 해당된다.
그들의 타당성을 평가할 수 없으며 진리표도 없다. 하지만 로지반 사
용자들은 그것들을 좋아했으며, 그들을 사용하는 데 재미를 느꼈다.
얼마나 재미있었던지 그들 가운데 한 사람이 킨반Cinban('감정 언어'라
는 뜻의 cinmo bangu로부터 만든 말)이라는 새로운 언어를 제안할 정도
였다. 그것은 태도를 표시하는 말이 들어간 영어로서 로지반 사용자
들이 오랫동안 무심히 사용해 오던 것이었다. 그들은 새로운 웹 포럼
을 만들었다. 그리고 "내가 .a'o(바라건대) 킨반에 익숙해질 때까지
그것을 사용하면서 .o'o(인내심)을 기를 것이며, 물론 .uenaidai〔기
대〕〔공감〕누구라도 나와 함께 하기를 .e'uro'a〔제의〕〔사교적〕환영한
다."고 했다. 그 지시어를 자주 그리고 창의적으로 사용하는 것이 로
지반 문화에서 높이 평가되는 로지반의 특징이라고 했다.

로지반 문화?

물론 언어란 만들어진 뒤 세상에 나와 사용자의 수중에 들어오면
문화로부터 자유로울 수 없다. 로글랜과 그 후의 로지반은 그들 자신
의 문화를 발전시킬 수밖에 없는 것이다. 그들은 여러 사물들에 대해
비슷한 방식으로 똑같은 관심과 사고를 이미 공유하고 있는 사람들
을 본인 의사에 따라 끌어들였다. 초기의 로글래니스트들 가운데 하

나가 말했다.

"로글랜 사용자들은 처음에 의도했던 어떤 워프 시험도 할 수 없는 묘한 성격을 지니고 있다."

로글랜 사용자가 되려면 어떤 의미로는 이미 로글랜 사용자처럼 생각해야 했다. 하지만 제임스 쿡 브라운은 이것을 중요한 문제라고 여기지 않았다. 나중에 이루어지게 될 실험은 로글랜을 개발하는 사용자들을 대상으로 하는 것이 아니라 어떤 문화적 개입이 없는 연구소에서 정상적인 사람들을 대상으로 할 것이기 때문이었다. 로지반 사용자 가운데는 아직도 연구소에서의 시험이 이루어지는 날을 꿈꾸는 사람이 있지만, 정상적인 사람들은 말할 것도 없고 로지반 사용자들조차 익숙하게 사용할 수 있는 수준으로라도 로지반을 배울 수 있는지는 분명하지 않다.

브라운은 그의 실험 도구인 언어에 엄청나게 세부적인 공학을 가미했지만 실제 실험이 이루어지는 방법에 대해서는 모호하고 비현실적인 계획뿐이었다. 그 실험은 결코 이루어지지 않았으며, 앞으로도 힘들 것이다.

브라운과 그의 추종자들이 로글랜과 씨름하는 동안, 워프의 가설은 반세기 동안, 증명・반대 증명・옹호・파괴・부활・조롱・재부활 등의 과정을 거쳤다. 세월이 흐르면서 워프의 의문에 도전할 정도로 용감한 연구자들은 엄격한 통제 조건 아래 매우 특수한 결과를 찾을 수 있도록 설계된, 점점 세련되지는 실험 방법을 만들어 왔다. 브라운과 로글랜을 생각해 보면, 누군가에게 인공어를 완벽하게 가르치고(얼마나 혼란스러운 요인이 많은가!) 사고에 미치는 어떤 영향을 찾을 수 있다(어떻게 측정할 것인가?)고 생각하는 것은 순진하게 여겨진다.

하지만 그 실험은 이제 요점에서 벗어난다. 로지반 사용자들은 그들 자신의 개인적인 워프 실험을 생활화하고 있다. 그들은 로지반을 배움으로써 그들의 영어 사용이 더욱 분명해지고, 올바른 논리적 추론을 잘할 수 있게 되었다고 주장한다. 또한 언어와 가치관의 관계에 대해 더 많이 생각하게 되어 그들의 세계관을 재검토하게 되었다고 말한다. 그리고 그것이 정신을 개방시켜 주며, 비록 이들 결과가 입증할 수 없고 비과학적일지 모르지만 그 나름대로 만족스럽다고 생각한다. 어느 로그페스트의 참가자는 이렇게 말했다.

"나는 로지반이 내 머리를 뒤죽박죽으로 만들어 주는 것이 좋다."

우연이지만, 워프의 이론을 실험해야 한다고 했던 다른 어느 연구자의 실험보다 로지반 사용자들은 워프가 의도했던 프로그램을 뒤따르게 되었다. 워프는 그의 언어적 상대성 원리를 하나의 기정 사실로 간주했다(서로 다른 종류의 문법은 서로 다른 세계관을 가졌다는 뜻이다). 연구자의 할 일은 이것이 참인지의 여부를 파악하는 것이 아니라 이것이 어떻게 참인지를 탐구하는 것이었다. 이것을 올바로 하려면 우리는 먼저 우리의 감추어진 사고 습관을 깨달아야 한다. 이를 위해 가장 좋은 방법은 낯선 언어를 통해 생각하는 것이다. 왜냐하면 그것을 배우면서 우리는 어쩔 수 없이 지금까지 해 왔던 생활에서 벗어나기 때문이다. 그러면 우리는 그 낯선 언어가 우리의 거울 역할을 하고 있음을 깨닫게 된다.

로글랜은 처음 의도대로 냉철하고 과학적인 도구가 되지 못했다. 그것은 결코 워프의 가설이 옳다거나 틀렸다는 증명을 하지 못할 것이다. 그러나 모든 것, 아무것도 아닌 것, 어떤 것의 언어가 되겠다는 모순된 목표에 부응하면서 오늘날의 로지반으로 진화했다. 그러는 동안 그것은 섬세하게 다듬은, 거대하지만 우리를 놀래지는 못하는 유령의 집에 놓인 거울처럼 바뀌었다. 비록 그렇다고 해도 워프가 말했던 바로 그 판에 박힌 생활로부터 우리를 밀어낼 것은 분명하다. 그것은 과학이 아니지만 그러나 예술일지는 모를 일이다.

taH pagh taHbe'. DaH mu'tlheghvam vIqelnIS.
quv'a', yabDaq San vaQ cha, pu' je SIQDI'?
pagh, Seng bIQ'a'Hey SuvmeH nuHmey SuqDI',
'ej, Suvmo', rInmoHDI'?

사람은 계속하거나 계속하지 않거나 한다.
지금 나는 이 문장에 대해 생각해야 한다.
과연 명예로울까, 정신 속에서
가혹한 운명의 어뢰나 페이저 총을 견디는 것이
아니면 대양처럼 밀려오는 어려움과 싸울 무기를 획득하고
싸워 그들을 물리치는 것이

__《클링온 햄릿(The Klingon Hamlet)》

신세대
클링온 사용자들과
콘랭 발명가들,
언어에 예술을 심다

21

자연언어의 결점이 없으면 어떻게 될까?

우리가 그 많은 일을 하고 많은 말을 하려면 그 '결점'이 필요하다.

발명된 언어의 이야기가 전부 실패의 이야기였던 것은 아니다. 윌킨스의 언어는 진리의 세계어가 되지 못했지만, 그는 자신의 시대와 문화의 언어학적 의미를 요약한 특별한 문헌을 내놓았으며 시소러스가 탄생되는 계기를 만들었다. 에스페란토도 전 세계를 위한 보조어가 되지는 못했지만, 현재 사용되는 살아 있는 언어이다. 그리고 그것을 사용하는 소규모의 사람들은 국제적인 이해와 존중의 분위기를 증진시키는 것처럼 보인다. 블리스 기호 역시 그것을 만든 사람의 엉뚱한 성향에도 불구하고 유용성이 발견되었으며, 로글랜은 비록 그것이 만들어진 계기인 과학적 사명을 달성하지 못했지만 오늘날까지 살아 있다.

발명된 언어의 이 같은 '성공'은 단지 우연에 지나지 않으며, 그들이 누군가에게 가치가 약간 있는 것을 만들었다고 해서 존경해야 한다는 것도 아니다. 그러나 우리는 그들의 놀라운 근면함에 대해서는 박수를 쳐 줘야 한다. 힘들게 노력했다는 것 때문만은 아니다. 그들이 언어에 대한 자신의 생각을 최대한 멀리까지 밀고 나가 그것을 정말로 시험해 보았기 때문이다.

말이 더욱 정확한 뜻을 가지고 있다면, 또는 사람들이 대화할 때 논리적으로 말한다면 훨씬 좋을 것이라고 적어도 한두 번은 생각한 적이 있지 않을까? 지금껏 얼마나 많은 사람들이 아무 생각도 없이 중국 한자의 '마법'에 감탄하거나 국가들 사이의 악감을 언어의 차이 탓으로 돌렸을까? 하지만 우리는 그 같은 헛된 생각에 아무 책임이 없으며, 그 때문에 괴로워 하지 않는다. 만약 언어 발명가들의 성공과 실패에 관심을 갖는다면 우리는 그들이 힘겹게 얻은 교훈을 공짜로 배울 수 있는 것이다.

그리고 자연어에 유연성과 힘을 부여하고, 그것을 단순한 의사소통 수단 이상이 되게 하는 골치 아픈 성질들에 대한 더욱 깊은 이해도 갖게 될 것이다. 모호성과 명료성의 결여 때문에 오히려 자연어는 사고의 형성·실험·발견 등의 도구가 된다. 우리는 말하기 전에 무슨 말을 하려는지 정확히 알 필요가 없으며, 말하는 도중에 그것을 생각해 낼 수도 있다. 또는 단지 이야기를 나누기 위해, 사교상의 목적으로, 인간관계를 느끼기 위해, 참여하기 위해 말을 할 수도 있다.

그와 동시에 자연어는 여전히 사고 전달의 수단으로 작용한다. 우리는 필요할 때 매우 간단명료한 문장을 만드는 것도 가능하며, 우리에게 시간이나 노력의 여지가 없을 때는 느슨하고 엉성한 문장으로 내버려 둘 수도 있다.

오해 없이 말하기 위해서는 셜리 맥노턴이 학생들에게 모호하고 부정확한 블리스 기호를 활용할 수 있도록 한 방법, 바로 타협으로 다가가면 된다. 우리는 질문을 하거나 여러 가지 방법으로 우리의 표현을 반복할 수도 있다. 더욱 중요한 것은 언어 발명가들 거의 모두가 무시하거나 심지어 경멸하기까지 했던 단순한 관습적인 합의, 개념 파악이 습관적으로 이루어지는 공유된 문화가 우리에게 있다는 점이다.

우리가 과학을 비롯한 학술 논문이나 법률 문헌에 비교적 정확하게 접근할 수 있는 것은 관습 덕분이다. 물론 그러기 위해서는 논문이나 법률 문헌들의 소통 방식이 의존하는 관습적인 합의에 대해 알고 있어야 한다. 그 때문에 전문가들이 그 관습을 모르는 사람들과 소통하고자 할 때는 타협의 기법으로 되돌아가야 한다. 천천히 말하고 질문을 던지며 용어를 설명하고 예를 들어 설명해야 하는 것이다.

관습은 빠르고 능률적인 의미 전달 도구이지만 대가가 필요하다. 그 관습을 익혀야 하는 것이다. 극단적인 경우 몇 년 동안 대학원 과정을 밟거나 로스쿨에 다녀야 하기도 한다. 언어로 설명하자면 영어 · 에스파냐어 · 그린란드어 · 에스키모어 등 어떤 언어를 배우고자 할 때 그 언어를 말하는 사람의 어구 사용법에 익숙해져야 한다는 뜻이다.

언어 발명가들이 '스스로 설명하거나 보편적인' 언어를 만들기 위해 이러한 관습을 비켜 가면 블리스 기호처럼 실제 사용자에게 너무 많은 부담을 준다. 아니면 윌킨스의 체계처럼 과잉 규정된 의미에 의해 유연성을 지나치게 제거해 버린다. 그들이 문화, 언어 관습이 만들어지는 장소를 제거하려고 할 때는 로지반의 문법 규칙 같은 것으로 대체해 주어야 한다(하지만 600페이지에 이르는 로지반의 문법을 완벽하게 배운 사람은 없다).

음악의 '언어'처럼 일종의 보편적인 의미나 감정을 전할 수 있는 소통도 있지만, 그러나 "차에 지갑을 두고 왔다."는 말은 할 수 없다. 컴퓨터 프로그래밍 언어처럼 기계에게 어떤 임무를 수행하게 하는 분명한 체계도 있다. 그러나 우리의 말을 프로그래밍한다면 우리가 추론이나 상식에 의존할 수 있는 의미에 대해서까지 명시해야 하기 때문에 아주 단순한 말을 하려고 해도 아주 오랜 시간 또는 여러 날이 걸릴 것이다.

자연어는 음악보다 보편적이지 못하고 프로그래밍 언어보다 명료하지 못할지 모르지만, 그러나 일상생활에서는 그 어느 것보다 훨씬 다재다능하고 유용하다.

모호성이나 의미의 애매함은 자연어의 결함이 아니라, 우리의 정신과 우리의 사고방식에 어울리는 하나의 특징이다. 마찬가지로 자연어가 임의적인 관습이나 문화적 습관에 의존한다는 사실도 결함이 아니다. 이는 서로 다른 명료함의 기준 사이에서 합의를 이루는 과정을 통해 애매함을 극복하게 한다. 언어는 그 엄청난 역할을 하기 위해서도 그 '결함'이 필요하다.

하지만 불규칙은 무엇 때문일까? 여러 규칙들에 있는 온갖 예외는? 언어에는 정말 그것이 필요할까? 아마도 아닐 것이다. 그러나 그것은 관습의 자연스러운 부산물이다.

에스페란토와 같은 언어들은 유럽 언어들을 말하는 사람들의 일반적인 언어 습관에서 만들어졌다는 이점을 지닌다. 에스페란토는 그 자체의 문화와 공동체를 발달시키고 그래서 단어들이 어떤 뜻을 지니고 어떻게 사용되어야 하는지 훨씬 잘 규정된 관습이 있기 때문에 특히 훌륭히 기능을 발휘한다. 그렇지만 그와 동시에 의도했던 완벽한 규칙성의 일부가 희생됐다. 예컨대 동사의 대상을 표시하는 데 사용되는 대격의 어미 –n이 사라지고 있다.

사람들은 그것을 사용하지 않는 경우가 많고 그것을 사용해야 한다는 것을 기억하기가 고통스럽다는 농담도 한다. 어느 연구에 의하면 원어민조차 대격 표시어가 있을 때도 지속적으로는 사용하지 않는다고 한다. 하지만 '안녕하세요' 하는 뜻의 saluton이나 '고마워요'라는 뜻의 dankon을 말할 때는 항상 대격 어미를 그대로 사용한다. 그들 단어는 원래 동사의 목적어로 형성된 것이지만(I wish you greetings나 I give you thanks에서처럼), 지금은 –n 어미를 가진 관용구가 되어 버렸다. 그러나 그들이 자주 사용되고 그들의 형태가 습관 또는 관습에 의해 확립되었기 때문에, 그들이 나타내는 문법적 표시어가 쇠퇴했는데도 그 영향을 받지 않는 것이다.

자연어에서의 불규칙적인 요소도 그와 비슷한 방식으로 생긴 것이 있다. 영어의 역사에서도 어느 단계에서는 동사의 과거 시제가 규칙적인 모음의 변화로 표시되어, 예컨대 help / helped가 아니라 help / holp로 나타냈다. 세월이 흐르면서 어미 –ed를 붙이는 것이 과거를 표시하는 방법으로 선호되자 결국 대부분 동사의 과거 시제에는 –ed를 붙이게 되었다. 하지만 eat / ate, give / gave, take / took, get / got 같은 동사들은 옛 형태가 그대로 남았다(정말 자주 사용된

was / were는 그보다 더 오래된 형태가 남은 것이다). 그들이 불규칙이 된 것은 그들 이외의 것이 바뀐 것 때문이다.

어느 누구도 말이 불규칙해지는 것을 원하지 않는다. 언어 사용자의 습관에 의해 굳어지는 것도 있고 쉽게 변하는 것도 있다.

어느 날, 누군가 이렇게 묻는다.

"이봐, 이 말은 왜 정해진 것과 다르지?"

그 대답은 당연하다.

"우리가 그런 식으로 말하기 때문이야."

어느 날 에스페란토를 처음 배우게 된 사람도 saluton과 dankon에 대해 그와 똑같은 질문을 할지 모른다. 그들은 또 아마 영어의 is에 해당하는 estas 대신에 stas(오늘날 젊은 에스페란토 사용자들이 많이 사용하는 축약형)라고 하는 것과 '안녕' 하는 작별 인사로 ĝis('다시 만날 때까지'를 뜻하는 ĝis is la revido의 구어적 표현)라고 하는 까닭도 알고 싶을 것이다.

그들은 이미 ne jukas min(직역하면 그것이 나를 가렵게 하지 않는다는 뜻이지만 상관없다는 뜻으로 사용)과 jam temp' esta'('시간이 되었다는 뜻의 올바른 어구 jam la tempo estas 대신에 현대의 에스페란토 사용자들이 자멘호프의 옛 시구에 따라 사용하는 것) 등의 표현, 그리고 사전이나 접사 목록만으로는 뜻을 알 수 없는 다른 여러 가지 어구의 숙어적인 의미를 배웠음에 틀림없다.

그러나 에스페란토는 여전히 매우 규칙적이며 그래서 배우기가 아주 쉽지만, 에스페란토는 완벽한 수학적 체계나 의미의 보편적인 기준이 아니라 사람들이 그것을 사용하는 방법에 의해 지배된다.

우리의 언어가 일관적이지 못하고 불규칙한 것은 완벽한 문법책이나 거창한 철학에 의해서가 아니라 우리에 의해 운영되기 때문이다. 나는 사람들에 대해 잘 모르지만, 발명된 언어의 이야기들로 미루어 볼 때 그렇게 생각할 수밖에 없다.

언어적이든 아니든 한 세대에서 다음 세대로 풍습이나 관습이 전해지는 것은 결코 완벽하지 못하다. 여러 세대를 거치면서 과거에 의미를 전달했던 부호나 기호, 그림 등이 완전히 그 의미를 알아차릴 수 없게 될지도 모른다. 이것은 바로 1980년대 초 기호학자 토머스 시벅이 원자력 폐기물 처리국으로부터 요청을 받아 원자력 폐기물을 매장한 장소에 경고 표시를 하는 가장 좋은 방법에 대한 보고서를 작성할 때 제기한 문제였다.

미래 세대의 안전을 확보하기 위해 그 메시지는 1만 년 동안 그 뜻이 해석될 수 있어야 했다. 그는 엄청나게 많은 표시 방법을 제안했다. 그 메시지를 현재 사용되는 모든 언어로 인쇄하고, 그림·상징·기호 등도 표시해야 할 것이라고 했다. 그러나 이처럼 많은 표시에도 불구하고 1만 년 뒤에는 아무 소용이 없을지도 모른다고 했다.

시벅은 그 메시지가 미래에까지 전해질 수 있는 가장 확실한 방법은 250년 정도마다 이것은 원자력 폐기물이라는 정보를 당대에 유행하는 모든 언어, 기호, 그리고 미래의 새로운 소통 장치가 있다면 그것으로 표시해 달라는 '호소와 경고'가 들어간 두 번째 메시지를 넣는 것이라고 했다. 그래도 미래의 사람들이 그 호소를 무시하거나 잃어버릴 가능성이 있으므로, 위험 지역에 대한 미신이나 금기를 심어 줄 수 있는, 제례와 전설을 만들 것을 제안했다. 그것이 왜 위험한 지 알고 있는 과학자들에게는 '메시지는 물론 사람들에게 이 메시지를 듣게 할 책임까지 맡겨지며…… 어쩌면 그 지시를 무시할 경우를 대비해 초자연적 징벌이 내려질 것이라는 은근한 위협까지도 덧붙여야 할 것'이라고 했다.

시벅의 분석에 따르면 1만 년 뒤에까지 의미를 전할 수 있는 최상의 방법은 그 의미를 부호화하는 적절하고 안정적이며 보편적인 방법을 찾는 것이 아니었다. 그런 것이란 없기 때문이다.

의미는 그것이 부호화되는 기호나 이미지, 또는 언어 속에 존재하는 것이 아니라 그것을 해석하는 사회 속에 존재한다. 새로운 세대가 나타나 사회가 변하면 그와 더불어 의미의 해석도 바뀐다. 우리의 메시지를 전하기 위해 우리가 가지고 있는 최상의 방법은 그 메시지를 각 시대에 맞춰 부호화하도록 호소하거나 또는 접근할 수 없는 분위기를 만들어 광범위한 사회의 전통 속에 이입시키는 방법 중 하나를 통해 미래 사회에 전달하는 것이다.

언어 발명가들은 1만 년 이후의 소통 문제는 관심이 없고, 자신들이 열심히 노력하기만 하면 사회를 초월할 수 있는 언어를 만들 수 있으리라고 착각해 왔다. 하지만 의미를 만들고, 언어를 만드는 것은 사회이다. 언어 발명가가 할 수 있는 최상의 선택은 그가 만든 프로젝트를 사용해 줄 사람을 찾아내 그것을 던져 줌으로써 그 완벽함을 엉망으로 만들게 하는 것이다.

발명된 언어 가운데 몇 안 되는 성공 사례의 주인공들은 그럴 만한 자격이 있는 것이었다. 몇 가지 언어가 주목이나 찬사를 받고 심지어는 사용하는 집단까지 지니게 되었으나, 어느 것도 그들이 처음에 내세운 사명까지 얻은 경우는 하나도 없다. 우리는 여전히 전 세계적으로 사용되는 국제적 보조어나 언어의 온갖 부적절성에 대한 입증된 요법을 얻지 못하고 있는 것이다. 그래서 야심만만한 발명가들은 아직도 노력하고 있다. 해마다 새로운 세계어, 개선된 에스페란토, 또는 완벽한 수학적 개념 형성 체계 등의 제안이 나오고 있다.

나는 최근 존 옌치$^{John Yench}$가 2003년 자비 출판한 책을 구입했다. 이 책은 '기존 자연어의 일관성 없음과 불편한 불규칙을 배제한 모든 인류를 위한 세계어이자 단어의 음절 배치만으로 그 뜻을 알 수 있고 스스로 일관성을 유지하기 때문에 사전이 필요 없는 언어'라는 이덜^{Idirl}에 대한 것이었다. 옌치는 그가 만든 언어를 퍼뜨리는 방법이 상당히 시대에 뒤떨어진다.

오늘날 언어 발명가들은 자비로 책을 인쇄해 그들을 전 세계의 도서관이나 정부 기관에 우송하지 않는다. 그 대신에 웹사이트를 구축한다. 다른 모든 사람들과 마찬가지로 언어 발명가들도 그들의 아이디어와 제품을 인터넷에 올리는 것이다.

그러면 자신과 비슷한 생각을 가진 사람 몇 명은 만날 수 있다. 에스페란토와 로지반과 같은 기반이 잡힌 언어들은 포럼을 만들어 언어를 배우고 여행을 하는 등 그 언어를 사용할 수 있는 자리를 마련함으로써 해마다 상당수의 사용자를 끌어들이고 있다. 심지어 볼라퓌크, 이도, 인테르링구아 같은 과거의 언어들도 온라인에서 약간의 새로운 생명을 누린다. 하지만 그처럼 많은 프로젝트에 대한 정보가 매우 쉽게 접근할 수 있게 됨으로써 경쟁 또한 훨씬 치열해지고 있다.

많은 언어가 웹에 있으면서 저마다 더욱 논리적·체계적·국제적이고 UN에 의해 채택될 가능성이 많으며 정치가에 의해 오용될 가능성이 적다…… 등의 주장을 나열하면서 더욱 격렬한 싸움이 일어난다.

이 모든 싸움은 사람들이 합리적인 이유를 가지고 언어를 배우려 하며 사람들이 가장 훌륭한 목표를 지닌 언어를 찾고 있다는 착각에서 유래한다. 하지만 인공 언어를 비교 구매하는 사람은 아무도 없다. 그들은 자신들이 마음에 드는 것을 찾으며, 취향에는 이유가 없다. 그래서 에스페란토 사용자, 로지반 사용자, 심지어는 자존심 많고 기세등등한 볼라퓌크 사용자 등 다양한 사람들이 있는 것이다.

발명된 언어에 유용한 특징이 전혀 없더라도 성공할 수 있음이 드러나고 있다. 현재 가장 성공적인 언어 가운데 하나는 불규칙으로부터 자유롭지도 않고 배우기 쉽지도 않다. 사명감도 없다. 그것은 인류를 통일시키거나 정신을 개선할 의도도 없었고, 심지어 현실 세계의 사람들에 의해 사용되기를 바라지도 않았다. 하지만 몇몇 사람들이 가지고 있는 개인적 취향에 아주 적합했기 때문에 그들은 그것을 보자마자 사랑에 빠졌으며 더 많은 것을 요구했고 공동체를 만들어 그것에 생명을 불어넣었다.

그래서 우리는 클링온의 이야기로 되돌아간다.

22

클링온 발명자, 마크 오크런드

클링온 사용자들은 클링온을 배우는 것이야말로
자신이 우월한 〈스타트렉〉 팬이 되는 것이라고 생각한다.

클링온족이 1969년 〈스타트렉〉에 처음 등장했을 때, 그들은 분장한 호전적인 사람들에 지나지 않았다. 그들은 1979년에 처음 나온 영화 〈스타트렉〉에서 그들의 등록상표가 된 주름진 이마를 개발했지만, 그러나 클링온족이 외계인 문화의 복합적인 구성원으로 풍부하게 표현된 것은 1987년에 시작된 〈스타트렉〉 시리즈 〈스타트렉: 다음 세대〉로 두 번째 부활이 이루어진 다음이었다.

그 시리즈와 뒤이어 등장한 〈스타트렉〉 영화들에서 관객들은 클링온족이 거칠고 조잡하며 충직하고 과격하며 명예를 존중하는, 바이킹 · 스파르타 · 사무라이를 혼합해 놓은 일종의 오토바이족임을 알게 되었다. 그들은 qagh(살아 있는 뱀 비슷한 벌레)를 먹고 독한 술을 마시며 딱딱한 바닥에서 잠을 잔다. 그들에게는 통과 의식(젊은이는

painstik라는 것에 두들겨 맞는 의식을 거친다)과 창조 신화(맨 처음 태어난 클링온과 그의 배우자는 그들을 창조한 신들을 파괴하고 천국을 불태워 버렸다)도 있다. 욕설은 존중되는 예술 형태이며, 가장 지독한 욕은 Hab SoSlI' Quch(네 엄마는 반듯한 이마를 가졌다)이다. 성교 때는 무거운 물체를 집어던지기 때문에 부상을 입기도 한다. 그들은 자신들의 가치를 나타내는 여러 가지 격언, quv Hutlh HoHbogh tlhIngan 'ach qabDaj 'angbe'bogh(얼굴을 보여 주지 않고 죽이는 클링온은 명예심이 없다), Dubotchugh yIpummoH(앞을 가로막는 것이 있으면 쓰러뜨려라), bIjatlh 'e'yImev, yItlhutlh(말은 그만하고 마셔라!), 그리고 내가 개인적으로 좋아하는 bortaS nIvqu' 'oH bortaS'e'(복수는 최상의 복수) 등을 즐겨 읊조린다.

클링온은 정말 발음하기 어렵지만, 그러나 발음을 나타내는 철자를 사용하므로, 각각의 글자가 어떤 소리를 내는지만 알면 어떤 단어라도 발음할 수 있다. 모음은 쉽다. a는 영어의 father, e는 영어의 ten, I는 영어의 give, o는 영어의 phone, u는 영어의 tune에 나오는 각각의 모음과 같다. 자음은 어렵다. H는 chutzpah와 같은 이디시어나 독일어 감탄사 ach!에서의 ch와 같이 발음된다. 클링온의 D는 인도에서 온 사람이 d를 발음하는 것 같은 소리가 나며, 혀끝을 이 뒤의 고랑이 아니라 입천장 가운데에 놓는다. S는 영어의 sh와 비슷하지만, 이 경우도 혀끝을 입천장에 놓고 발음한다. SoD(홍수)를 제대로 발음하면, 입속이 뭉쳐져 느릿느릿 움직이는 느낌이 들 것이다. q는 영어의 k처럼 발음하되 마치 목이 막히는 것처럼 목 훨씬 안쪽에서 발음한다. Q는 q와 발음이 같지만 좀 더 세게 발음된다. 만약 모험을 즐기는 사람이라면 '반란을 일으키다'는 뜻의 동사 qIQ를 발음하려고 해 보라. 약간 침이 튀어나온다면 훌륭한 발음이다. 점심 먹은 것이 튀어나온다면 나중에 다시 시도하라.

그 밖에 설명이 요구되는 클링온의 철자로는 ng(영어에서와 같지만 '작가의 손가락 경련'를 뜻하는 ngav처럼 단어의 맨 앞에 오는 경우도 있다), gh(클링온의 H와 같이 발음되지만 가글을 하는 것처럼 성대를 울린다), tlh(영어와 t와 같이 시작하되 혀끝을 그대로 둔 채 양옆을 낮추어 공기를 내보낸다), j(영어의 job과 같고 hallelujah와 같지 않다), 그리고 마지막으로 uh-oh의 경우 oh 앞에서 이루어지는 것처럼 성대문이 완전히 닫힘을 나타내는 성대문 폐쇄음 등이 있다. 자, 이제 앞 페이지로 되돌아가 격언을 한 번 읽어 보자.

클링온의 음운 체계는 클링온족과 마찬가지로 의도적으로 거칠고 으르렁거리며 이질적이지만, 언어학적으로 볼 때 일종의 타당성이 있다. 그 언어에는 인간의 언어들에서 사용되지 않는 짧고 큰 소리나 동물들이 으르렁거리는 것과 같은 소리 등은 포함되지 않는다. 그리고 사용되고 있는 소리도 실제의 언어들만큼 이색적이지도 않다. 흡착음·전동음·흡기음·무성음 등이 없기 때문이다.

클링온 발명자 마크 오크런드의 말을 들어 보자.

"이 언어를 만들면서 목표로 한 것은 가능한 인간의 언어와 같지 않게 하면서 동시에 배우들이 발음할 수 있도록 하는 것이었다. 클링온의 외계적인 특성은 그것에 사용되는 소리에서 나오는 것이 아니라 동시에 나오는 소리들의 규칙을 위배하는 방식에서 비롯된다. 언어학적 관점에서 보면 그들 소리에 특별한 점이라고는 전혀 없다. 단지 하나의 언어에서 그들을 모조리 듣게 되리라고 예상하지 못했을 뿐이다."

 언어학 박사인 오크런드는 1982년에 우연이 클링온의 창조자가 되었다. 당시 그는 전국 자막 연구소에 근무하면서(현재도 근무하고 있다) 텔레비전 생방송에 사용되는 실시간 폐쇄 자막의 제작 방법을 개발하고 있었다. 그해(〈불의 전차〉와 〈황금 연못〉의 해였다)의 오스카 시상식은 폐쇄 자막이 도입되는 최초의 대규모 생방송 행사였다.

"나는 방송 1주일 전에 할리우드에 도착했지만, 아직 내가 일할 여건이 준비가 되지 않은 상태였다. 할 일이 전혀 없는 상태였기 때문에 파라마운트에서 일하고 있던 옛 친구에게 연락했다. 우리가 그 영화사의 식당에서 점심을 먹고 있을 때 〈스타트렉 II〉 부제작자의 비서가 우리 곁을 지나갔다. 내 친구가 나를 언어학자라면서 소개했다. 그러자 그 비서는 마침 그들이 언어학자를 찾고 있는 중이라고 했다. 그 영화에 쓸 외계어 대화 몇 마디가 필요하다는 것이었는데, 그 직전에 다른 언어학자와 접촉했지만 성과를 거두지 못했던 것으로 생각한다. 나는 재미있겠다고 생각해 그것이 언제 필요한지 물었다. 마감은 주말까지였다."

다른 일이 있었는데도 불구하고 오크런드는 그 일을 멋지게 해 냈다. 배우 레너드 니모이와 커스티 앨리 사이의 그 대화 장면은 이미 영어로 촬영되어 있었으므로 입 모양에 맞추어 그럴 듯하게 더빙할 수 있도록 만들면 되는 일이었다. 그 후 2년이 지나 〈스타트렉 III〉의 제작진이 클링온으로 대화가 이루어지는 장면이 필요하자, 오크런드는 그들이 찾아가야 하는 언어학자가 되었다.

이번에는 배우들이 클링온을 사용하면서 촬영할 예정이기 때문에 입모양을 맞추어야 하는 제한이 없었지만 다른 두 가지 전제 조건이 있었다. 첫째는 스카티역을 맡은 제임스 두핸이 처음 〈스타트렉〉에서 이미 만들어 놓은 몇 마디의 클링온이 존재한다는 점이었다. 그래서 그는 그 몇 마디 클링온을 그 자신이 만드는 언어에 통합시켜야 했다. 두 번째로 전사의 종족에 어울리게 그 언어가 투박해야 한다는 것이었다. 그는 목구멍 뒤쪽에서 나는 소리를 많이 구사하게 만들고 hello와 같은 짧은 인사말을 의도적으로 없앰으로써 그 조건을 충족시켰다(hello를 클링온으로 가장 근사하게 번역하면 '무엇을 원하느냐?' 는 뜻의 nuqneH이다).

오크런드는 단어의 목록만 만든 것이 아니었다. 팬들이 유심히 지켜볼 것임을 알고 있었던 그는 세심한 부분에 이르기까지 주의를 기울여 전체적인 문법도 만들었다. 클링온은 알려진 언어학적 원칙들을 무시하기도 하고 따르기도 하는데, 그것의 진정한 세련미는 이 사이에서 유지하는 균형에서 찾을 수 있다. 그것의 외계적인 성질은 자연어와 비교해 정상적으로는 함께 발음되지 않는 음운론적 소리, 극도로 보기 드문 목적어 · 동사 · 주어의 어순 등으로 형성된다. 그러면서도 동시에 자연어 같은 느낌도 지닌다. 클링온 사용자들을 조사를 하는 언어학자라면 클링온의 체계를 파악한 뒤, 아마존의 언어를 설명하는 데 사용하는 것과 똑같은 도구를 가지고 그것을 설명할 것이다. 그리고 클링온이 문법적 의미를 지니는 단위가 어근과 결합함으로써 단어가 만들어지는 언어임을 재빨리 깨달았을 것이다.

어구 전체가 하나의 단어로 표현될 수 있다. 이 때문에 '앞을 가로막는 것이 있으면 쓰러뜨려라'는 클링온의 격언이 Dubotchugh yIpummoH와 같이 두 단어만으로 표현될 수 있다. 단어는 다음과 같이 그보다 작은 의미 단위들로 합성된다.

Du	-bot	-chugh	yI	-pum	-moH
그것이 · 너를	막다	-(한다)면	(명령)	쓰러지다	-하게 하다

'그것이 너를 가로막으면 쓰러지게 하라!'

클링온에는 26개의 명사 접미사, 29개의 대명사 접미사, 36개의 동사 접미사, 2개의 수사 접미사, 1개의 어구 주제화 접미사, 1개의 의문 접미사가 있다. 즉 단어는 아주 길어질 수 있다. 클링온 언어 연구소에서는 《HolQeD(언어학)》라는 잡지를 간행하는데, 거기에서 세 단어로 이루어지는 가장 긴 클링온 문장을 제출하라는 독자 참여 퀴즈를 한 적이 있다. 수상작은 데이비드 배런이 제출한 단어였다.

nobwI'' a' pu' qoqvam'e'
nuHegh' eghrupqa' moHLaHbe' law' lI' neS
SeH' eghtaHghach' a' na' chajmo'
'소위 훌륭한 후원자들은 그들이 지니고 있는 훌륭한 자제심 때문에 우리에게 (진행 중인) 명예로운 자살을 재개할 준비를 못하도록 하는 것 같다.'

이 문장에는 주다, 죽이다, 제어하다라는 3개의 어근과 23개의 접사가 들어 있다. 다음은 그 문장을 분해한 것이다.

nob	-wI'	-'a'	-pu'	-qoq	-vam	-'e'
주다	-하는 사람	(의미의 확대)	(복수)	소위	이들	(주제)

'이들 소위 훌륭한 후원자들에 관해 말하자면'

nu-	Hegh	-'egh	-rup	-qa'	-moH
그들·우리를	죽이다	스스로	준비되다	재개하다	-하게 하다

-laH	-be'	-law'	-lI'	-neS
할 수 있다	아니다	분명히	진행 중이다	(경칭)

'그들은 분명히 우리에게 (진행 중인) 명예로운 자결을 재개할 준비를 하게 할 수 없다'

SeH	-'egh	-taH	-ghach
제어하다	스스로	계속하다	(명사화)

-'a'	-na'	-chaj	-moh'
(의미의 확대)	분명한	그들의	-때문에

'분명히 그들의 훌륭한 자제심 때문에'

언어학적 관점에서는 이들 접사의 기능은 공통적이다. 인과관계의 표현(-moH)이나 동사 접미사를 붙여 '진행 중'(-lI')인 동작의 측면을 나타내는 것은 다른 언어에서도 다반사로 볼 수 있다. 어근의 크기를 문자 그대로나 표현을 통해 전하기 위해 의미 확대 접미어(-a)

315

를 붙이는 것은 이탈리아어 등의 친근한 언어에서도 나타난다. 이탈리아어의 경우 의미 확대의 접미사 –one는 padre(아버지)를 padrone(사장·주인·어른)로 바꾼다. 두 번째 단어의 끝부분에 나오는 '–law'는 증거성 접미사에 속하며, 터키어 등에 사용되면서 화자가 그 타당성을 얼마나 입증할 수 있느냐를 나타낸다. 상대방이 사회적 지위가 높을 때 사용되는 경칭(–neS)은 한국어나 일본어에서 나타난다.

두 번째 단어에서 '죽이다'는 뜻의 동사 앞에 붙는 nu–는 누가 누구에게 무엇을 했는지를 보여 주는 위해 접두사를 사용하는 동사이다. 대부분의 사람들은 그 동사의 동작을 하는 사람을 나타내는 접미어를 사용하는 것에 익숙하다. 예컨대 에스파냐어에서 hablar(말하다)와 같은 동사의 어미 –o는 1인칭 단수 주어(hablo는 '나는 말한다')를 나타내고, 어미 –amos는 1인칭 복수 주어(hablamos는 '우리는 말한다')를 나타낸다. 클링온에도 그런 접사가 있지만 다른 언어와 달리 동사 어근 앞에 붙으며, 대부분의 로맨스어에 6, 7개가 있는 데 비해 무려 29개나 있다. 접두사는 주어(동작을 하는 사람)뿐 아니라 목적어(동작의 대상이 되는 사람)의 인칭과 수를 나타내기 때문에 늘어난다. 예컨대 *qa*legh는 '나는 너를 본다', *vI*legh는 '나는 그들을 본다', *cho*legh는 '너가 나를 본다', *Da*legh는 '너가 그들을 본다'는 뜻이다. 이런 말은 사람들이 많이 쓰는 언어들에서는 특이하지만, 클링온에서는 흔하다.

북아메리카 원주민의 여러 언어에서 접두사에 의한 주어와 목적어의 일치는 아주 흔하다. 클링온과 유사한 특징이지만 그것은 오크런드의 학위 논문 주제가 아니었다. 많은 사람들이 오크런드가 언어학자로서 연구했던 원주민 언어들을 바탕으로 클링온을 만든 것이라고 생각해 왔다. 그러나 오크런드는 "예컨대 tlh의 소리 등 다른 서해안 언어들로부터 몇 가지 특징을 사용하기도 했다. 하지만 기본적으로는 특히 어느 한 언어와 지나치게 비슷하게 여겨지기 시작할 때마다 그 근원을 바꾸는 것이었다."고 말했다. 그가 말하는 기본은 언어학자로서 내가 클링온을 알고 나서 든 느낌을 느꼈던 반응을 설명해 준다. 언어로서 아주 믿을 만한 것이면서도 매우 기이하게 여겨졌던 것이다.

그리고 클링온은 영어 사용자가 배우기에는 매우 어렵다. 하지만 클링온 문장을 만들기가 아무리 복잡하더라도, 그리고 클링온의 단어를 발음하느라 토할 듯 목젖이 아프더라도, 클링온 사용자들이 그 언어를 연구하고 말하고 쓰는 것을 막지 못한다. 사실 그 도전이 매력중 하나이거나, 어쩌면 주된 매력인지도 모른다. 비록 인간이 할 수 있는 일 가운데 가장 이해할 수 없는 일이라고 조롱 받더라도, 클링온 사용자들은 클링온을 배우는 것이야말로 우월한 〈스타트렉〉 팬으로 만들어 주는 것이라고 생각한다.

클링온 언어 연구소 소장 로런스 쇼언은 클링온에 관한 기사가 〈시카고 트리뷴〉의 생활양식 섹션의 첫 페이지에 게재되고 나서 벌어진 일들을 다음과 같이 회고했다.

"그것을 게임이라고 생각한 사람의 회원 신청이 줄을 이었습니다. 클링온족의 이마와 의상 등에 관한 것 말이지요. 하지만 우리가 정말로 무엇을 하는지 알고 나서는 신청을 취소했습니다. 너무 힘든 일이었으니까."

그것을 계속할 수 있는 사람들은 성취감을 느끼고 의기양양해진다. 그것을 배우려고 하지 않은 사람은 아무도 그들이 왜 그처럼 의기양양해지는지 결코 이해할 수 없는데도 말이다. 그 언어의 어려움은 그것이 단순히 의상이나 소품처럼 영화 속 일부가 아님을 증명한다. 그것을 배우게 되는 사람은 그것에 매혹되어 있으며, 그것을 마스터할 수 있음을 보여 줌으로써 (비록 소규모 집단으로부터이기는 하지만) 존경을 받을 수 있다. 고무로 만든 이마는 누구나 쓸 수 있지만, 언어 실력을 증명해 주는 핀은 실력으로 획득해야 하는 것이다.

클링온 대회에 참가하기 위해 애리조나에 도착했을 때 나는 〈스타트렉〉에 관해서는 아무것도 몰랐다. 영화를 한 편도 보지 않았기 때문이다. 그래서 거기에 나오는 클링온족의 이름을 하나도 댈 수 없었다. 하지만 한 가지는 분명히 알고 있었다. 나는 그 언어 능력을 증명해 주는 핀을 원했다.

23

그들은 무엇을 하고 있을까?

클링온은 사람을 매혹시키는 퍼즐이다. 사람들은 재미있으니까 퍼즐을 즐긴다.
언어를 위한 언어, 예술을 위한 예술이라고나 할까?

19 99년 풍자 신문 〈어니언〉에서는 '클링온의 사용자가 나바호어 사용자를 추월'이라는 기사를 실었다. 그것은 사실이 아니지만, 만약 다른 미국 원주민 언어를 예로 들었다면 십중팔구 사실이었을 것이다. 대관절 얼마나 많은 사용자가 있을까? 그것은 '사용자'의 정의에 따라 달라진다.

오크런드가 쓰고 파라마운트의 라이선스로 간행된 《클링온 사전》은 재판을 찍었고 30만 부 이상 판매되었다. 하지만 사전을 구입한 사람이 사용자는 아니다. 하지만 어떤 형태로든 클링온을 사용하고자 배우려는 사람이 적어도 2000명 이상 있을 것이다. 그들 가운데 다수가 한두 단어를 배웠다. 문법을 무시하고 사전을 뒤적거려 거기에 나오는 단어를 영어 문장에 집어넣어 클링온으로 시나 단편 소설을 쓰거나 혼인 서약을 만드는 사람도 있다. 그들은 클링온을 배우려고 노력을 기울이지 않는다. 그냥 취미삼아 해 보는 사람들이지 언어 사용자가 아니다. 하지만 적어도 수백 명의 사람들은 노력을 기울였고, 그래서 클링온으로 글을 쓰는 데도 조예가 매우 깊다.

그러나 사용자라는 뜻이 클링온으로 불편없이 대화를 주고받을 수 있는 사람이라면 어떻게 될까? 그런 사람은 얼마나 될까? 내가 볼 때 스무 명쯤 될 것이다. 어쩌면 서른 명일지도 모른다.

이 숫자는 그다지 놀라운 것처럼 여겨지지 않겠지만, 그러나 문법의 어려움과 비교적 소규모인 어휘를 고려하면 편하게 대화를 주고받을 수 있다는 것만으로도 놀랍다. 클링온 연례 대회는 클링온으로 대화가 이루어지는 몇 안 되는 장소 가운데 하나이다.

회의가 열린 첫날 오후 나는 마크 슐슨과 함께 지나치게 냉방이 잘 되어 있는 호텔 로비에 들어섰다. 우리는 피닉스까지 장시간 여행을 하면서 클링온의 구어체에 대해 자세히 공부했지만 실제로 말할 수 있는지는 확신이 없었다. 몇몇 사람들이 사전을 들고 둥근 탁자 앞에 모여 앉아 있었다. 그들은 더듬거리면서 클링온으로 대화를 하고 있었다. 사전을 많이 이용했지만 아무튼 자신의 의사를 전했다. 영화 속 의상을 입은 사람은 아무도 없었다. 마크가 그들에게 나를 소개했고 나는 미소를 지으면서 가볍게 손을 흔들었지만 어떻게 해야 할지 막막했다. 나는 앉아서 그들의 말을 들었다. 그리고 처음으로 'Ha' DIbaH vISopbe'(동물 나는 그것을 먹지 않는다)."라는 대화에서 나오는 클링온 문장을 알아듣고 혼자 은근히 기뻤다. '나는 채식주의자'

라는 뜻인 셈이니 클링온족과는 거리가 먼 셈이다.

대화는 유창하게 이루어지지 않았다. 거의 모든 말끝마다 "nuq(뭐라고)?"라는 질문이 두세 차례 반복되는 것 같았다. 하지만 사람들 대부분이 서툴렀고 그 무리에는 실력 차이가 나는 사람들이 뒤섞여 있었기 때문에, 그 대화가 클링온의 구어적 잠재력을 최상으로 보여 준 것은 아니었다. 최상의 클링온 대화는 나중에 우리가 연회에 참석하기 위해 어느 멕시코 식당으로 걸어가던 길에 크란코르 대위와 그의 여자 친구가 손을 맞잡은 채 사전 없이 담소하는 모습이었다.

크란코르(칸코르로도 알려져 있다) 대위는 매사추세츠에서 온 소프트웨어 엔지니어이자 음악가로서, 평소에는 리치로 불리는 사람이다. 〈스타트렉〉 의상을 착용할 때는 크란코르가 되어 클링온으로만 말한다. 그는 둥글고 단단한 체격이고 누구에게나 크고 밝게 웃는데 이때 볼에 보조개가 깊게 팬다. 그의 의상에는 여행용 기타도 포함되며, 그것으로 비틀스나 스톤스의 노래를 번역해 몇 소절 들려주기도 하고, 때로는 그 자신이 작곡한 곡을 들려주기도 한다. 그리고 가슴을 적시는 클링온 송가 〈taHjaj wo'(제국이여 계속하라)〉를 앞장서 부르기도 한다. 그는 최초의 클링온 사용자로 알려져 있으며, 성대문 폐쇄음이 많은 언어인데도 아주 매끄럽게 말한다. 특히 연약하고 수줍음이 많은 폴란드 언어학자로서 믿을 수 없을 만큼 유창하게 말하는 그의 여자 친구 아그니에슈카와 이야기할 때 더욱 그렇다.

하지만 아무리 클링온을 잘하더라도 클링온만 사용하겠다는 서약을 하기란 쉬운 일이 아니라는 사실은 그도 인정한다. 그 대회에 참가한 사람들 가운데 주말 내내 그러겠다고 서약하는 사람은 아무도 없었다. 어떤 사람들은 크란코르처럼 그 서약을 의상에 국한하고 특별한 경우에만 의상을 입는다. 콜로라도 출신의 신문 배달부 대니얼은 영어로 이루어지는 일반적인 사교 행사에 많이 참석할 수 없을 것 같기 때문에 의상 착용을 미루고 있다고 털어 놓았다. 플로리다 출신의 마술사 스콧은 클링온 언어를 알기 전만 하더라도 "〈스타트렉〉에 대해서는 전혀 관심이 없었다."고 했다.

다른 사람들도 스콧처럼 의상을 갖추지 않은 채 단지 특정한 날에만 그 서약을 하노라고 선언했다.

스콧과 나는 일행 중 아침에 일찍 일어나는 사람이었기 때문에 첫날 아침에 식사를 하는 동안 (영어로) 대화를 나누었다. 나는 어휘에 대해 몇 가지 질문을 했고 그는 친절히 대답해 주었다. 현재 스콧은 초보자의 문법 교사였기 때문에 그럴 자격이 충분했다. 클링온 언어 연구소가 정한 그 공식 직책은 이메일로 초보자의 질문에 응답하는 사람을 의미했다. 그런 직책을 가지고 있다는 것은 상당한 언어 실력의 소유자라는 뜻이었다. 그는 자신이 지금까지 즐거운 시간을 보내고 있다면서, 마크 오크런드가 때때로 회의에 참석했으며 이번 회의에도 참석하기를 바란다고 말했다. 그리고 미소를 지으면서 덧붙였다.

"나는 그분을 존경해요. 그분의 친필 사인을 받으려고 《클링온 사전》을 새로 한 권 샀거든요."

둘째 날 아침, 커피 자판기 앞에서 스콧을 만났지만 그는 전날 서약을 했기 때문에 내게 클링온으로만 말했다. 다행히 나는 전날 점심 때 사전을 빌렸으므로, 종종 대화가 중단되었지만 사전을 찾으며 힘겹게나마 그가 하는 말을 이해할 수 있었다. 다른 사람들이 내려왔고, 그는 좀 더 즐겁게 대화를 나눌 수 있는 상대를, 나는 통역자를 얻었다. 그 가운데 가장 뛰어난 사람은 내 안내인이었던 마크였다. 그는 그 주말 동안 꾸준히 낮고 부드러운 목소리로 눈에 띄지 않게 동시통역을 함으로써 내가 다른 사람들의 말을 놓치지 않도록 해 주었다.

마크의 통역은 내 학습 동반자가 된 또 다른 초보자 루이즈에게도 도움이 되었다. 프랑스계 캐나다인인 루이즈는 40대 후반의 광고 카피라이터로서 앞서 세 차례나 대회에 참가했으며 그때마다 검정 시험에 불합격했다. 그녀는 이번에도 도전할 생각이었다. 그런데 그녀는 다른 참가자들과 달리 컴퓨터, 게임, 공상 과학 소설, 심지어 언어 그 어느 것에도 관심이 없는 것 같았다. 매일 아침 조깅을 했고, 그런 다음에는 담배를 피웠다. 짧은 머리카락에 말괄량이 같은 옷차림을 하면서 동물 인형 여러 개를 가지고 있었다. 그녀의 호텔 방에서 그 인형들이 마치 극장의 관객처럼 의자에 똑바로 앉아 있는 것을 보고 깜짝 놀라 그녀에게 물었다.

"어릴 때부터 모은 거예요?"

그러자 그녀는 전혀 당황하지 않고 대답했다.

"글쎄, 내 어린 시절이 확장된 걸 수도 있겠지요."

나는 아직도 그녀가 왜 클링온을 배우고 싶었는지 제대로 이해하지 못한다. 그 대답을 이해하려고 나는 여러 번 되물었다.

"〈스타트렉 VI: 발견되지 않은 나라〉를 보는데 바로 그 부츠를 보고 만 거예요. 클링온의 의상에 포함되어 있는 거 알지요? 그때 나는 '야! 저 부츠를 만들고 싶어.' 하고 말했어요. 일본인 클링온 사용자라면 아마 그 부츠를 살 거라고 생각했지요. 그래서 클링온을 배우기 시작했어요."

내가 알기로는 일본인 클링온 사용자는 없지만, 그녀는 신경 쓰지 않는 것 같았다. 그래서 몬트리올에서 구두 제작을 배웠다.

수수께끼 같은 인물이기는 했지만 루이즈는 느긋했고 호감형이었고, 클링온 대회 동안 나를 빼고 식사 때 술을 마시려고 한 유일한 사람이었다. 우리는 거의 언제나 나란히 앉아, 마크가 통역해 주는 것을 함께 배울 수 있었다.

그리고 나는 끊임없이 열심히 공부했다. 클링온 연례 대회에 도착하기 전까지 나는 공부를 끝냈다고 생각했다. 통신 강좌에서 완벽한 성적을 거두었던 것이다. 자신감도 생겼고 심지어 자만심까지 있었다. 나는 언어학자였던 것이다(이런 우월감을 느낄 기회가 많지 않다). 그 문법적 개념도 친숙해졌다. 그리고 접사와 40개 정도의 핵심 어휘를 모두 암기했다. 나는 어깨를 펴고 팔짱을 꼈다.

클링온에는 대략 3000단어 정도의 어휘가 있는데 나는 그 단어를 모두 알고 있는 사람은 없으리라고 생각했다. 그들 어휘는 전부 임의적인 것이어서 그냥 하나씩 암기할 수밖에 없었다. 어원이 같은 말(예컨대 독일어 Milch와 영어 milk)이나 국제적인 말(예컨대 informazione)의 도움을 얻을 수 없는 데다, 딜리튬 크리스털(cha'pujqut)이니 운반용 이온화 장치(jolvoy') 같은 단어까지 알아야 했다. 어떻게 그 모두를 암기할 수 있을까?

나는 처음의 시험에서는 통신 강좌의 연습 문제에 나온 단어들을 겉핥기식으로만 알아도 충분하리라 생각했다. 피닉스에 도착한 직후 나는 첫 시험은 '단지 500단어만' 알면 완벽한 '초보자'라는 것을 알았다. 그래서 500개의 단어 카드를 열심히 만들어 계속 가지고 다니면서 벼락치기 공부를 했다.

만약에 날카로운 안목이 있거나 상상력이 풍부하다면 오크런드가 어휘에 대해 제공하는 좁은 발판을 하나 발견할 수 있다. 예컨대 물고기는 ghotΙ이다. 영어 철자의 불합리성에 대한 극작가 조지 버나드 쇼의 일화를 참조한다면(영어 tough에서의 gh, 영어 women에서의 o, 영어 nation에서의 ti=fish), 이 단어를 기억하게 된다. 기타에 해당하는 단어는 leSpaΙ(특수 전기 기타의 발명가 이름인 Les Paul로 분할된다)이다. 그 밖에 더 간단히 연상 작용으로 외울 수 있는 단어가 있다. '고통'에 대한 단어는 'oy'이다. '숙취'는 'uH이다. 하지만 이런 경향은 겉으로 드러나지 않는 희미한 것이며, 몇 개 되지 않아 학습 보조 도구로 의지할 수 없다.

하지만 연상 기호를 만나면 이야기는 달라진다. 사흘 동안 500단어를 외기 위해 나는 광증에 사로잡힐 정도로 정신을 집중했다. waq— '신발'(신발은 walk하는 데 좋다), Qob— '위험'(코브라는 위험하다), wIgh— '천재'(아인슈타인의 머리카락은 wig처럼 보였다), rur— '닮다'(첫 글자와 끝 글자가 닮았다), ngeD— '쉽다'(ng와 D가 발음하기 더 어려운 소리이기 때문에 이상한 말이다), 하지만 그것을 Qatlh(어렵다)와 혼동하지 않도록 주의하자. Q와 tlh는 발음하기 가장 힘들기 때문에 이상한 말이 아니다.

휙휙하고 단어장 카드를 넘겼다. 다른 모든 사람이 수영장에서 시간을 보내고 있는 밤에도, 나는 방에 처박혀 그들 카드를 열 장씩 쌓고 한 더미씩 골라 외면서 다 외고 나면 다음 더미를 손에 들었다. 밥 먹으러 갔을 때는 18명이 앉을 수 있는 자리를 기다리면서 열심히 공부하는 것 같지 않은 루이즈를 졸라 내가 만든 클링온으로만 이루어지는 단어 연상법을 함께 공부했다(wlv, tlv, ylv—'고르다, 즐기다, 씹다', 즉 '나는 씹기를 즐기기로 한다').

시험이 있던 날 오후, 나는 탈진할 듯 온몸에 기운이 하나도 없었다. 머릿속은 아무 소용없는 엉뚱한 말들이 헤엄치고 있었다. 그리고 몇몇 클링온족 흉내를 내는 사람들이 내 신경을 건드렸다.

왜 그들은 사람들 앞에서 그렇게 괴짜처럼 굴어야 할까?

바쁜 점심시간에 우리가 점령했다시피한 작은 타이 레스토랑에서 매우 정중한 점원이 참을성 있게 우리를 안내했다. 그 점원은 손님들이 클링온으로 주문하겠다고 떠들면서 손가락으로 가리키는 것이 무엇인지 짐작하느라고 애를 썼고 나는 딴 데를 쳐다 보았다. 점원에게 사과를 하고 싶었지만, 너무 당황한 점원은 내 쪽을 쳐다볼 여유가 없었다. 식사를 다 하고 고무 이마를 붙이거나 비닐장갑을 끼거나 모직 망토를 쓰거나 후두음으로 가득 찬 클링온을 말하는 우리 일행이 나갈 때(나는 효과적이지 못했지만 내 머리카락 뒤로 숨었다), 한 테이블에 모여 앉았던 귀여운 소녀들이 "맙……소……사!" 하고 소리 없이 입을 모아 합창하는 모습을 보았다. 괴로웠다.

마크 오크런드는 그해의 연례 대회에는 참석하지 않았고 스콧은 사전에 사인을 받지 못했다. 하지만 그보다 더 큰 실망은 새로운 단어가 전해지지 않은 점이었다. 전해의 대회에는 오크런드가 새로운 어휘를 가지고 참석했다. 어떤 단어는 요청을 받아 오크런드가 만든 것도 있다("점잖지 못한 말은 요청할 수 없지만, 그러나 어느 핸가 우리는 '콧물'에 대한 말을 얻은 적이 있다."고 내 안내인이었던 마크 숄슨이 말했다). 그리고 즉석에서 만들어지는 말도 있었다.

어느 해였던가 호키포키(여러 사람이 원을 그리면서 추는 춤으로 다양한 신체 부위를 한가운데로 내밀고 흔든다 – 옮긴이)를 하는 동안 오크런드의 차례가 되었을 때 그가 "여러분의 Sa'Hut를……." 하고 말하자, 모두들 의아해 하면서 '내가 알고 있는 말인가?' 하고 생각하는 듯 동작을 멈추었다. 사람들이 오크런드를 쳐다보자 그는 돌아서더니 엉덩이를 내밀었다. 그것이 바로 '엉덩이'를 가리키는 클링온이 생긴 유래였다(Sa' Hut는 엉덩이를 가리키는 속어 tuchis를 거꾸로 한 말이다).

클링온 사용자들은 언어의 권위에 엄격하다. 클링온 언어 연구소의 《햄릿》(그 후 완료됨)과 성경(아직 진행 중)의 번역 프로젝트를 진행하면서 논쟁이 일어났고 '성간언어학교' 라는 단체가 생긴 1990년대 초 이후 특히 엄격해졌다(그 단체는 이제 더 이상 활동하지 않는다).

새로운 어휘를 소개할 수 있는 사람은 오크런드뿐이다. 그리고 오크런드가 말할 때까지는 문법이나 어법에 관한 어떤 논쟁도 결론이 내려지지 않는다. 그는 그 자신도 그 언어를 제대로 사용할 수 없다는 점을 감안해 교묘하게 책임을 피해 가고 있다. 그가 사용하는 속임수는 그 자신만이 클링온의 원어민, 말츠라는 죄수와 접촉할 수 있다는 것이다(그러면서도 모든 사람에게 그것이 속임수임을 알게 한다). 클링온으로 시간을 말하는 올바른 방법, 또는 간접 목적어를 가리키는 접두사의 적절한 사용법 등에 관한 의문이 제기되면 오크런드는 그들 문제는 좀 더 연구가 필요하다고 주장할 수 있다. 때때로 그가 인터넷 '뉴스그룹'이나 잡지 〈HolQeD〉를 통해 답을 발표하는 경우도 있지만, 클링온 사용자들 가운데 전문가들이 그 가능성에 대해 충분히 논의를 거칠 때까지 기다릴 수도 있다. 오크런드는 이런 말을 했다.

"내가 실수를 저지르면 눈에 띄기 때문에 나는 특별히 주의를 기울여야 해요."

그는 오디오테이프 《파워 클링온(Power Klingon)》(사이먼 앤드 슈스터 발행)에서 '그대의 피가 흐르리'('IwIIj jachjaj — '피-너의 흐르다-아마-그것')라고 건배할 때 주어를 동사 뒤에 두는 커다란 실수를 저질렀다. 나중에 그는 건배를 하는 것처럼 격식을 차리는 경우에는 어순의 규칙이 목적어-동사-주어가 아니라 목적어-주어-동사라고 설명했다. 이 수정은 설득력이 있다. 자연어에서도 의례의 경우 규칙이 무시되기 때문이다(영어의 경우에도 건배를 할 때 어순이 바뀌지 않는가). 오크런드는 능숙한 개조자이다.

어쩌다가 나타나는 일관되지 못한 문제를 그처럼 자연스럽게 해결할 수 있게 허용한 것은 애초부터 클링온에게는 부분적으로 현실적인 해석의 여지가 있었기 때문이다. 그는 자신이 편찬한 사전의 초판 서문에서 클링온의 어휘와 발음에 있는 몇 가지 '방언적 차이'에 대해 다루었다(그가 말한 바에 따르면, '영화배우들에게 올바로 말하게 하기 위한 어려움을 감안할 경우' 방언적 차이라는 개념이 중요했다고 한다). 그는 또 문법의 규정에 대한 예외도 인정한다. 예컨대 명사에 관한 내용 중 복수의 접미사 –mey는 "신체 부위에는 사용될 수 없다. 하지만 클링온의 시인들이 그들의 시에 특별한 분위기를 자아내기 위해 이 문법 규정을 위배하는 경우가 있고 따라서 tlhonmey(사방으로 흩어지는 콧구멍)와 같은 형태가 생긴다."

클링온은 어수룩하며, 애초부터 그 어수룩함이 의도됨으로써 클링온을 발명 언어의 역사 속에서 돋보이게 만들었다. 클링온이 자연어와 견줄 만한 것은 아니지만 언어들이 할 수 있는 기이하고 흥미로운 일의 최대치를 클링온이 하고 있는 것이다.

클링온이 이전의 발명품과 두드러지게 다른 또 하나는 목적이 없다는 점이다. 실제의 사용자를 기준으로 놓고 본다면 그 첫 번째 언어는 가장 많은 목적을 가지고 발명된 에스페란토이며 그 뒤를 잇는 것이 바로 클링온이다.

에스페란토 사용자는 언어 장벽의 가교 역할을 함으로써 평화를 도모한다는 목표에 공감하는 사람들이다. 그들은 그 언어를 즐겁게 사용하고 때로는 그러는 가운데 즐기기만 하는 경우도 있지만, 그 언어 자체는 평화를 이루기 위해 만들어진 것이다. 그런데 언어를 배우는 데는 노력이 필요하다. 언어가 만들어진 취지에 동감하지 않는다면 그 노력은 의미가 없다. 나는 클링온 대회에 참가한 뒤 클링온 사용자들과의 경험에 대해 어느 저명한 에스페란토 사용자와 이야기를 나눈 적이 있다. 그는 혼란스러움과 놀라움이 담긴 표정으로 물었다.

"하지만 그들이 무엇을 하고 있소? 정말 그들이 무엇을 하고 있는 거요?"

그 에스페란토 사용자는 좋은 질문을 한 셈이다.

그들이 무엇을 하고 있느냐고? 클링온에 아무런 목적이 없고 그것을 배우기 위해 시간을 투자한 대가로 세상으로부터 조롱밖에 받지 못하는데도 왜 그렇게 하는 것일까?

클링온은 어느 한 부류의 사람들을 매혹시키는 일종의 퍼즐이다. 그것을 배우기는 비록 어렵더라도 불가능하지 않으며, 실제의 언어로부터 만들어졌고, 적당히 기이하며 적당히 믿을 만하고, 모든 단어와 규범 전체를 알 수 있을 만큼 작은 규모이지만, 번역에 도전할 만큼 유연성이 있다. 경계는 만들어져 있고 게임은 진행된다. '우리가 이것을 어디까지 끌고 갈 수 있을까?' 하는 것이 클링온 사회의 집단 명제이다.

그들은 '우리가 주어진 한계 속에서 《햄릿》을 번역할 수 있을까?' 생각했지만 그렇게 했다. 비록 그 번역이 매끄럽지는 못하더라도 클링온의 존재 사실을 분명히 해 준다. 클링온은 그 자체의 시적 잠재력도 지니고 있을까(내가 목격한 즉흥적인 게임에서 튀어나온 다음과 같은 구절이 있다. QI' lop lopmo' qI' Qo' qoH. 이것은 '그 바보는 전사의 날을 축하하고 있기 때문에 조약에 서명하지 않을 것'이라는 뜻이다).

클링온으로 된 말장난, 동음이의어, 회문 등도 찾아볼 수 있을까? 내기를 해도 좋다(《HolQed》가 주최한 회문 대회의 수상작은 tlhab 'oS 'lw HoHwl' So' batlh─'피는 자유를 나타내고 명예는 살인자를 숨긴다'─였다).

클링온 사용자들은 과연 무엇을 하고 있는 것일까? 그들은 지적 자극을 일으키는 언어유희에 몰두하고 있다. 그들은 재미를 느끼고 있는 것이다.

언어를 위한 언어, 예술을 위한 예술을 하고 있다. 그리고 모든 헌신적인 예술가들과 마찬가지로 그들의 일을 할 것이니 비평가들은 저주를 받을지어다.

24

《반지의 제왕》이 만들어진 게
언어 때문이라고?

톨킨이 40년에 걸쳐 언어에 대한 언어를 만들었다,
그 결과물이 바로 《반지의 제왕》.

클링온은 예술적인 문제의 해결책이지 언어적 문제의 해결책이 아니다. 오크런드는 허구적인 문화에 있을 만한 언어, 팬들이 "클링온족이 존재한다면 분명 그들의 언어일 것"이라고 할 만한 언어, 그럴 듯한 느낌을 자아내는 신비로운 언어를 만들려고 했다.

예술적인 미래상을 담는 언어를 만들려는 그 같은 충동이 바로 새로운 세대 언어 발명가의 동기가 된다. 그들이 만드는 언어는 사상을 형성하거나 세상을 변화시키거나 심지어 누군가 사용하도록 하는 것이 아니라, J. R. R. 톨킨이 '은밀한 죄악'이라고 했던 창조성을 위한 것이다. 톨킨은 《반지의 제왕》 3부작을 위해 하나의 어계에 속하는 모든 언어를 만들고, 그들이 관계를 맺는 '역사적' 파생 과정에 대해 사실적이고 매우 상세한 설명까

331

지 덧붙였다. 사실 그 언어들 때문에 《반지의 제왕》이 탄생했다고 하는 것이 더 정확한 표현이다. 1950년대 중엽 그 책들이 출판되었을 즈음 톨킨은 40년 이상 그 언어들에 대한 작업을 해 왔다. 언어를 만드는 작업은 톨킨을 사로잡았다. 24세 때 그는 다음과 같이 적었다.

"나는 종종 그 일을 하기를 열망하지만 스스로에게 그것을 허용하지 않는다. 그 일을 너무 좋아해서 광적인 취미처럼 여겨지기 때문이다!"

나중에는 《반지의 제왕》을 쓴 것은 그의 광증을 정당화하기 위해서였다고 주장했다.

"내 장대한 책은 내 개인적인 미학과 일치하는 형태의 언어가 현실처럼 여겨지는 세상을 만들려는 시도이다. 아무도 내 말을 믿지 않지만 사실이다."

톨킨은 어릴 때 집 뒤에 있는 기차역에 서 있던 화물차에 찍혀 있던 웨일스의 고유 언어 웰시어 단어들에 매혹되었다. 그 단어들의 모습이 보기 좋았으며, 나중에 그 언어를 공부하기 시작할 때는 그 소리까지 더욱 마음에 들었다. 웰시어에 대한 그의 느낌을 그는 다음과 같이 설명했다.

"대부분의 영어 사용자들은 cellar door를, 특히 그 의미와 철자가 분리될 때 '아름답다'는 것을 인정할 것이다. 말하자면 sky보다 아름답고, beautiful보다도 훨씬 아름답다. 그런데 내 경우에는 웰시어에서 cellar door가 매우 자주 나타나는 것이다."

옥스퍼드의 학생으로 핀란드어를 처음 접했을 때, 감탄을 금하지 못했다.

"그것은 지금까지 맛을 보지 못한 좋은 와인이 가득 찬 와인 저장소를 발견한 것과 같았다. 나는 흠뻑 취했다."

그는 영감을 받은 핀란드어의 몇 가지 요소를 중심으로 그 자신의 언어를 구축하기 시작했으며, 그런 작업을 하는 가운데 그 언어에 관한 역사와 신화도 발전시켜 나갔다. 언어 구축에 관한 그의 방법은 발명보다는 발견 쪽에 가까웠다. 그는 '옳다'고 여겨질 때까지 여러 가지 소리와 단어를 시도했고, 무엇이 옳은지 알기 위해서는 그 언어를 사용할 것으로 예상되는 사람에 대해 알아야 했다. 핀란드어에 영감을 받은 그의 언어는 나중에 《반지의 제왕》에 등장하는 엘프족의 언어 가운데 하나인 퀘냐^{Quenya}로 발전해 간다. 그 언어의 역사적인 내용의 일부는 그 언어의 조상 언어를 추적한 것이었다. 그 조상 언어는 '원시 퀜디어^{Quendian}'가 되었고, 그것으로부터는 퀘냐와 '동시대의 언어'이자 엘프족의 다른 공동체에서 사용되고 웰시어로부터 영감을 받은 신다르어^{Sindarin}가 유래했다. 신다르어(또는 신다르어의 다양한 방언들)로 이르면서 톨킨은 고대 신다르어, 중세 신다르어, 그리고 그 언어의 다른 여러 단계의 양상들을 만들어 냈다.

지금까지 많은 작가들이 그들이 상상한 나라들에 사용될 여러 가지 허구의 언어를 만들었다. 토머스 모어의 《유토피아》(1516)에 살고 있는 시민들에게는 라틴어와 매우 비슷해 보이는 유토피아 언어가 있다. 영국 작가 프랜시스 고드윈이 쓴 《달세계의 인간》(1638)에 나오는 달의 주민들은 음악적인 언어를 사용한다. 프랑스 작가 가브리엘 드 푸아니의 《알려진 남쪽 나라》(1676)의 사람들은 윌킨스와 그의 동시대인들이 만든 것과 같은 철학적 언어를 사용한다. 조너선 스위프트의 《걸리버 여행기》에 나오는 릴리푸트 사람들이 쓰는 이상한 소리에서부터 조지 오웰의 뉴스피크나 앤서니 버지스의 《시계 태엽 오렌지》에 나오는 악당들이 구사하는 길거리 속어, 그리고 수많은 공상 과학 소설에 나오는 x와 z가 가득 찬 지껄임에 이르기까지 항상 언어의 창조는 예술적 목적을 위해 이루어졌다. 하지만 이렇게 창조된 것은 언어라고 할 수 없으며, 약간의 단어와 몇 마디 어구가 고작이었다. 그들에게는 더 이상 검토할 만한 것이 없다. 여기에서 언어는 이야기에 봉사할 뿐이며, 이야기가 언어를 위해 존재하는 경우는 보이지 않는다.

톨킨이 한 언어의 창조는 그 자체가 예술이며, 이야기에 의해 언어가 강조되고 풍요로워지지만, 이야기가 없더라도 언어는 여전히 가치가 있었다. 그는 다른 사람들도 그 예술을 창조하고 있다는 사실을 알고 있었다. 언젠가 육군의 훈련소에서 따분한 교육을 받는 동안 주의가 산만해져 있었을 때 갑자기 동료 병사 하나가 중얼거렸다.

'그래, 접미사로 대격을 나타내야겠어!'

그는 나중에 다음과 같이 회고했다.

그 말을 한 자그마한 사내는 지금까지 엉망으로 진행되어 오던 것의 해결책을 찾아낸 시인이나 화가처럼 어쩔 줄 몰라할 정도로 기뻐했다. 하지만 그는 매우 과묵한 사람이었다. 나는 그가 간직한 은밀한 문법의 자세한 내용에 대해서는 더 이상 알지 못했으며, 다른 부대로 배치됐는지 우리는 두 번 다시(여하튼 지금까지는) 만나지 못했다. 그 친구는 무심코 그의 비밀을 드러낸 뒤 조금 부끄러워했지만, 다른 사람은 공부하지도 듣지도 못할 개인적인 언어를 만듦

으로써 그는 '군대 막사에서의 훈련'이라는 따분하고 불결한 상태에서 자신

을 격려하고 위안을 받았음을 나는 느꼈다.

톨킨은 이 이야기를 그의 소설이 발간되기 전인 1930년대 초의 어
느 연설에서 꺼냈다. 그 이야기는 '은밀한 죄악을 대중 앞에 드러내
는 것보다 더 당황스러운 것은 없다'는 주제로 이야기한 것이었다.
일종의 사과 발언과 그가 몰두하고 있는 것에 대해 설명한 뒤 그는
자신의 언어로 지은 시를 몇 편 제시함으로써 자신의 비밀을 공개했
다. 그는 자신의 예술 형식에 대해 설명했다.

"완벽하게 발전하는 것은 상호 교환, 공개적 경쟁, 다른 사람의 기
법에 대한 연구나 모방 등의 과정이 필요하다. 하지만 언어의 발명은
혼자의 힘으로 이루어지는 작업의 한계 때문에 완벽한 발전이 저해
받을 것이 틀림없다."

요즘에는 사정이 다르다. 이전에는 밀실에 숨어 자신들이 만든 말
을 사용하던 사람들이 '아트랭(artificial language)'이니 '콘랭
(constructed language)'이니 하는 수많은 온라인 포럼에서 자신이 만
든 언어의 세부적인 내용까지 서로 공유한다.

자신이 만든 언어의 피드백을 받거나 다른 언어를 감상을 하기도
하고, 그리고 내가 만든 언어가 개인적인 것만이 아니라 다른 사람도
쓸 수 있는 언어라는 것을 확인하고 만족감을 느끼려는 것이다.

P@xʼáãokxáã를 만든 사람은 그의 '실존주의 · 이상주의 · 부조리
등의 철학적 견해를 반영하기 위해 '감정 · 접촉 · 행동을 강조하는'
언어를 만들면서 모호크어 · 스와힐리어 · 일본어의 영향을 받았다.

긍정적인 단어만 사용하는 단음절 언어인 토키 포나^{Toki Pona}는 긍정적인 사고를 증진시키고 '만화 속의 작은 주인공들이 토키 포나를 사용하는 모습이 상상될 정도로……즐겁고 매력적'이기를 의도한 언어이다. 브리테니그^{Brithenig}는 '만약 영국에서 라틴어를 사용했더라면 진화되었을 로맨스어'를 토대로 만들어졌다. 누니혼고^{Nunihongo}는 '일본어의 어휘 가운데 절반이 영어에서 유래한다면 일본어의 모습이 어떻게 될까 하는 의문에 답을 얻으려는 시도'이다. 아작^{Azak}어는 그 발명자가 '여러 교착어, 그리고 자동사도 되고 타동사도 되는 동사로서 자동사의 주어와 타동사의 목적어가 같은 경우'(세계의 여러 언어에서 흔히 발견되는 문법적 요소이지만 영어의 관점에서 볼 때 이국적이다)를 발견한 것이 계기가 되어 만들어졌으며, 그 특징을 극단적으로 추구하려고 한다.

특징적인 요소를 극단적으로 추구하려는 경향은 모음만을 사용하는 아이오^{Aeo}와 올나운^{AllNoun} ('모든 명사'라는 뜻의 그 이름으로도 알 수 있다) 등의 언어들에서도 발견된다. 언어라는 관념 자체를 극단적으로 추구하는 경우도 있다. 일리시^{Ilish}는 전기 충격에 의해 의사소통을 하는 가상의 바다에 사는 동물의 언어로 데카르트적 좌표 체계의 점으로 언어를 나타낸다. 의미는 전적으로 '태도(이로움 · 위협 · 중립), 위치(x, y, z의 좌표), 배경(현재의 그 위치에서 보이는 것, 현재의 그 위치나 과거의 그 위치에 있으리라고 예상되는 것)'에 관한 것이고 대명사로 전달된다. 릭칙^{Rikchik}은 말을 하기 위해 7개의 촉수를 사용해 형태를 조합하는 낙지 같은 외계인의 언어이다.

생생한 의견 교환과 토론이 이루어지면서 비평적 표준이 출현했다. 너무 영어에 가까운 언어에는 눈살이 찌푸려졌고, 가능한 온갖 매력적인 특징을 넣었지만 전체적으로 아무런 의미가 없는 언어인 '주방 싱크대' 언어나 '프랑켄랭Frankenlang'도 비평의 대상이었다. 언어를 처음 만드는 사람들은 대명사를 표시하거나 문장을 무효화하거나 시제를 나타내는 등의 새롭고 멋진 발상이 떠오르면 흥분하는 경우가 많지만, 이미 그렇게 하고 있는 수백 개의 자연어를 알게 되면서 진정하게 된다. 정말로 독창적인 것을 찾아내기란 생각보다 훨씬 어렵다.

독창성이 높이 평가되기는 하지만, 단순히 독창적이기만 해서는 안 된다. 일관성과 논리가 뒷받침되어야 한다. 콘랭 사회에서 가장 존경받는 언어는 여러 해에 걸쳐 다듬어진 언어인 경우가 많으며, 심지어 이들은 인공 언어에 일관성을 부여하고 본보기를 제공하는 데 도움이 되는 '인공적 세계'나 '인공적 문화'와 결합하는 모습을 보이기도 한다. 즉 언어가 사회와 결합하는 것이다.

콘랭 발명가의 상층부에서 적극적으로 활동하는 사람들은 자연어에 대해 많은 지식을 지니고 있음이 분명하다. 제안된 콘랭의 특징들에 대한 많은 비평은 이국적인 오스트레일리아의 언어들이나 고대 그리스어의 발음 변화 규칙 등에 대한 장대한 토론으로 이루어진다. 나는 2007년 여름 버클리에서 개최된, '연례 언어 창조 회의' 제2회 대회에 참석했다. 거기에는 약 40명의 콘랭 발명가들이 모여 프레젠테이션을 하고 워크숍을 열었는데 거기에 참가해 그들의 이야기를 들었다. 토론의 기술적 수준은 때때로 믿을 수 없을 만큼 높았으며, 그들은 자신이 다루는 문제를 정말 잘 알고 있었다. 어느 프레젠테이션 발표자가 음성 파일을 틀어 놓으면서 청중들에게 그들이 어떤 언어인지 짐작해 보라고 말하자, 그 가운데 한 명이 브르타뉴어·핀란드어·나바호어 등을 모두 알아맞혔다.

이들 언어 발명가에게 언어는 길들이거나 교화시켜야 하는 적이 아니라 학예의 여신 무사였다. 그리고 그들은 그 여신을 향해 고개를 숙였다. 단상에 오르자 부끄러워하는 키다리 사내 제프 버크는 그 자신이 만든 중앙 산지어의 영감을 받은 것은 대학을 다닐 때 수강한 모호크어에서 느낀, 믿을 수 없을 정도의 아름다움 때문이었다고 했다. 그 언어가 계기가 되어 그는 언어의 역사를 탐구하기 시작했으며, 고대 이로쿼이어로부터 모호크어가 발전한 것을 연구하는 학자가 되었다고 했다. 그는 또 샤이엔어에도 매혹되어 '그 발음의 정신'을 포착하고 싶었으므로, 고대 알곤퀸어로부터 그 언어가 발전한 것을 연구했다. 그의 이야기는 자신이 만든 언어보다 그것을 만드는 데 영감을 불러일으킨 실제의 언어들에 초점을 맞추었다.

그는 자신의 예술적 영감이 어디에서 유래한 것인지를 설명했다. 모호크어의 복잡한 대명사 체계를 설명하는 그의 목소리는 부드러웠지만, 그 눈에는 애정과 경이로 가득 차 있어 그가 눈물을 흘릴지도 모르겠다는 생각이 들 정도였다.

그의 발표를 들으면서 나는 내가 처음 언어학을 하게 된 계기, 내 자신이 언어에 대해 느꼈던 흥분을 떠올리면서 감회에 젖어 들었다. 그 같은 감정적인 느낌은 세월이 흐르면서 학술이 요구하는 지식적인 측면 때문에 잊고 살았다. 언어학자들은 모두 언어에 대한 강렬한 애정으로부터 출발하지만, 때때로 그것을 잊어버린 채 하나의 이론을 지지하거나 다른 사람의 이론에 반대할 증거를 수집하는 것으로 끝나는 경우가 있다. 간혹 언어는 차가운 데이터의 꾸러미가 되기도 한다.

어쨌거나 그 콘랭의 회의에는 재미있는 것이 많았다. 가장 인기가 좋았던 프레젠테이션 가운데 하나는 클리블랜드 공공 도서관의 사서였던 돈 부저Don Boozer의 발표였다. 그가 만든 언어 드리톡Dritok은 다람쥐의 소음으로 언어를 만들 수 있을까 하는 생각에서 만들어졌다. 그는 곧 혀 차는 소리, 펑 하는 소리, 쉿 하는 소리 등으로만 의미가 전해지는 언어를 만들기 시작했다. 그 언어에서 가장 요란한 소리는 경멸의 뜻으로 사용되는 것으로서 돼지가 코 고는 소리와 비슷한 것이다. 그가 제시한 본보기는 청중의 환호를 받았다. 드리톡의 소리는 낯설고 인간적인 것이 아니었지만, 적어도 언어라는 느낌을 자아낼 만큼 구조랄까 체계 같은 것이 있었다. 그는 또 그 언어에 타당성을 부여하는 데 도움이 되는 여러 가지 측면의 문화적 배경까지도 만들었다. 드리톡은 긴 꼬리, 커다란 귀를 가졌지만 성대가 없는 동물로서 혼자 조용히 지내기를 좋아하는 드루셰크족의 언어라는 것이다. 그들은 몸짓을 사용해 의사를 전달하기도 한다. 그러자 사람들은 즉시 질문을 쏟아냈다.

"그들이 고함은 어떻게 치느냐?"

"휘파람은 불 수 있는가?"

"누군가의 주의를 끌기 위해 물건을 집어던지기도 할까?"

"그들의 피부는 두꺼운가?"

이 말을 만든 부저는 아직 그 정도까지 생각하지 않았지만, 그가 원하기만 하면 콘랭 사회의 축복을 받을 것이 분명했다. 관객들은 그 이상을 요구하고 있었기 때문이다.

그 콘랭 회의의 프레젠테이션을 지켜보고 있으려니 나도 내 자신의 언어를 만들고 싶다는 생각이 들었다. 이미 발명된 여러 가지 다른 언어들의 특징들로 형성되는 범콘랭적인 혼성어, 영어 단어를 사용하지만 영어에서의 기능과 의미가 다른 것으로 바뀌는 것, 말을 만들기 위해서는 음운 역할을 하는 여러 가지 물체를 일정한 방법으로 배열해야 하는 것, 모든 단어가 어느 특정한 개념과의 관계를 통해 규정되는 것, 메시지를 이해하기 위해서는 그것을 실제로 입에 넣고 소화시켜야 하는 것(그 문화에서는 즉각적인 소통이 불가능할 것이다) 등 많은 아이디어가 떠올랐다. 그리고 그 언어들이 너무 '근사하다'는 생각이 들었다. 그러나 내게는 자리에 앉아 그들이 어떻게 기능할 것인지의 세부적인 내용을 다듬고 싶은 마음은 없었다. 나는 학예의 여신 무사에 의해서가 아니라 내가 창의적·독창적이라는 인상을 주고 싶다는 욕망에 의해 그런 생각을 했던 것이다.

나는 그 사람들을 기쁘게 하고 콘랭 프로젝트를 진행한 사람들의 감탄과 존경을 얻고 싶었지만, 막상 그 일을 하고 싶지는 않았다. 나는 아가씨들의 환심을 얻기 위해 기타를 연주하는 사내나, 환상적인 뉴욕의 칵테일파티에 참석하려고 소설을 쓰고자 하는 여자 같았던 셈이다. 나는 예술을 하거나 개인적인 비전을 만족시키고 싶어서가 아니라 단지 내가 만든 언어를 사람들이 멋지다고 생각하면 좋겠다는 생각을 한 것뿐이었다.

내게는 그런 능력이 없는 것 같다. 나는 언어를 만드는 창조적 예술가가 아니다. 하지만 그래도 언어 창조라는 예술을 감상할 수는 있는 사람이다. 그것 자체만 하더라도 상당한 노력과 배경 지식이 필요하다. 언어나 언어학 일반에 대해 더 많이 알면 알수록, 정말로 우아하거나 복잡한 아이디어를 더욱 재미있게 즐길 수 있으며, 훌륭한 성과와 게으른 것, 원숙한 해결책과 초보자의 실수를 더욱 제대로 구분할 수 있다. 프레젠테이션에 나섰던 사람 가운데 하나인 존 퀴자다 John Quijada라는 사람이 있었다. 그 자신의 언어 이트쿠일Ithkuil은 만드는 데 30년이나 걸렸으며, '우비크와 아브하즈의 자음 음운론과 동사의 형태론, 아메리카인디언의 동사에 관한 어법, 니제르·코르도판어에 보이는 상의 체계, 바스크어와 다게스탄어에 사용되는 대명사의 격, 와카슈어의 전접어 체계, 체탈어와 구구이미디르어의 위치 방향 체계, 셈어의 3자음 어근 형태론, 수젯 엘긴이 만든 라아단의 증거성 및 소유격의 범주, 윌킨스의 분석적 언어와 쉬드르의 솔레솔의 도식적 단어 형성 원리' 등으로부터 영향을 받았다고 주장한다. 그는 그 대회에 참가한 콘랭 발명가들의 활동이 새로운 동물을 하나 만들어 내기 위해 함께 모인 생물학자들의 대회와 비교할 수 있다면서 다음과 같이 말했다.

"그들은 자신들이 무엇을 하고 있는지 알고 있으며 그 가치를 인정하겠지만, 왜 어떤 선택은 훌륭하다고 감탄하고 어떤 것에는 웃음을 터뜨리고 어떤 것에는 신음 소리를 내는지 생물학자가 아닌 사람들에게 그 까닭을 설명하기란 어려울 것이다."

기본적으로 언어 발명은 우리 모두에게 잠재되어 있는 창조성의 표현이다. 어린이들은 그림을 거리거나 연극을 하거나 간단한 노래를 지어내기를 좋아하며, 그리고 어느 시기에는 소리를 가지고 실험하면서 그들 자신의 언어를 만들어 내는 아이들도 많다. 내 아들은 두 살이었을 때 '말이 계속된다'는 뜻을 나타내기 위해 낯선 힌두어 같은 소리로 말했다.

"고아지, 고아지, 고아지."

당시에 아들은 외국어를 들을 때(그러나 결코 힌두어를 듣지는 못했다), 사람들이 자신에게 주의를 기울이지 않은 채 이야기를 할 때 그 말을 했다.

그 아이가 왜 '고아지'라고 말하게 되었는지는 알 턱이 없다. 단지 그 말이 좋다는 생각이 들었을 것이다. 그뿐이다. 그렇다고 해서 그가 성장해 언어 발명가가 될 가능성이 많다는 뜻은 아니며, 모든 사람의 경우와 마찬가지로 창조의 충동이 있다는 의미이다. 그림 · 음악 · 연극 등의 경우와 마찬가지로 단지 소수의 경우에만 그 충동이 깊이 뿌리를 내리면서 평생 동안 정열을 바치는 대상이 된다.

이전 시대의 언어 발명가들은 그들이 하는 일에 대한 정당성을 다른 사람들에게 확신시키기 위해 많은 정력을 바쳤다. 그들에게는 언어를 만들게 된 합리적인 이유가 있었다. 하지만 거기에도 항상 예술적인 충동이 있었다. 힐데가르트 폰 빙겐의 12세기 언어에 대한 최근의 책에서 중세 연구가 새러 히글리(그녀 자신도 콘랭 발명가이며 샐리 케이브스라는 필명으로 글을 쓰는 공상 과학 소설 작가이기도 하다)는 힐데가르트가 만든 언어는 개인적 표현으로 만든 것이라고 주장했다. 또한 힐데가르트는 세상을 위엄 있게 하고 그 세상을 묘사하는 데 자신이 발명한 언어가 사용될 것이라고 생각했다는 내용이 이 책에 적혀 있다.

몇몇 학자들이 주장했다시피 언어가 수녀들이 사용하는 암호거나 종교적 환각 상태에서 나온 산물은 아니라는 것이다. 그러니까 최초로 출판된 콘랭이었던 셈이다.

우리는 아우이를 만든 존 웨일거트가 '아'는 공간의 소리이며 '이'는 평평함의 소리라고 확신했던 것에서 그 예술을 볼 수 있다. 또는 볼라퓌크의 개혁자들이 그것의 움라우트 때문에 국제화가 저해된다고 주장했지만 요한 슐라이어가 고집스럽게 그것을 집착했던 것에서도 볼 수 있다. 윌킨스가 우주의 의미를 찾고 그 결과에 따라 그것을 배열하려고 추구한 것에도, 수젯 엘긴이 자신의 마음에 든 자연어의 특징으로 라아단을 채울 때도 예술이 있었다. 심지어 톨킨이 공학과 미학 사이의 올바른 균형을 포착한다고 찬탄했던 에스페란토에도 그것이 있었다.

톨킨은 에스페란토와 경쟁하던 언어들 가운데 하나가 너무 '공산품', '여분의 부품으로 만들어진 것'처럼 보이며, '훌륭한 자연어의 관용구들에 나타나고 에스페란토에도 상당한 정도로(아마도 인공어의 관용구에서는 가능하지 않을 만큼 높은 정도로) 나타나는 개성 · 일관성 · 아름다움의 광채(바로 그것을 만든 사람의 천재성에 대한 증거)가 없는 것'을 비판했다.

단편소설과 시를 쓰고 에스페란토적 방식의 진수를 제대로 판단할 수 있는 것에 대해 농담을 나누는 에스페란토 사용자들에게도 예술성은 분명히 있다. 그것은 발음하기 어려운 말, 수수께끼, 그리고 로지반으로만 가능한 말장난 등을 만들면서 서로 경쟁하는 로지반 사용자들에게도 있다. 그리고 자신들이 좋아하는 것을 하기 위해 엄청난 비웃음을 참고 견디는 클링온 사용자들에게도 있다.

나는 마침내 클링온 시험공부를 마쳤다. 그리고 자신감은 있었지만 지친 상태로 시험을 쳤다. 나는 집으로 돌아갈 준비가 되어 있었다. 이제 세상으로 돌아와 내 냉정함을 되찾을 필요가 있었다.

시험을 보기 전에 먼저 클링온 언어 연구소의 업무 관련 회의를 봐야 했다. 30분 이상에 걸쳐 〈HolQeD〉라는 잡지를 전자판과 더불어 인쇄판까지 계속 출판할 것인지에 대해 논의가 이루어졌다.

찬성파: "의회 도서관에 소장되는 것이 좋다."

"우즈베키스탄의 평화 박물관에 전시되고 있는 것이 있다."

반대파: "비용이 너무 많이 든다."

"불필요하다."

나는 그들 뒤쪽에서 단어장을 다시 한 번 뒤적거리면서 혼자 툴툴거렸다.

"누가 상관할까?"

마침내 사람들이 나가고 나와 루이즈, 더욱 높은 급수에 응시할 다른 두 사람이 남았다. 내가 단어를 외운 방법인 연상기호의 그물이 연약해 오래가지 않는다는 사실을 알고 있는 나는 시험지가 내 앞에 놓이기가 무섭게 서둘러 문제를 풀어 나갔다. '하사관'에 대한 단어 (buʼ)와 nguʼ의 영어(신분을 확인하다)를 기억할 수 없었지만 나머지는 쉬웠다. 나는 시험지를 제출하고 밖으로 나와, 채점이 이루어질 동안 클링온 연례 대회의 다른 참가자들과 함께 로비에서 기다렸다.

내 점수는 합격선을 훌쩍 넘은 93점이었다. 모든 사람이 축하하고 칭찬해 주었다. 나는 기분도 좋고 의기양양한 느낌도 들었다. 주위를 돌아다보자 다른 보통 사람 한 무리가 호텔에 체크인하고 있었다. 그들은 영업 회의나 어쩌면 옛 동창생의 결혼식에 참석하기 위해 이곳에 온 것 같았다. 우리 쪽을 쳐다보고는, 당연하지만 우리 가운데 의상을 차려 입은 사람을 바로 알아보았다. 그러자 소위 정상인 가운데 하나가 바로 그 클링온족에게 다가가더니, 물어보지도 않고 휴대폰을 꺼내 사진을 찍으면서 문제의 클링온족에게는 물론 딱히 어느 누구에게라고 할 것 없이 중얼거렸다.

"사진을 찍지 않으면 아무도 내 말을 믿지 않을 거야."

그 클링온족은 자세로 가다듬고 마치 전사라도 되는 것처럼 포즈를 취해 주었다.

나는 바로 그 순간 내가 어느 편에 있는지 알 수 있었다.

클링온의 세계는 허구에 바탕을 둔 것인지 모르지만, 그러나 거기에 살아가기 위해서는 진정한 용기가 필요하다.

루이즈는 시험에 합격하지 못했다.

"이런, 내년에 다시 보지 뭐."

그녀는 어깨를 으쓱하고는 미소를 지었다. 그리고 다음 해에 필라델피아 근교의 고속 도로변 호텔에서 그녀가 시험에 합격할 때 나도 거기에 있었다. 나는 그녀에게 술을 샀고, 우리는 건배했다.

부록 1 : 발명된 언어들

다음은 500개에 이르는 발명된 언어를 연대순으로 배열한 목록이다. 왜 하필 500개일까? 발명된 언어를 모두 실을 수는 없을까? 발명된 언어를 모두 다룬다는 말에는 어폐가 있다. 그 이유는 우선 얼마나 많은 언어가 발명되었는지는 아무도 모른다는 것이다. 완벽한 목록을 작성했다고 하더라도, 어느 도서관 서고에서 먼지가 수북이 쌓인 작은 책자가 발견될 수도 있다. 자비 출판된 소책자가 발견되면 그 주장은 터무니없는 것이 되는 것이다.

또 다른 문제는 어떤 것을 발명된 언어로 판단할 것이냐 하는 것이다. 소설에 몇 줄 횡설수설되었다고 이 목록에 넣어야 할까? 자세한 내용 없이 발상의 개요만 소개된 것은 어떨까?

이 목록을 작성하기 시작할 때만 해도, 나는 어디에 있건, 누가 만들었던 증거만 있으면 빠뜨리지 않고 모두 포함시키겠다는 생각으로 야심차게 출발했지만 곧 실현가능성이 없다는 것이 입증되었다. 방대한 자료가 흙탕물이 되어 내가 하려고 했던 이야기조차 방향을 잃고 말았던 것이다. 나는 독자들이 감탄할 정도로 깊은 인상을 받기를 원했다. 바로 이렇게.

"이렇게 많을 줄 몰랐어!"

하지만 한편으로는 작은 역사로서, 언어의 연대와 이름만 봐도 일 반적인 경향이나 사상과 시대와의 연관성을 파악할 수 있게 하고 싶 었다.

나는 알렉산드르 둘리첸코가 쓴 《국제 보조어》(1990)라는 책에 수 록된 900개 이상의 언어에서 선별했다. 그 방대한 조사서는 루이 쿠 튀라와 레오폴드 로의 《세계어의 역사》(1903), 페트르 스토얀의 《국 제어의 참고 문헌》(1929), 에른스트 드레첸의 《세계어의 역사》 (1931), 마르셀 몽네로뒤멘의 《종합 및 특수 중간 언어 교본》(1960) 등 이전의 개론서에서 다루어진 모든 연구를 포함시켰고 다양한 출 전에서 언급되는 언어들까지도 덧붙였다. 둘리첸코의 작업은 더 이 상 철저할 수 없을 정도이다. 그 책은 러시아어로 되어 있으며 구하 기 쉽지 않지만, 주요 대학교나 의회 도서관에서 찾아볼 수 있다.

내 자신의 목록에 무엇을 포함시킬 것인지에 대해 나는 엄격한 기 준을 세우지 않았다. 단지 최대한 사실을 왜곡시키지 않고 이야기를 소개할 수 있는 목록을 만들기로 했다. 패시그래피(pasigraphy, 보편 적인 표기법)라는 제목이 들어간 것은 가능한 빼려고 했다. 그렇지만 패시그래피가 19세기 초에 크게 주목되었고 그 후로도 여전히 때때 로 튀어나왔음을 보여 줄 만큼은 충분히 수록되었다. 그리고 20세기 초에 나온 수많은 언어가 '국제어'라는 이름을 조금씩 바꾼 따분한 이름을 가지고 있어 제외된 것이 있다. 하지만 그 시대에 그 같은 작업이 '폭증' 했음을 보여줄 수 있을 만큼은 들어 있다. 언어 발명가들이 그들의 작업에 자신의 이름을 붙임으로써 개인적인 욕망을 표현한 경우, 예를 들어 프레드 이슬리^{Fred Isly}의 링굼 이슬리아눔^{Linguum Islianum}(1901), 오스타셰프스키^{Ostaszewski}의 오스트^{Ost}(1926), 앤더슨^{Anderson}의 안데^{Ande}(1960) 처럼 독특하거나 흥미로운 이름의 언어들도 수록되었다. 그리고 다른 언어의 개혁이나 개선에 지나지 않는 몇몇 개는 제외되었지만, 그래도 언어 발명가들 사이에 '개혁이나 개선'의 질병이 얼마나 퍼져 있는지 보여 줄 만큼은 들어가 있다.

나는 내 자신이 직접 도서관에서 보았는데도 다른 사람이 작성한 발명된 언어 목록에는 들어 있지 않은 제임스 러글스의 《세계어》(1829)와 월터 커스버트슨^{Walter Cuthbertson}의 《표준 세계어^{Standard World Language}》(1919) 등을 모두 포함시켰다. 그리고 연대와 저자 등 불확실한 점이 너무 많으면, 그들에게 아주 흥미로운 것(예컨대 보편어^{Universal}(1914?)를 만들었다는 예루살렘의 이마누엘 공^{Prince Immanuel of Jerusalem}은 도대체 누구일까?)이 있는 경우를 제외하고 그 작업을 배제했다. 그리고 가나(엘아프리힐리^{El-Afrihili}(1970)), 인도(코이네 로마이^{Koine Romai}(1973) · 옴^{Om}(1925) · 스푸트니크^{Sputnik}(1964)), 이란(시티랭귀지^{Citylanguage}(1959)), 나이제리아(구오사^{Guosa}(1981)), 베트남(프레이터^{Frater}(1957)) 등 아프리카나 아시아에서 만들어진 언어들을 포함시켰다.

한 발명가가 여러 개의 언어를 만든 경우에는 대부분 하나만 적었지만 특별히 다작인 발명가의 경우 빠짐없이 넣기도 했다(1911년부터 1926년까지 스프리란타^{Spriranta} · 아르야나^{Aryana} · 아리아나^{Ariana} · 아미아나

Amiana · 리아나Liana · 우니타Unita · 에소포Espo · 에오Eo 등을 내놓은 페트르 스토안에게는 경의를 표하지 않을 수 없다).

둘리첸코의 목록은 1973년에서 끝난다. 1973년 이후의 언어들은 내가 들은 적이 있거나 도서관에서 직접 본 것을 넣었다. 언어의 연대에 대한 기준도 약간의 설명이 필요하다. 일반적으로 프로젝트의 연도는 글이나 책이 처음 간행된 시기를 나타낸다. 예컨대 톨킨의 언어는 그가 그 이전에 40년 동안 이미 작업을 해 왔지만, 그것에 대한 정보가 들어 있는 책(《반지의 제왕》 제3권의 부록)이 1955년에 간행되었으므로 그해로 되어 있다.

인터넷 시대에 나온 언어들의 연대는 더욱 복잡해진다. 내가 열거한 1990년 이후 언어들의 연대는 대부분 그 언어를 웹이나 뉴스 그룹, 또는 해당 언어의 전문 사이트에 처음 올린 시점을 대략적으로 나타낸다. 여기에 나열된 '콘랭'이나 '아트랭'은 현재 거기에 흩어져 있는 수의 미미한 일부에 지나지 않는다.

랭메이커닷컴 같은 사이트들에는 수백 가지를 열거하고 있다. '좀피스트' 게시판(www.spinnoff.com/zbb) 같은 포럼에서는 날마다 새로운 언어가 탄생하고 있다. 나는 본문에서 언급된 프로젝트, 그리고 특별히 주목할 만하거나 훌륭하게 개발되어 높이 평가되는 콘랭 발명가들의 언어만 선별해 놓았다.

여러 언어들의 표본은 발명된 언어 살펴보기에 수록되어 있다. 언어의 이름과 발명자를 보고 그들에 대해 더 많은 정보를 얻고자 한다면 inthelandofinventedlanguages.com을 방문하기 바란다.

	Language	Author	Date
1	Lingua Ignota	Hildegarde von Bingen	c. 1150
2	Balaibalan	Muhyî-i Gülşenî	c. 1500
3	Common Writing	F. Lodwick	1647
4	Lingua universallis	P. Labbé	1650
5	Arithmeticus nomenclator	P. Bermudo	1653
6	Logopandecteision	T. Urquhart	1653
7	Universal Character	C. Beck	1657
8	Clavis Conveniente Linguarum	J. Becher	1661
9	Ars Signosum	G. Dalgarno	1661
10	Universal Language	I. Newton	c. 1661
11	Pasigraphie	Earl of Worcester	1663
12	Polygrahia	A. Kircher	1663
13	Panglottie	J. Komenský (Comenius)	1665
14	Arte Combinatoria	G. Leibniz	1666
15	Ruski Jezik	J. Križanić	1666
16	Philosophical Language	J. Wilkins	1668
17	Pasigraphie	F. Besnier	1674
18	Langue Universelle pour Negotiants	de Bermonville	1687
19	Allgemeine Schrift	D. Solbrig	1726
20	Scriptura Oecumenica	Carpophorophilus	1732
21	Langue Nouvelle	J. Faiguet	1765
22	Universal Philosophical Language	R. Jones	1769
23	Lingua Philosophica	G. Kalmár	1772
24	Lingua Universale	F. Soave	1772
25	Allgemeine Rede und Schrift-Sprache	C. G. Berger	1779
26	Opšteslovenski Jezik	B. Kumerdej	1793
27	Langue Universelle	C. Delormel	1795
28	Pasigraphie	C. H. Wolke	1797

	Language	Author	Date
29	Pasigraphie	J. Maimieux	1797
30	Noématopasigraphilalie	F. Dumont de Bonneville	1799
31	Polygraphie	Z. Hourwitz	1801
32	Pasigraphie	J. Z. Näther	1805
33	Pangraphie	H. Burmann	1807
34	Pasilalie	A. Burja	1808
35	Sinnensprache	A. Riem	1809
36	Lingua Filosofica Universale	M. Gigli	1818
37	Universalis Nyelvnek (Steganographia)	I. Gáti	1820
38	Lingua Universalis	A. Réthy	1821
39	Lingua Slavica Universalis	J. Herkel	1826
40	A Universal Language	J. Ruggles	1829
41	Genigrafia Italiana	G. Matraya	1831
42	Vilagnyelv	J. Bolyai	1832
43	Langue Universelle	A. Grosselin	1836
44	Communicationssprache	J. Schipfer	1839
45	Phonarithmon	W.H. Henslowe	1840
46	Lugar	S. Herpain	1843
47	Langue Universelle et Analytique	E.T. Vidal	1844
48	Orbidáie	J. Bazin	1844
49	Pangraphie	S. Ivičević	1848
50	Lengua Universal	P.L. Martinez	1852
51	Lengua Universal y Filosofica	B. Sotos Ochando	1852
52	Universal Language	G. Edmonds	1855
53	Monopanglosse	P. Gagne	1858
54	Pantos-Dîmou-Glossa	L. de Rudelle	1858
55	Nouvelle Numératon Parlée	Dr. Verdu	1859
56	Pasigraphie	M. Paić	1859
57	Alevato	S. P. Andrews	1862

	Language	Author	Date
58	Mundographie (Gablenzographia)	M. H. von Gablenz	1864
59	Uzajmeni Slavjanski Jezik	M. Majar	1865
60	Solresol	J. F. Sudre	1866
61	Langue Universelle	A. Caumont	1867
62	Pasigraphie	A. Bachmaier	1868
63	Universalglot	J. Pirro	1868
64	Universal Dolmetscher Sprache	A. F. Staffler	1869
65	New Universal Cipher Language	C. Stewart	1874
66	Lingua Lumina	J. W. Dyer	1875
67	Langue Internationale Étymologique	F. Reimann	1877
68	Ixessoire	L. and R. Poincaré	1879
69	Volapük	J.M. Schelyer	1879
70	Weltsprache	A. Volk and R. Fuchs	1883
71	Blaia Zimondal	C. Meriggi	1884
72	Néo-Latine	E. Courtonne	1884
73	Neulatein	A. Sturmhöfel	1884
74	Pasilingua	P. Steiner	1885
75	Chabé-Aban(Langue Naturelle)	E. Maldant	1886
76	Sprachwissenschaftliche Kombinatorik	J. Bauer	1886
77	Langue Universelle	C. Menet	1886
78	Langue Universelle	C. L. A. Letellier	1886
79	Nal Bino	S. Verheggen	1886
80	Pasigraphia	J. Bobula	1886
81	Rosentalographia	Rosenthal	1886
82	Balta	E. Dormoy	1887
83	Bopal	M. Streiff(S. de Max)	1887
84	Esperanto	L. L. Zamenhof	1887
85	Kokographie	F. Friedrich	1887

	Language	Author	Date
86	Nuvo-Volapük	A. Kerchoffs	1887
87	Paslingua Hebraica	F. Lenz	1887
88	Visona	Dr. Sivartha	1887
89	Weltsprache	N. Eichhorn	1887
90	American Language	E. Molee	1888
91	Kosmos	E. A. Lauda	1888
92	Lengua Universal	T. Escriche y Mieg	1888
93	Lingua Franca Nova	S. Bernhard	1888
94	Mundolinco	J. Braakmann	1888
95	Spelin	J. Bauer	1888
96	Verkehrssprache	J. Lott	1888
97	Anglo-Franca	G. J. Henderson	1889
98	Compromiss-Sprache	J. Lott	1889
99	Lengua Universal	E. G. Ugarte	1889
100	Myrana	J. Stempfl	1889
101	Oidapa	Chancerel	1889
102	Panglossie	Le Dantec (가명)	1889
103	Sermo	A. Browne	1889
104	Lengua Catolica	A. Liptay	1890
105	Lingua Internazional	J. Lott	1890
106	Mundolingue	J. Lott	1890
107	Nov Latin	D. Rosa	1890
108	Pure Saxon English	E. Molee	1890
109	Zilengo	A. Oka	1890
110	Idiome Universel	H. Marini	1891
111	Anti-Volapük	F. Mill	1893
112	Dil	Fieweger (가명 Dr. Gül)	1893
113	Francezin	A. Lyakide	1893
114	Luftlandana	G. A. Larsson	1893
115	Orba	J. Guardiola	1893
116	Universala	E. H. Heintzeler	1893

	Language	Author	Date
117	Casuela	S. Voirol	1894
118	Communia	J. Stempfl	1894
119	Novilatiin	E. Beerman	1895
120	Adjuvanto	L. Beaufront	1896
121	Linguo Moderna	A. Grabowski	1896
122	Veltparl	W. von Arnim	1896
123	Lasonebr	A. Nilson	1897
124	Nuove-Roman	J. E. Puchner	1897
125	Dey Daynd	A. J. Guerero	1898
126	Dilpok	A. Marchand	1898
127	Patoiglob	P. B. Bohin	1898
128	Prometej-Prosvetitelj	E. Gurin(가명 Dr. Novodum)	1898
129	Bolak(Langue Bleue)	L. Bollack	1899
130	Dialect Centralia	A. Nilson	1899
131	Lingue International	J. Lott	1899
132	Langage Humain	Umano	1900
133	Lingua Komun	F. Kürschner	1900
134	Linguum Islianum	F. Isly	1901
135	Zahlensprache	F. Hilbe	1901
136	Idiom Neutral	W.K. Rosenberger	1902
137	Neu-Latein(Universal-Latein)	E. Frandsen	1902
138	Reform-Latein	K. Frölich	1902
139	Tutonish	E. Molee	1902
140	Universal-Latein	W. Möser	1902
141	Völkerverkehrssprache	C. Dietrich	1902
142	Ziffern-Grammatik	W. Riegler	1902
143	Adam-Man Tongue	E. Shaftesbury	1903
144	Latino sine Flexione	G. Peano	1903
145	Panroman	H. Molenaar	1903
146	Tal	A. Hoessrich	1903
147	Mundelingva	J. von Hummler	1904

	Language	Author	Date
148	Perio	M. Talundberg	1904
149	Spokil	A. Nicolas	1904
150	Lingua Internacional	A. Zakrzewski	1905
151	Glanik(Glan-ik)	E. Ware	1906
152	Mondlingvo	H. Trischen	1906
153	Niu Teutonish	E. Molee	1906
154	Pan-Kel	M. Wald	1906
155	Ulla	F. Greenwood	1906
156	Antido I	R. de Saussure	1907
157	Apolëma	R. de la Grasserie	1907
158	Idiom Neutral Reformed	J. B. Plinth	1907
159	Idiom Neutral Reformed	W.K. Rosenberger	1907
160	Ido	L. de Beaufront and L. Couturat	1907
161	Lingua European	B. Bijlevelt	1907
162	Master Language	S. C. Houghton	1907
163	Neuslawisch	I. Hošek	1907
164	Novilatin	E. Beerman	1907
165	Parla	C. Spitzer	1907
166	Corintic	A. Miller	1908
167	Ilo	C. Lemaire	1908
168	Interprète International	V. Hély	1908
169	Mez-Voio	J. Jamin	1908
170	Ro	E. P. Foster	1908
171	Auli	E. Wahl	1909
172	Dutalingue	A. Duthil	1909
173	Esperanto Reformita	R. Brandt	1909
174	Idiom Neutral Modifiket	J. Meysmans	1909
175	Ile	A. Seidel	1909
176	Ilo	H. Ziemer	1909
177	Ispirantu	A. Seidel	1909

	Language	Author	Date
178	Italico	R. Triola	1909
179	Median	A. Huart	1909
180	Nummer	N. Jekel	1909
181	Perfektsprache	A. Hartl	1909
182	Salvador	F. Gavidia	1909
183	Unial	J. Weisbart	1909
184	Antido II	R. de Saussure	1910
185	Eulalia	S. Škrabec	1910
186	Langue Universelle Sémantique	J. E. Croegaert	1910
187	Latino Internationale	U. Basso	1910
188	Linguo Romane Universale	J. S ł onimski	1910
189	Mondea	J. Scheefer	1910
190	Mondlingu	S.E. Bond	1910
191	Perfektigo de Esperanto	Z. Romański	1910
192	Reform Esperanto	P. D. Hugon	1910
193	Reform-Esperanto	P. Rodet	1910
194	Semilatin	W. Moeser(가명 Austriacus)	1910
195	Veltlang	F. Braendle	1910
196	Altutonish	E. Molee	1911
197	Internacionu Sientu Lingua	A. Kovalyev	1911
198	Medio	O. Nachtigall	1911
199	Molog	H. de Sarranton	1911
200	Simplo	Ferranti	1911
201	Spiranta	P. Stojan(가명 P. Radovich)	1911
202	Adelfeal Lingw	A. Kovalyev	1912
203	Aryana	P. Stojan	1912
204	Europal	J. Weisbart	1912
205	Lingvo Kosmopolita	R. de Saussure	1912
206	Manbab	A. Beuthner	1912
207	Omnez	S. E. Bond	1912

Language	Author	Date
208 Reform-Neutral	V. Rosenberger	1912
209 Slavina	J. Konečný	1912
210 Tersboca	M. Rotter	1912
211 Altayko (Esk)	M. Sondahl	1913
212 Nepo	V. Tscheschichin	1913
213 Slovanština	E. Kolkop	1913
214 Telekaba	K. Pirquet	1913
215 Uropa	W. Donisthorpe	1913
216 Viva	N. Nesmeyanov	1913
217 Ariana	P. Stojan	1914
218 Europeo	C. A. Bravo del Barrio	1914
219 Universal	Prince Immanuel of Jerusalem	1914?
220 Alteutonik	E. Molee ·	1915
221 Wede (Weltdeutsch)	A. Baumann	1915
222 Filosofskiy Jezik	J. Linzbach	1916
223 Geoglot	T. J. Donoghue	1916
224 Weltdeutsch	W. Ostwald	1916
225 Weltdeutsch, das Verbesserte Wede	A. Baumann	1916
226 Etem	N. Yushmanov	1917
227 Glot	V. Petracevitch(가명 V. Pevich)	1917
228 Ujlatin	A. Koleszár	1917
229 Nov Latin Logui	K. Pompiati	1918
230 Parlamento	G. Perrier(가명 G. Ferry)	1918
231 Universalspråaket	K. Keyser	1918
232 Esperantida	R. de Saussure	1919
233 Latinulus	V. Martellotta	1919
234 Lips-Kith	J. Scarisbrick	1919
235 Standard World Language	W. Jones Cuthbertson	1919
236 Verbessertes Esperanto	P. Völz	1919

	Language	Author	Date
237	Ao	V. Gordin	1920
238	Ariadna Lingvo	V. Shmurlo(가명 Vlasha)	1920
239	Slavski Jezik	B. Holý	1920
240	Dynamic Language	E. Molee	1921
241	Hom-Idyomo	C. Cárdenas	1921
242	Nove-Latina	J. van Diemen	1921
243	Optoez	S. E. Bond	1921
244	QJ	S. Kukel-Krajevsky	1921
245	Timerio	Thiemer	1921
246	Transcendent Algebra	J. Linzbach	1921
247	Amiana	P. Stojan	1922
248	Interlingua Systematic	J. Rossello-Ordines	1922
249	Medial	J. Weisbart	1922
250	Mundolingua(Menimo)	D. Starrenburg	1922
251	Occidental(Interlingue)	E. von de Wahl	1922
252	Qôsmianî	W. M. L. Beatty	1922
253	Babilonska Uganka	A. Ertl	1923
254	Espido	M. Pesch	1923
255	Federal	J. Barral	1923
256	Liana	P. Stojan(가명 P. Radovich)	1923
257	Lingvo Kommona	KJL	1923
258	Neolatine	G. Semprini	1923
259	Toito Spike	E. Molee	1923
260	Unesal Interlingu	E. Weferling	1923
261	Unilingue	A. Lavagnini	1923
262	Unita	P. Stojan(가명 P. Radovich)	1923
263	Uniti Langue	F. Riedel, O. Scheffers	1923
264	Esperanta	J. Železný	1924
265	Latuna	G. du Bois	1924
266	World English (Cosmo-English)	J. W. Hamilton	1924

	Language	Author	Date
267	Arulo(Gloro)	M. Talmey	1925
268	Esperido	H. E. Raymond	1925
269	Europan	J. Weisbart	1925
270	Ido Avancit	R. Harding	1925
271	Latinesco	H. J. MacMillan	1925
272	Monario I	A. Lavagnini	1925
273	Nov-Esperanto	R. de Saussure	1925
274	Om	L. Vulda	1925
275	Universal	G. Muravkiy	1925
276	Eo	P. Stojan(가명 Ribaulb)	1926
277	Espo	P. Stojan(가명 Ribaulb)	1926
278	Meso	S. E. Bond	1926
279	Neoromani(Neoromano)	J. S ł onimiski	1926
280	Omo	V. Vyengyerov	1926
281	Ost	A. Ostaszewski	1926
282	Una	F. Buckel	1926
283	Weltpitshn	A. Baumann	1926
284	Anglido	H. E. Raymond	1927
285	Cosman	H. Milner	1927
286	Cosmolingvia	S. Horowitz	1927
287	Ideala lingvo	T. Jung	1927
288	Loqa	G. Nield	1927
289	Mond-Lingvo	J. Weisbart	1927
290	Obshchyechyelovyeskiy Jezik	K. Tsiolkovskiy	1927
291	Panedo	M. Pisaryenko	1927
292	IDO(Idiom di Omni)	G. Meazzini	1928
293	Neolatino	P. Lundström	1928
294	Novam	G. Touflet	1928
295	Novia	O. Jespersen	1928
296	Oiropa Pitshn	A. Baumann	1928
297	Serve	O. T. Kunstovný	1928

	Language	Author	Date
298	Uniala	P. J. Troost	1928
299	Monario II	A. Lavagnini	1929
300	Mondialo	R. de Saussure	1929
301	Mondik	J. Jousten	1929
302	Aliq	R. P. G. Vallaeys	1930
303	Anglic	R. E. Zachrisson	1930
304	Basic English	C. K. Ogden	1930
305	Esperilo	H. E. Raymond	1930
306	Evoluto	S. E. Bond	1930
307	Mundi Latin	J. Weisbart	1930
308	Mundial	F. V. Lorenz	1930
309	Neoglyfy	A. S. Batĕk	1930
310	Sintesal	N. Rubinin	1930
311	Susal	A. Levanzin and	1930
		L. Maxwell	
312	Mondi-Lingue	T. Martineau	1931
313	Mu-Nba-B	A. Beuthner	1931
314	Scinterlingua	G. Viveros	1931
315	Simplificat Italian	A. Faccioli	1931
316	Mondyal	G. Durant	1932
317	Oz	C. Elam	1932
318	Sabir	P. Moralda	1932
319	Fitusa	B. Rosenblum	1935
320	Internasional	P. Mitrović	1935
321	Mundal	J. Eylenbosch	1935
322	Sona	K. Searight	1935
323	Synthetic English	A. P. Draper	1935
324	Universal-Esperanto	R. de Saussure	1935
325	Ofat	O. Farnstad	1936
326	Panamane	M. E. Amador	1936
327	Amxrikai Spek	R. O. Foulk	1937

	Language	Author	Date
328	Esperanto II	R. de Saussure	1937
329	Mondilingwo	I A. Lavagnini	1937
330	Neo	A. Alfandari	1937
331	Mondilingwo II	A. Lavagnini	1938
332	Panlingua	L. Weber	1938
333	Mondilinguo	A. Lavagnini	1939
334	Nature' s Mother Tongue	B. E. Lyster	1939
335	Neolatinus	A. da Monte Rosso	1939
336	Latino Hodierno	W. Doran	1940
337	Sveslav	C. Djurdjević	1940
338	Latini	C. G. Cline	1941
339	Relingua	J. Tempest	1941
340	Tal	A. H. Talano	1941
341	Monling	K. Littlewood	c. 1942
342	Interglossa	L. Hogben	1943
343	Mondial	H. Heimer	1943
344	Olingo	R. S. Jaque	1944
345	Leno Gi-Nasu	M. A. de la Cruz	1945
346	Code Ari	F. Kovarik	1946
347	Komun	F. Musil	1946
348	Maryala	B. Máriás	1946
349	Auxilia	G. Morin	1947
350	Hoykoy	G. Ottander	1947
351	Inter-Sistemal	P. Mitrović	1947
352	Ling	A. Olson	1947
353	Neolatino	A. Schild	1947
354	Romanés	W. D. Hinde	1947
355	Auxil	A. Belie	1948
356	Merican	R. O. Rouek	1948
357	Munda Linguo	F. Weber	1948
358	Universel	A. J. Decormis	1948

	Language	Author	Date
359	Kosmo	G. Schröder	1949
360	Semantography	C. K. Bliss	1949
361	Antibabele	G. Magli	1950
362	Antro	N. Andreev	1950
363	Peace Language	F. Sosdy	1950
364	Uni-Spik	G. de Biran	1950
365	Altuta	C. Ternest	1951
366	Esperantuisho	J. Železný	1951
367	Interlingua	A. Gode/IALA	1951
368	Mundion	H. Weinrich	1951
369	Concorde	S. F. Hall	1952
370	Universal-Latein	K. Pötzl-Pecelius	1952
371	Eur(op)ean	R. Jego	1955
372	Mondi Lingua	A. Lavagnini	1955
373	Quenya	J. R. R. Tolkien	1955
374	Sindarin	J. R. R. Tolkien	1955
375	Intal	E. Weferling	1956
376	Neulateinische Sprache	K. Pompiati	1956
377	Niuspik	J. Herpitt	1956
378	Pasigraphie	K. Obermair	1956
379	Radioglot	J. R. Te Winkel	1956
380	Romanid	Z. Magyar	1956
381	Translingua	E. Funke	1956
382	Euroglot	E. Ahlström	1957
383	Frater	Pham Xuan-Thai	1957
384	Luni	L. Znicz-Sawicki	1957
385	Picto	K. J. S. Janson	1957
386	Suma	B. Russell	1957
387	Unolok	H. Wilshire	1957
388	Geo	H. E. Salzer	1958

	Language	Author	Date
389	Globaqo	R. S. Jaque and	1958
		G. A. Jones	
390	Hesperyo	A. Lara	1958
391	Interling	T. Wood	1958
392	Mezhduslavjanski Jezik	L. Podmele	1958
393	City-language	H. Emami	1959
394	Lalortel	R. N. Yetter	1959
395	Phonetic	C. H. Johnson	1959
396	Pikto	J. E. Williams	1959
397	Ande	A. W. Anderson	1960
398	Cacone	D. Sacks	1960
399	Delmondo	J. L. Mainprice(가명 E. J. Lipman)	1960
400	Lincos	H. Freudenthal	1960
401	Loglan	J. C. Brown	1960
402	Logography	B. Lipschitz	1960
403	Stipfone	A. Lallemand(가명 A. du Lothier)	1960
404	Neo	A. Alfandari	1961
405	Sollinga	A. M. Lichtgyeym	1961
406	Uneso	J. Nordin	1961
407	Unilo	V. Jørgensen	1961
408	Babm	F. Okamoto	1962
409	Eurolingva	H. K. J. Cowan	1962
410	Safo	A. Eckardt	1962
411	Utilo	A. R. Harrod	1962
412	ENI	M. Monnerot-Dumaine	1963
413	Espro	D. G. Rose	1963
414	Ladef	M. H. Michaylob	1963
415	Pocket Pasilex	C. Obermair	1963
416	Tunish	D. S. Blacklock	1963
417	Eksterlingui	J. K. D´Elcorecopo	1964
418	Eurolatin(e)	W. J. Visser	1964

	Language	Author	Date
419	Inga	B. Russell	1964
420	LoCoS	Y. Ota	1964
421	Neo-Esperanto	A. Lallemand(가명 A. du Lothier)	1964
422	Oeropi	T. Mertens-van Gossum	1964
423	Sputnik	R. K. Verma	1964
424	Tungl	D. S. Blacklock	1964
425	Unilingua	R. Self	1964
426	Utoki	J. Manprice(가명 E. Lipman)	1964
427	Zacno	D. A. Porter	1964
428	Euronord	A. J. Pilgrim	1965
429	Frendo	A. Churruca	1965
430	Liberanto	E. Kotar	1965
431	Nmtish	H. Irshad	1965
432	Novisimo	F. Sosdy	1965
433	Unilingua	N. Agopoff	1965
434	Anglo-Lat	R. Montero	1966
435	Ido Reformate	H. Pellgrini	1966
436	Lingvologia Lingvo	E. Hanhiniemi	1966
437	Zamalo(Zamenhof-Alting)	F. Alting	1966
438	Ilion	H. Milner	1967
439	Sekaigo	World Unification Movement	1967
440	Solinga	A. M. Lichtgyeym	1967
441	aUI	W. J. Weilgart	1968
442	Gloneo	R. S. Jaque	1968
443	ReNeo	N. D. Shyevchugov	1968
444	Unesal	E. Weferling	1968
445	El-Afrihili	K. Kumi Attobrah	1970
446	Geo-Jezik	G. Zagoryel'sky	1970
447	Italiane Semplificate	H. Pelligrini	1971
448	Eurolengo	L. Jones	1972

	Language	Author	Date
449	Fasilfon	D. Carion	1972
450	Inglish (Basic English Improved)	L. Y. Le Bretton	1972
451	Mezdislav	B. Fahlke	1972
452	Paleneo	L. Charteris	1972
453	Vuldal	M. Hovey	1972
454	Koine Romai	V. de Gila	1973
455	Uni	E. Wainscott	1974
456	Gestuno	World Federation of the Deaf	1975
457	Instant World Language	A. Berendt	1977
458	Tsolyani	M. Barker	1978
459	Guosa	A. Igbinewka	1981
460	Vikto	B. Vilmos	1981
461	Glosa	W. Ashby and R. Clark	1982
462	SPL(Simplified Latin)	R. Dominicus	1982
463	Pacez	Y. Obana	1983
464	Klingon	M. Okrand	1984
465	Láadan	S. H. Elgin	1984
466	Unitario	M. Pleyer	1987
467	Lusane	L. S. Lopez-Negrete	1988
468	Lojban	Logical Language Group	1989
469	AllNoun	T. Breton	1990
470	Livagian	A. Rosta	1991
471	Vorlin	R. Harrison	1991
472	Azak	C. Grandsire	1992
473	Ehmay Ghee Chah	E. Hankes	1992
474	Ithkuil	J. Quijada	1995
475	Talossan	R. Madison	1995
476	Tepa	D. Elzinga	1995
477	Vela	B. Prist	1995

	Language	Author	Date
478	Verdurian	M. Rosenfelder	1995
479	Brithenig	A. Smith	1996
480	Ceqli	R. May	1996
481	Ilish	J. Henning	1996
482	Rikchik	D. Moskowitz	1996
483	Tokana	M. Pearson	1996
484	Rokbeigalmki	S. Belsky	1997
485	Draseléq	P. Flores	1998
486	Kēlen	S. Sotomayor	1998
487	Teonaht	S. Higley	1998
488	gjâ-zym-byn(gzb)	J. Henry	1999
489	Skerre	D. Ball	1999
490	Valdyan	I. Rempt	1999
491	Megdevi	D. Peterson	2001
492	Toki Pona	S. E. Kisa	2001
493	Ygyde	A. Nowicki	2002
494	Aeo	J. Tegire	2003
495	Idirl	J. Yench	2003
496	Nunihongo	J. Henning	2004
497	P@x´áãokxáã	E. Ohlms	2004
498	Þrjótrunn	H. Theiling	2006
499	Dritok	D. Boozer	2007
500	Proto-Central Mountain	J. Burke	2007

부록2 : 발명된 언어 살펴보기

발명된 언어들은 보통 언어를 세 가지로 분류한다. 윌킨스의 언어처럼 아무것도 없는 것에서 새로 만들어진 언어는 연역적 언어, 에스페란토처럼 기존의 자연으로부터 대부분의 소재를 취하는 언어는 귀납적 언어라고 한다. 그리고 볼라퓌크처럼 그들 두 가지 요소를 모두 지니는 언어를 혼성 언어라고 한다. 어느 언어가 어느 범주에 속하는지 특히 혼성 언어의 경우 항상 의견 일치가 이루어지는 것은 아니지만, 보통은 그것을 쳐다보기만 하더라도 어느 유형인지 구분할 수 있다. 몇 가지 예를 소개한다. 다음은 언어 이름(발명자 이름 발명된 연도) 순이다.

연역적 언어:

루프트란다나Luftlandana (라르손Larsson, 1893)

Ri napa luft byser hinsko. Napa ri spru freiste naj bar johrajb.

'우리는 새로운 언어를 발명했다. 우리는 날마다 일곱 번씩 짧게 휴식을 취한다.'

혼합 언어:

볼라크(푸른 언어)^{Bolak}(La Langue Bleue)(볼라크^{Bollack}, 1899)

Ak vop sfermed pro spes maned, if om pobl to pobl, ne ei mnoka pfo an am lank.

'만약 모든 국민이 똑같은 언어를 통해 의사소통을 할 수 있다면 인류에게 얼마나 커다란 이익이 될 것인가.'

귀납적 언어:

메디알^{Medial}(바이스바르트^{Weisbart}, 1922)

Un Englo, un Franco ed un Deuto havit le taske pintir kamele. Le Englo voyajit ad Afrike for studiir le kamele in tisui doimie, le Franco gidit al zoologi jarden, ed le Deuto pintit on kamelo ex le profunde de sui psyke.

'영국인 · 프랑스인 · 독일인이 낙타 그림을 그렸다. 영국인은 아프리카로 갔고 프랑스인은 동물원에 갔다. 그리고 독일인은 마음 속 깊은 곳에서 떠오르는 낙타를 그렸다.'

가장 많이 번역되는 구절 가운데 하나가 주기도문이다. 비교를 위해 다양한 언어로 번역된 첫 문장을 번역한 것을 소개한다.

'하늘에 계신 우리 아버지여 이름을 거룩하게 하옵시며 나라에 임하옵시며, 뜻이 하늘에서 이룬 것 같이 땅에서도 이루어지이다.'

368

스크립투라 오이쿠메니카^{Scriptura Oecumenica}(카르포포로필루스^{Carpophorophilus}, 1732)

O baderus noderus ki du esso in seluma, fakdade sankadus ha nominanda duus, adfenade ha rennanda duus, ha folanda duus, fiassade felud in seluma, sik koke in derra.

코무니카치온스스프라헤^{Communicationssprache}(시퍼^{Schipfer}, 1839)

No Pera, wia ete Cielu, ta Noma sanctiferii, ta Royoma Ais arrivii; ta volonta färerii com Cielu änsi Terru.

볼라퓌크^{Volapük}(슐라이어^{Schleyer}, 1879)

O Fat obas, kel binol in süls, paisaludomöz nem ola! Kömomöd monargän ola! Jenomöz vil olik, as in sül, i su tal!

벨트스프라헤^{Weltsprache}(폴크와 푹스^{Volk & Fuchs}, 1883)

Not pater, vel sas in les cöles, ton nomen sanctöt, ton regnon venät, ton voluntat söt vam in le cöl, tam in le ter.

파실링구아^{Pasilingua}(슈타이너^{Steiner}, 1885)

Patro miso, quo er in coela, nama tüa sanctore, kingdoma tüa kommire, tüa willu fairore sur erda ut in coela.

슈펠린^{Spelin}(바우어^{Bauer},1888)

Pat isel, ka bi ni sielos! Nom el zi bi santed! Klol el zi komi! Vol el zi bi faked, kefe ni siel, efe su sium!

링구아 코문^{Lingua Komun}(쿠르슈너^{Kürschner}, 1900)

Padre nose kuale tu ese in cielo, sante esa tue nómine; vena imperio tue;

voluntá tue esa fate sur tera komo in cielo.

이디엄 뉴트럴Idiom Neutral (로젠버거Rosenberger, 1902)

Nostr patr kel es in sieli! Ke votr nom es sanktifiked; ke votr regnia veni; ke votr volu es fasied, kuale in siel, tale et su ter.

스포킬Spokil (니콜라Nicolas, 1904)

Mael nio kui vai o les zeal, aepenso lezai tio mita; veze lezai tio tsaeleda; feleno lezai tio bela, uti o zeal itu o geol.

판켈Pan-Kel (발트Wald, 1906)

Sai Fat in sky, y sanu so nam; so land komu; so viy apsu up glob l sky.

울라Ulla (그린우드Greenwood, 1906)

Vus Patra hoo este n ciela, sankted este dus noma, dus rexdoma vene, dus desira esta färed n terra als tu este n ciela.

네포Nepo (체시친Tscheschichin, 1913)

Vatero nia, kotoryja estas in la njeboo, heiliga estu nomo via; kommenu regneo via; estu volonteo via, jakoe in la njeboo, ebene soe na la erdeo.

비바Viva (네스메야노프Nesmeyanov, 1913)

Patr no ki es en ska, santanu to im, komu to regn, makru to vil ut en ska it on ge.

코스미아니Qôsmiani (비티Beatty, 1922)

Mems patro qwe esip ir celestii, tom nomini a santificatap, tom regni venap, tom voliti fiatap aq ir celestii taleq or terri.

노밤^{Novam}(투플레^{Touflet}, 1928)

노밤[Novam](투플레[Touflet], 1928)

Patro nia que es nel sieli, vua nomo santificeveu, vua regno adveneu, vua volo fareveu sur il tero quale nel sielo.

인테르글로사[Interglossa](호그번[Hogben], 1943)

Na Parenta in Urani: Na dicte volo; tu Nomino gene revero; Plus tu Crati habe accido; plus u Demo acte harmono tu Tendo epi Geo homo in urani.

마리알라[Maryala](마리아스[Máriás], 1946)

Muy patra, ka jan en cölay, santages tu noma, alvene tu regna, ages tu vola cel en cöla ey en tera.

자말로[Zamalo](올팅[Alting], 1966)

ŋja padro, θiu estu in la cielo, saŋqtata estu wia nomom, venu wia regnom, oquru wia wolom na la tero, qiel in la cielo.

오늘날 언어를 발명하는 사람들은 재미나 예술적인 면에서 바벨의 이야기를 더 좋아한다.

베르두리아어[Verdurian](로젠펠더[Rosenfelder], 1995)

Proše mižu: -Žaneno, tan satenam mázula er gorat, kiei finta attróue so syel er tan lažecom brac, pro dy řo ažlädam fne soa pera almea Ekaiei.
그러자 그들이 말했다. "가서 도시와 꼭대기가 천국에 닿을 탑을 세우자. 그리고 우리가 지상에서 흩어져 살지 않는 영광을 얻도록 하자."

테오나트^{Teonaht} (히글리^{Higley}, 1998)

Send eldwav ebra: "Mantets! Tesa-ilz lirifel-jo hadhhamats ta mehuen aid kempa ar Erahenahil, send rõ tyr aittearmats, ta vera listsõ hyny il takrem ro ssosyarem."

그리고 그들은 말했다. "가자! 도시와 꼭대기가 천국에 이르는 탑을 세우자. 그리고 우리가 지상에서 흩어져 살지 않도록 우리의 이름을 얻도록 하자."

브리테니그^{Brithenig}(스미스^{Smith}, 1996)

Affos ys ddisirent, "Gwath, gwan a eddiffigar yn giwdad per nu, cun yn tyr ke dang a llo chel, ke nu ffagen yn nôn per nu e sun ysparied rhen syrs feig lla der inteir."

그리고 그들은 말했다. "가자. 우리가 살 도시를 세우고 천국에 이르는 탑을 세워 우리를 알리고 지상에서 흩어져 살지 않도록 하자."

켈렌^{Kēlen} (소토메이어^{Sotomayor}, 1998)

ē teteñ ien hēja ñanna jamāonre pa jakōnōr ja ñi jōl rā anīstīli; ē teteñ ien heja ñanna lewēra tō tūaþ wā ñi ñēim makkepōlien rā anmārwi āñ pēxa.

그리고 그들은 서로에게 말했다. 우리는 천국에 이르는 탑이 있는 도시를 만들어야 한다. 그리고 그들은 서로에게 말했다. 우리는 이름을 알려 세상에 흩어져 살지 않도록 해야 한다.

스케레^{Skerre} (볼^{Ball}, 1999)

Eyan, eyik-ti "Katik saa kikenatin-wo a aran ni tates to sik tsiquos ena sakir kat rokerinsa a sise-we sas kikehaana-wo ya yiket i hasin i tahin."

그 다음에 그들은 말했다. "우리는 도시와 하늘에 이르는 탑을 세워야 한다. 그러면 세상에 흩어져 살기 전에 우리의 이름이 기억될 것이다."

록베이갈름어^{Rokbeigalmki} (벨스키^{Belsky}, 1997)

i uhmzu-guvdhab "ei! amzii-bolok fa'ailtzma sha'tzraap, i sha'wâjugôiyat
ga'ghalu-a tzu-a ta'marom-a uz-íí, i amzii-waz fa'ailtzma sem-fa'gaur
nyeng amzii-kark la'âurîluâmal-a".

그리고 그들은 말했다. "이봐! 우리는 마을을 세우고 꼭대기가 천구에 이를 탑(글자 그대
로의 뜻은 키가 큰 집)을 지어 우리의 이름을 알려야 해. 그럼 세상에 흩어져 살지 않아도
될 거야."

메그데비^{Megdevi} (피터슨^{Peterson}, 2001)

pat za4a4u Doj, "j%26! noj paf noj midEnIm tSapawa pat kirEdIm, LI-doj
?ApepItuT lEnt Zi fezIz%26Z matsalA, pat gULo, noj paf noj mAkodZ%26ZIm
bavalA, s%26mEx noj karajiso gejn Zi sejL Zojzejs ?AbedZIsuT."

그리고 그들은 말했다. "가자! 우리가 살아갈 도시와 꼭대기가 구름에 이르는 탑을 세우
자. 그러면 우리는 유명해질 것이며 지상에 흩어져 살지 않아도 될 것이다."

토키포나^{Toki Pona} (키사^{Kisa}, 2001)

jan mute li toki e ni: "o kama! mi mute o pali e ma tomo e tomo palisa
suli. lawa pi tomo palisa li lon sewi kon. o nimi pi mi mute li kama suli!
mi wile ala e ni: mi mute li ken ala. mi mute li lon ma ali."

많은 사람들이 다음과 같이 말한다. "가자! 꼭대기가 하늘에 이르는 높은 건물을 세우자.
우리의 이름이 널리 알려질 것이다. 우리는 원하지 않는다. 가능하면 않는다. 지상에 모두
사는 것을."

이트쿠일^{thkuil} (퀴자다^{Quijada}, 1995)

Çäwínn àköl šo ˉemˋn u'çtîzˋ faꭥwa łôyú'ˉ pâf kuť šiwic' yöteîxoq ho'woftî c' winń še ëktu'a sţałdoš.

그러자 그들은 도시와 꼭대기가 하늘에 이르는 탑을 세워 우리의 이름을 널리 알림으로써 세상에 흩어져 살지 않도록 하자고 말했다.

테파^{Tepa}(엘징가^{Elzinga}, 1995)

huhawaqakkassa hanima etiqe ukaiqu kupine. huwaweletii pewalilkatta metasewe.

그리고 우리는 꼭대기가 하늘에 이르는 마을을 세우리라. 그리고 그곳에 얼마 동안 흩어져 살면 유명해지리라.

케클리^{Ceqli}(메이^{May}, 1996)

hi jun pa bol, "ciq ven!-Gozi ben gozi fu bau han ceq, kai han turo kai toilsa xaq hu sta skai. hikai gozi fu tenho feimkiam por sam ke gozi be fentir ko kuljai hu sta to dunia."

그리고 그들이 말했다. "가자. 그리고 도시와 꼭대기가 하늘에 이르는 탑을 세우자. 그러면 이름이 알려져 세상에 흩어져 살지 않게 될 것이다."

그 밖의 발명된 언어의 표본은 inthelandofinventedlanguages. com에서 많이 볼 수 있다.

이 책에 수록된 정보는 대부분 내가 직접 수집한 것이다. 나는 가능한 내가 다룬 언어 발명가들의 저작을 원전으로 검토했다. 미국 의회 도서관, 그리고 프린스턴 대학교와 시카고 대학교 도서관에는 인공 언어에 관한 자료가 풍부했다. 블리스 · 웨일거트 · 브라운 등에 관한 인터뷰에 응해 준 그들의 친구나 가족들의 도움이 컸다. 그분들은 때때로 고통스러울 수도 있는 이야기도 허심탄회하게 해 주었다. 그리고 온갖 자료로 가득한 지하실이나 다락을 여러 해 동안 필요하면 언제든 찾아갈 수 있도록 배려해 준 분들에게도 인사를 전한다. 특히 셜리 맥노턴, 밥 르슈발리에, 안드레아 패튼 세 분에게 이 자리를 빌어 감사의 마음을 전한다.

그리고 다른 사람들의 저술에도 많이 의존했다. 다음은 내가 2차적인 자료로 참고했거나 독자들이 읽으면 도움이 되리라 생각되는 문헌의 목록이다.

발명된 언어에 관한 종합적인 서적:

Umberto Eco, *The Search for the Perfect Language*(Blackwell, 1995).

Andrew Large, *The Artificial Language Movement*(Blackwell, 1985).

Yaguello, Marina, *Lunatic Lovers of Language: Imaginary Languages and Their Inventors*(Athlone Press, 1991).

프롤로그

힐데가르트 폰 빙겐에 대해 더 알고 싶을 경우:

Sarah L. Higley, *Hildegard of Bingen's Unknown Language: An Edition, Translation, and Discussion*(Palgrave Macmillan, 2007).

요제프 시퍼의 이야기는 다음을 참조:

Norbert Michel, "Joseph Schipfer –Träumer oder Humanist?" in *Beiträge zur Wallufer Ortsgeschichte* 1(1993).

벨라 및 벤 프리스트에 관해서는 여기:

Alan Libert, *Mixed Artificial Languages*(Lincom Europa, 2003).

담석증 환자 존 윌킨스, 진리의 언어를 발견하다

에코의 책은 특히 이 시대에 초점이 맞추어져 있기 때문에 17세기 언어 운동의 역사적 배경에 관한 방대한 정보가 수록되어 있다. 그 밖에 참고한 책은 다음과 같다.

Florian Cajori, *A History of Mathematical Notations*(The Open Court Publishing Company, 1928–29).

R. J. Craik, *Sir Thomas Urquhart of Cromarty(1611-1660): Adventurer, Polymath, and Translator of Rabelais*(Mellen Research University Press, 1993).

David Cram and Jaap Maat, *George Dalgarno on Universal Language: The Art of Signs(1661), The Deaf and Dumb Man's Tutor(1680), and the Unpublished Papers* (Oxford University Press, 2001).

James Knowlson, *Universal Language Schemes in England and France, 1600-1800* (University of Toronto Press, 1975).

Barbara J. Shapiro, John Wilkins, 1614-1672: An Intellectual Biography (University of California Press, 1969).

Joseph L. Subbiondo, *John Wilkins and 17th-century British Linguistics*(John Benjamins, 1992).

평화주의자 루드비크 자멘호프, 평화의 언어를 꿈꾸었다

솔레솔의 매우 흥미로운 소개에 대해서는 다음의 책 참조:

Paul Collins, *Banvard's Folly: Thirteen Tales of Renowned Obscurity, Famous Anonymity, and Rotten Luck*(Picador USA, 2001).

그 책에는 또 18세기 초에 자신이 타이완의 원주민인 체하기 위해 언어를 발명하고 전 유럽을 돌아다니며 그가 지어낸 이국적인 문화에 대해 강연했다는 조지 사머네이저에 대한 이야기도 있다.

에스페란토에 대해서는 다음의 책 참조:

Marjorie Boulton, *Zamenhof, Creator of Esperanto*(Routledge and Paul, 1960).

Peter G. Forster, *The Esperanto Movement*(Mouton, 1982).

Wndy Heller, Lidia: *The Life of Lidia Zamenhof, Daughter of Espe-*

ranto(George Ronald, 1985)

Pierre Janton, *Esperanto Language, Literature, and Community*(State University of New York Press, 1993).

돈 할로(Don Harlow)는 http://donh.best.vwh.net/esperanto.php에서 에스페란토에 관한 매우 많은 정보가 수록된 웹북을 유지하고 있다.

히브리어에 대해서는 다음의 책 참조:

Jack Fellman, *The Revival of a Classical Tongue: Eliezer Ben Yehuda and the Modern Hebrew Language*(Mouton, 1973).

Shlomo Izre'el, "The Emergence of Spoken Israeli Hebrew," in Corpus Linguistics and Modern Hebrew: Towards the Compilation of The Corpus of Spoken Israeli Hebrew (CoSIH), edited by Benjamin H. Hary(Tel Aviv University, 2003).

괴짜 본좌 찰스 블리스, 언어에 그림을 그리다

영어의 발흥과 하나의 언어가 세계에서 세력을 얻게 되는 과정에 대한 분석에 대해서는 다음의 책 참조:

David Crystal, E*nglish as a Global Language*(Cambridge University Press, 1997).

Nicholas Ostler, *Empires of the Word: A Language History of the World* (HarperCollins, 2005).

일라이어스 몰리에 대해서는 다음의 글 참조:

Marvin Slind, "Elias Molee and 'alteutonic': A Norwegian-American's 'Universal Language,'" *in Norwegian-American Studie*(forthcoming).

몰리의 논문은 세인트올라프 대학의 노르웨이계 미국인 역사 협회에 소장되어 있다.

에드먼드 섀프츠베리의 기이한 삶에 대해서는 다음의 글 참조:

Janet Six, "Hidden History of Ralston Heights," *in Archaeology*, May/June 2004.

오그던에 관한 몇몇 훌륭한 이야기에 대해서는 다음 참조:

J. R. L. Anderson and P. Sargant Florence, *C. K. Ogden: A Collective Memoir* (Elek, 1977).

K. E. Garay, "Empires of the Mind? C. K. Ogden, Winston Churchill, and Basic English," *Historical Papers, Communications Hisoriques*(1988), pp. 280-91.

히에로글리프의 본보기는 다음을 참조:

Florian Coulmas, *The Blackwell Encyclopedia of Writing Systems*(Blackwell, 1996).

중국의 한자가 정말로 작용하는 방법에 대해서는 다음의 책 참조:

John DeFrancis, *The Chinese Language: Fact and Fantasy*(University of Hawaii Press, 1984).

기호 언어에 대한 개론은 다음의 책 잠조:

Edward S. Klima and Ursula Bellugi, *The Signs of Language*(Harvard University Press, 1979)

제스추노에 대해서는 다음의 글 참조:

Bill Moody, "International Sign: A Practitioner's Perspective." *in Journal of Interpretation*(2002), pp. 1-47.

블리스를 직접 보고 싶으면 브루스 모이어와 보브 킹즈베리가 감독한 1974년의 영화 〈기호를 만든 사람〉을 캐나다 국립 영화원에 주문하면 된다.

카리스마 제임스 쿡 브라운, 언어 안에 논리를 세우다

코르집스키에 대해서는 다음 참조:

Marvin Gardner, *Fads and Fallacies in the Name of Science*(Dover Publications, 1957).

Michael Silverstein, "Modern Prophets of Language," University of Chicago, MS, 1993.

워프에 대해서는 다음 참조:

John E. Joseph, "The Immediate Sources of the 'Sapir-Whorf Hypothesis,'"*in Historiographia Linguistica* 23, no. 3. (1996) pp. 365-404.

Penny Lee, *The Whorf Theory Complex: A Critical Reconstruction*(John Benjamins, 1996).

John Lucy, *Language Diversity and Thought: A Reformulation of the Linguistic Relativity Hypothesis*(Cambridge University Press, 1992).

Michael Silverstein, "Whorfianism and the Linguistic Imagination of Nationality," in *Regimes of Language: Ideologies, Polities, and Identities,* edited by Paul Kroskrity(School of American Research Press, 2000).

아이디어와 소유권에 대한 흥미로운 책:

Ben Klemens, *Math You Can't Use: Patents, Copyright, and Software* (Brookings Institution Press, 2006).

로지반에 관한 정보와 그 학습 자료 및 문법은 www.lojban.org에서 볼 수 있다.

신세대 클링온 사용자와 콘랭 발명가, 언어에 예술을 심다

불규칙성에 관한 논의에서 언급된 에스페란토를 원어민처럼 사용하는 사람들에 관한 연구는 다음의 글 참조:

Benjamin K. Bergen, "Nativization Processes in L1 Esperanto," *in Journal of Child Language* 28 (2001), pp. 575-95.

원자력 폐기물의 문제에 대한 시벅의 분석을 다룬 이야기는 에코의 책에 소개되어 있다. 시벅이 실제로 제출한 보고서 〈1만 년을 이어 줄 의사소통의 수단 (Communication Measures to Bridge Ten Millenia)〉(1984)은 미국 기술정보원 (National Technical Information Service)(www.ntis.gov)에 주문할 수 있다.

톨킨에 관한 정보는 다음의 책 참조:

Humphrey Carpenter, *J. R. R. Tolkien: A Biography*(Houghton Mifflin, 1977).

여러 가지 콘랭의 설명과 역사는 www.langmaker.com에서 발견할 수 있다.

부록1 : 발명된 언어들

그 목록의 대부분은 다음의 책에서 발췌했다.

Aleksandr Dulichenko, *Mezhdunarodnye vspomogatel'nye jazyki* (International Auxiliary Languages)(Valgus, 1990).

이 책은 미국 의회 도서관 및 몇몇 대학 도서관에 소장되어 있다.

둘리첸코 자신은 다음의 책들에서 발췌했다.

Louis Couturat and Léopold Leau, *Histoire de la langue universelle*(Hachette, 1903). (여러 대학 도서관에 소장)

Ernest Drezen, *Historio de la mondolingvo*(Ekrelo, 1931). (매우 발견하기 어려움)

Marcel Monnerot-Dumaine, *Précis d'interlinguistique générale et spéciale*(Librairie Maloine, 1960) (여러 대학 도서관에 소장)

Petr Stojan, *Bibliografio de internacia lingvo*(Universala Esperanto-asocio, 1929) (매우 발견하기 어려움)

부록2 : 발명된 언어 살펴보기

언어 표본은 여러 원전 및 둘리첸코의 책, 그리고 다음의 책으로부터 수집했다.

Mario Pei, *One Language for the World*(Biblo and Tannen, 1958).

감사의 말

내가 언어들에 흥미를 갖기 시작하면서 그 언어들의 배경에 있는 사람들이 나를 사로잡았다. 만일 이 엄청난 자료를 모아 하나의 이야기로 만들 수 있다면 얼마나 재미있을까 하고 생각했었다. 그런데 그 일을 내가 한다고 나섰으니 무모하기 그지없는 일이었다.

일을 시작할 때만 하더라도 제대로 못할 것이 분명했지만, 다행히 내게는 고마운 사람들이 있었다. 숙부 대니는 내가 처음 이 일을 시작하면서 갈피를 못 잡고 있던 작업들을 분명히 지적해 주었다. 에이전트 척 베릴은 좋은 아이디어를 책으로 만드는 방법을 정확히 알고 있는 사람이었다. 초기의 원고는 다핸소프 에이전시의 미셸 모티머, 베릴, 펠드먼, 〈아메리칸 스칼러〉의 앨런 프리먼과 진 스티피키빅, 〈틴 하우스〉의 미셸 윌전등의 연필 끝에서 많은 수정 보완이 이루어졌다.

날카로운 안목의 전문가이자 매력적인 여성인 이 책의 편집자 티나 폴먼에게 감사를 표하지 않을 수 없다. 그리고 소중한 시간과 충고를 아끼지 않은 뛰어난 작가 다라 모스코위츠와 데니스 캐스를 친구로 삼을 수 있었던 것도 행운이었다. 그리고 나를 받아들이고 지켜봐 준 신디 스피겔, 줄리 그로, 마이크 메조, 마이아 스폴터 등에게 감사한다.

어맨다 폴랙, 마이클 실버스타인, 니콜 주데이 등으로부터는 값진 피드백과 격려를 받았다. 그리고 내 질문에 답해 주고 그들의 이야기를 내게 들려준 많은 분들이 없었다면 이 책은 불가능했을 것이다. 셜리 맥노턴, 앤 러닝, 폴 마셜, 더글러스 에버링엄, 리처드 유어, 앤 웨일거트, 안드레아 패튼, 존 클리퍼드, 밥 르슈발리에, 노라 탠스키, 제니퍼 브라운, 조이 반스, 이비 앤더슨, 헤이즐 모건, 밥 매카이버, 조지프 밴다이버, 찰스 로빈스, 마크 숄슨, 마크 오크런드, 로런스 숀, 루이즈 휘티, 험프리 통킨, 노르망 플뢰리, 수젯 헤이든 엘긴, 새러 히글리, 그리고 에스페란토 · 로지반 · 클링온 · 콘랭 회의의 모든 참가자들이다.

그리고 이 모든 것도 훌륭한 보육이 없으면 이루어지지 않는다. 그 점에서 나는 우리 아이들을 돌봐 준 가나안 교회 탁아소의 모든 종사자, 특히 처음부터 그곳에 있었던 린다 더보즈 씨에게 감사를 드리고 싶다. 그리고 펜실베이니아 농아 학교 지역별 유치원의 조이 지옴바와 아리애나 네로밀리오티스에게도 어린이들을 위해 훌륭한 일을 하는 데 대해 고마운 뜻을 표한다.

인생을 감미롭게 만들어 주는 데릭 · 리오 · 루이자도 고맙다.

옮긴이의 말

이 책은 2009년에 출판된 미국의 언어학자 에리카 오크런트^{Arika Okrent}의 《In the Land of Invented Languages》를 번역한 것이다. 에리카 오크런트는 어렸을 때부터 언어에 관심이 높았고 일찍부터 여러 가지 언어를 섭렵했으며 2004년 박사학위를 받았다. 이 무렵 그녀는 수많은 인공 언어에 관심을 갖고 조사를 하게 됐다고 하는데, 이 책의 바탕이 된 자료 조사가 그때부터 시작되었을 것이 아닐까 짐작한다.

이 책의 원제를 직역하면 '발명된 언어들의 땅에서'이다. '발명된 언어'라니 무슨 뜻일까? 언어라면 모두 발명된 것이 아닌가? 이 같은 의문에 대해서는 저자가 다음과 같이 설명해 준다.

> 흔히 언어를 인류의 가장 위대한 발명이라고 하지만, 언어는 발명되지 않았다. 프랑스어를 누가 발명했는가? 포르투갈어를 누가 발명했는가? 발명한 사람은 없다. 그저 생겼을 뿐이다. 누군가 무슨 말을 했고, 다른 사람이 그 말을

이해하고, 또 다른 누군가가 아름답게 꾸몄을 것이다.

하나의 경향이 습관이 되고, 그 어딘가에서 하나의 체계가 자리 잡게 된다. 바로 이것이 혼합 언어, 속어, 방언 등이 생기는 과정이다. 영어·러시아어·일본어 등이 태어난 방식이기도 하다. 자연 발생적인 모든 언어는 이렇게 유기적·무의식적으로 만들어진다.

이처럼 자연 발생적인 언어가 모두 발명된 것이 아니라고 한다면, 발명된 언어란 자연 발생적이지 않은 언어, 인위적으로 만들어진 언어가 된다. 이 책은 바로 그 인공어의 이야기이다.

인공어라는 말을 들은 사람 중에는 퍼뜩 에스페란토를 떠올리는 사람이 있을지도 모른다. 역자 역시 그랬다. 에스페란토가 어떤 언어인지는 모르지만, 어쨌거나 그런 언어가 있다는 사실과 그 이름이 우리의 의식 속에 새겨져 있다는 것은 놀라운 일이다. 아마도 문학이나 예술 작품, 또는 언론 등을 통해 알게 모르게 들어본 적이 있기 때문이리라. 그런 점에서 에스페란토는 대표적인 인공어이고 이 책에서도 중요한 부분을 차지한다. 에스페란토의 발생과 역사, 그리고 그것이 어떤 언어인지에 대한 설명, 현재의 상황까지 소개되고 있으며, 감동적인 일화까지 곁들여져 매우 흥미롭다.

그렇지만 인공어가 에스페란토만 있다고 생각하면 서운하다. 근년에 이르러 미국에서는 영화 〈스타트렉〉이 인기를 끌면서 그 영화를 위해 만들어진 인공어 클링온을 사용해 부분적으로나마 의사소통을 시도하는 클링온족이 등장했다고 한다. 저자가 클링온에 관심을 갖고 조사를 하는 이야기가 바로 이 책의 시작이다.

저자는 기록으로 남아 있는 인공어의 역사는 900년에 가까우며, 그동안 만들어진 인공어도 900개나 된다고 주장한다. 아무리 먼 옛날이라도 언어를 만들고자 하는 사람은 있을 수 있다고 생각하니 900년이라는 시간은 그다지 놀랍지 않다. 하지만 그 발명된 언어의 수가 무려 900개라니……

누구나 짐작하듯이 언어를 만들기란 쉬운 일이 아니다. 어법을 만들고 그에 따라 방대한 어휘를 만들어야 하며, 그것을 전파시키기 위해서는 글자와 문법까지도 만들어야 한다. 이것이 얼마나 어려운 일인지는 가늠할 수 없다. 다만 세종대왕이 한글을 만들기 위해 학자들과 더불어 얼마나 많은 노력을 기울였는지 생각해 보면, 언어를 만든다는 것이 얼마나 힘든 일인지 짐작할 따름이다. 엄밀히 말해 한글은 언어를 만드는 것이 아니라 이미 사용하고 있는 말을 표기할 글자를 만드는 것임에도 그처럼 힘들었다. 그만큼 언어를 만드는 일은 여간한 의욕이 아니면 감히 엄두가 나지 않는 일이고, 여간한 인내심이 아니면 결코 지속할 수 없는 일이다. 과연 누가 그만한 의욕을 가졌으며, 어떻게 그토록 인내심을 발휘할 수 있었을까?

저자는 발명된 언어가 모두 실패작이었다고 단정한다. 심지어 대표적인 인공어 에스페란토조차 한때의 기세를 이어가지 못하고 지금은 쇠퇴했다고 하니, 다른 언어들이야 두말할 나위도 없다. 이 같은 인공어의 참담한 역사는 그 비극성을 더욱 극대화시킨다.

책은 크게 다섯 부분으로 구성되어 있다. 프롤로그와 나머지 네 부분에 걸쳐 존 윌킨스와 진리의 언어, 루드비크 자멘호프와 평화의 언어(에스페란토를 말한다), 찰스 블리스와 기호의 언어, 제임스 쿡 브라운과 논리의 언어(바로 로글랜이다), 클링온 등 연대순으로 주요 인공어를 중점적으로 다루면서 관련된 다른 인공어들까지 간략하게 소개하는 형식을 취하고 있다.

번역은 크게 어렵지 않았으나, 여러 인공 언어 이름의 처리가 까다로웠으며, 인공어의 표기와 그 뜻을 병기할 때 원서에서 영어와 인공어는 단어끼리 대응되면서 쉽게 비교가 가능하지만 번역을 하고 나니, 한글에서는 그렇게 되지 못하는 것이 안타까웠다. 그리고 역자로서, 우리나라에서 처음 책을 읽는 독자의 마음으로 각 인공어와 그것의 표기에 대해, 특히 로글랜이나 로지반의 논리식과 언어 표기의 대응 관계에 대해 궁금한 점이 많았다. 다른 독자들도 나와 같은 아쉬움이 남을지도 모르겠다. 한편으로는 로글랜이나 로지반의 논리식과 언어는 역자조차 제대로 이해하지 못한 채 번역했기 때문에 혹시 오역이 없는지 적이 불안하다. 전문 지식을 지닌 독자의 가차 없는 질정이 있기를 기대한다.

하지만 이 책의 번역은 전체적으로 유익하고 흥미로운 경험이었다. 언어의 역사를 다룬 책은 많지만 인공어라는 독특한 시각으로 언어와 그를 만든 사람들을 만날 수 있는 기회를 마련해 준 함께읽는책에 심심한 사의를 표한다.